문화 지능

Cultural Intelligence in the World of Work

문화 지능

발행일   1판 1쇄 2023년 11월 20일

지은이   리아오(Yuan Liao) · 토마스(David Thomas)
옮긴이   추병완

펴낸이   박영호
기획팀   송인성, 김선명, 김선호
편집팀   박우진, 김영주, 김정아, 최미라, 전혜련, 박미나
관리팀   임선희, 정철호, 김성언, 권주련

펴낸곳   (주)도서출판 하우
주소   서울시 중랑구 망우로68길 48
전화   (02)922-7090
팩스   (02)922-7092
홈페이지   http://www.hawoo.co.kr
e-mail   hawoo@hawoo.co.kr
등록번호   제2016-000017호

ISBN 979-11-6748-115-3 93370

값 17,000원

문화 지능

Cultural Intelligence
in the World of Work

리아오 · 토마스 지음
추병완 옮김

도서
출판 夏雨

7장 문화 지능 – 매개 변수, 조절 변수, 상위 수준

1부

문화 지능의
정의와 측정

1장.
문화 간 역량

요약

문화적 역량에 관한 초기 연구는 문화 지능 구인의 발전을 위한 기반을 마련했다. 먼저, 초기 체류자 연구는 해외 유형을 찾는 것으로 시작했지만 결국 역동적인 일군의 기술과 능력을 식별하는 데 초점을 맞추었다. 다음으로, 문화 간 효과성 모델은 문화 지능의 개념화에 영향을 미친 중요한 요소를 확인했다. 구성 요소 모델은 상호문화적 효과성과 관련된 잠재적으로 많은 요소를 확인했으며, 그중 일부는 문화 지능과 관련된 고차원적 인지 기술을 예측했다. 대처 및 조정 모델은 광범위한 기술 차원에서 문화 간 기술을 제시하면서 맥락 요인의 영향을 고려했다. 발달 및 학습 모델은 상호문화적 경험이 상호문화적 역량의 개발에 중요하다는 점을 강조했고, 이는 문화 지능의 개발에 반영되었다. 문화 간 역량이나 관련 개념을 측정하기 위해 설계된 수많은 도구가 나왔지만, 널리 채택된 진정으로 만족스러운 측정 도구는 없다. 이 장에서는 문화 간 역량의 이론적 발전을 검토하고 이 구인을 측정하는데 가장 인기 있는 7가지 측정 도구를 요약한다.

> **핵심어** 문화 간 역량, 문화 지능, 상호문화적 기술, 적응, 사회 학습 이론, 체험 학습 이론, 문화 차원, 측정

오늘날의 조직에서 우리는 매일같이 우리가 사는 상호 연결된 세계를 생각하기 마련이다. 이러한 세계화는 많은 영향을 주지만 가장 중요한 것 중 하나는 문화적으로 다른 사람들과 상호작용을 해야 하는 요구 사항이다. 모든 유형의 조직에 속한 사람들은 이제 전례 없는 수준으로 문화적으로 다른 조직과 협력하여 문제를 해결하고, 결정을 내리며, 제품을 판매하고, 새로운 아이디어를 개발하며, 실제로 일상적인 직장 생활에서 살아남기 위한 기회를 부여받았다. 조직 생활에서 문화 간 상호작용에 대한 역량이 지금처럼 중요하게 언급된 적은 없었다.

문화 간 역량(cross-cultural competence), 즉 일부 사람들을 다른 사람들보다 상호문화적으로 더 효과적으로 만드는 어떤 전반적인 것에 대한 탐색은 오랜 역사가 있다. 문화 간 효과성에서 개인차를 조사하기 위한 기초는 문화에 대한 지식이 관리자(manager)에게 잠재적으로 가치가 있다고 오랫동안 주장했던 인류학자들의 연구에서 찾을 수 있다(Hall & Whyte, 1960). 사람들이 옷을 입는 방식, 그들이 지닌 신념, 그들이 실행하는 관습과 같은 문화적 유물의 이론적·실제적 불충분함으로 인해 처음에 인류학자들은 연구자들이 상호문화적 커뮤니케이션(intercultural communication)을 연구할 것을 제안했다. 즉, 그들은 한 문화 안에서 유형을 서술하는 것에서 문화 간의 커뮤니케이션으로 초점을 이동하여 상호문화적 효과성(intercultural effectiveness)을 연구했다. 인류학 연구는 오랫동안 커뮤니케이션의 문화적 측면을 다루었다(Benedict, 1939). 그러나 이러한 후속 행동 접근법에서, 관심은 상호문화적인 행위자 간의 커뮤니케이션 기술에서 개인적 차이에 집중되었다(Ruben, 1976; Ruben & Kealey, 1979). 상호문화적 커뮤니케이션에 대한 이러한 접근법은 중요한 연구 초점으로 남아 있다(Ting-Toomey, 1999; Ting-Toomey & Dorjee, 2017). 또한, 체류자 적응(Church, 1982), 해외 유학생의 문제(Smith, 1955), 외국에서의 기술 고문(Byrnes, 1966), 군인의 스트레스 감소(Stouffer et al., 1949)에 관한 연구는 문화 간 효과성(cross-cultural effectiveness)의 개념 정의를 위한 배경이 되었다.

이 주제에 관한 초기의 많은 연구는 1960년대의 평화 봉사단원(Peace Corps) 선발과 관련하여 수행되었다(Stein, 1966). 새로운 사회 규범, 가치, 언어에 대처하는 데 도움이 되는 특성을 기반으로 이 연구는 해외 유형을 결정하는 데 관심이 있었다. 당시 문헌은 효과적인 체류자의 성격에 대한 설명을 일반적으로 수용했다. 고전적인 설명은 가드너(Gardner, 1962)가 제공했으며, 이른바 보편적인 의사소통자(universal communicator)는 통합된 성격, 외향적 중심 조직화, 모든 사람의 가치를 포함하는 가치 체계, 문화적 보편의 사회화, 타인에 대한 높은 수준의 감수성을 가지고 있다. 최초 평화 봉사단원 선발 과정은 심리 및 적성 테스트, 정신과 평가, 언어와 역사 과목 점수를 포함했다. 이 연구에 대한 비판적 검토에서 번즈(Byrnes, 1966)는 성공적인 평화 봉사단원과 성공적이지 않은 평화 봉사단원을 구별하는 일관된 성격 패턴이 없다고 결론을 내렸다. 그 당시 그의 결론은 연구 관심을 성격에서 기술과 능력으로 다시 돌리는 데 커다란 자극이 되었다. 마찬가지로, 해외 주재원 관리 문제를 해결하기 위해 등장한 체류자 적응 문헌 역시 처음에는 성격 특성에 초점을 맞추었다(Thomas, 1998; Tung & Varma, 2008). 다시 말하지만, 성격 특성과 주재원 효과 지표 사이의 일관된 관계를 찾지 못한 것은 행동 기술에 대한 강조의 변화를 초래했다(Church, 1982; Stening, 1979). 많은 후속 연구는 성격과 행동 변수의 중요성 순서를 결정하거나 다양한 문화적 효과 기준에 대한 하나 이상의 관계를 평가하는 데 초점을 맞추었다. 최근 성격 요인을 문화 간 효과성의 선행 요인으로 파악하는 연구의 부흥과 어느 정도의 성공에도 불구하고(Caligiuri, 2000; Mol, Born, Willemsen, & Van der Molen, 2005), 기술과 능력을 식별하는 것은 여전히 해외에서의 효과 모델을 알리는 데 중요한 목표이다.

1.1
문화 간 효과성 모델

상호문화적 효과성에 관한 수많은 모델이 존재하지만, 그중 대부분은 중요한 기술과 능력의 구성 요소를 가지고 있다. 이러한 모델은 전체적으로 경험적 검증을 거친 적이 거의 없다. 다음 부분에서 우리는 문화 간 효과성 모델을 검토하고 문화 지능 구인의 후속 발전에 미치는 영향에 대해 논의한다. 우리는 이러한 모델을 구성 요소 모델, 대처 및 조정 모델, 발달 및 학습 모델로 분류한다(Thomas & Fitzsimons, 2008). 이 모델들은 문화의 영향력을 이해하기 위한 차원 접근법(dimensional approaches)과 결합하여 문화 지능 구인 설정의 토대를 형성한다.

1.1.1
구성 요소 모델

초기 문화 간 효과성에 대한 문헌의 논리적 초점은 성공과 관련된 특성을 식별하기 위해 구성 요소 모델을 개발하는 것이었다. 이러한 개발 시대의 모델은 일반적으로 성격 특성, 태도, 기술과 능력 구성 요소를 포함하는 복합체였다(Hannigan, 1990). 특성 목록은 일화적 증거와 소규모 표본의 횡단적 단면 연구법에 기반을 두고 있으며, 후속 연구에서는 이러한 뼈대에 약간의 경험적 고기를 추가하려고 시도했다. 그러나 기술(skills)과 결과(outcomes) 모두에 대한 모호한 개념화는 수많은 기술 차원을 초래했다. 해니건(Hannigan, 1990, p. 107)이 표현한 것처럼, 여러 상호문화 트레이너는 너무 많은 기술을 개발하는 데 기반을 둔 훈련 과정은 압도적인 작업이 될 수 있다고 생각했을 것이다. 이러한 모델의 흥미로운 측면은 문화적 차이를 조정하는 데 관련된 능력의 필요성을 인식하는 정도이다. 예를 들어, 해머와 그 동료(Hammer, Gudykunst & Wiseman, 1978)에 따르면 문화 간 효과성의 세 가지 차원 중 하나인 효과적으로 의사소통할 수 있는 능력의 중요한 구성 요소는 자신과 타인 사이의 의사소통 오해를 처리할 수 있는 능력과 다른 의사소통 스타일을 효과적으로 처리할 수 있는 능력이었다. 이러한 모델의 일부 태도 구성 요소도 비슷한 방향성을 가지고 있다. 예를 들어, 루벤과 킬리(Ruben & Kealey, 1979)는 지식에 대한 지향성, 즉 지식이 본질상 개인적이라는 것을 사람들이 이해하는 정도를 문화 간 효과성의 예측 요인으로 식별했다. 그들은 상대주의적인 지식 관점(덜 자기중심적이거나 자문화중심적이지 않음.)은 개인이 다른 문화에 대한 더 깊은 이해를 개발하고 더 효과적일 수 있다고 주장하였다. 또 다른 예로, 트리안디스(Triandis, 1975)는 소위 동형 귀인(isomorphic attributions) 능력을 문화 간 효과성의 핵심 요소로 식별했다. 정확한 귀인을 하는 것은 문화 간 상황에서 단서를 인식하는 것뿐만 아니라 그 단서를 효과적으로 분석하는 것을 포함한다(Trope, 1986). 초기 구성 요소 모델의 귀인과 분석 측면은 많은 경우 암묵적이지만, 자기와 타인 사이의 차이에 대한 대면과 조정을 통해 문화적 메타 인지와 같은 고차원 인지 과정의 발달을 예측하는 최근의 인식을 예고한다(Tadmor & Tetlock, 2006). 이러한 구성 요소 모델은 문화 간 효과성과 관련된 요소를 식별하는 데 좋은 출발점이 되었다. 그러나 이러한 연구 노선의 다소 우려되는 측면은 일부 기술과 능력이 문화적 효과성에 기여한다는 주장이 실질적인 경험적 근거 없이 지속되었다는 사실이다(Thomas & Fitzsimmons, 2008).

1.1.2
대처 및 적응 모델

구성 요소 모델과 비슷하게 대처 및 적응 모델은 일반적으로 적절한 일군의 개인적 기술과 능력을 식별하는 데 관심을 둔다. 그러나 이러한 기술 세트(skill set)의 초점은 외국 문화에서 일하거나 그것에 적응하는 능력과 관련된 스트레스에 대처하는 능력이다(Mendenhall & Oddou, 1985). 대처 및 적응 모델은 문화 간 기술과 능력을 고려하는 것에 두 가지 함의를 가진다. 첫째, 일반적으로 넓은 차원이나 유형으로 기술을 제시하는데, 이는 블랙과 그 동료(Black, Mendenhall & Oddou, 1991)가 제안한 자기 지향적 기술, 지각 기술, 그리고 관계 기술과 같다. 이 각각의 기술 차원은 맥락에 따라 효과성의 다른 측면과 개념적으로 관련이 있다. 즉, 개인 속성과 기술이 적응의 모든 측면에 영향을 미치지만, 직업과 조직 그리고 사회 문화로부터 비롯된 상황적 요인들이 적응의 다른 측면(업무 적응, 상호작용 적응, 일반적인 적응)에 영향을 미치는 것으로 제안되었다. 둘째, 효과적인 문화 간 상호작용에 적합한 기술 세트는 일반적으로 상황의 특성에 따라 달라진다. 예를 들어, 아이칸(Aycan, 1997)은 개인 역량과 외국 환경 사이의 적합성이 국제 과제에서 성공의 중요한 선행 요인이라고 제안했다. 마찬가지로, 존슨과 그 동료(Johnson, Lenartowicz & Apud, 2006)는 개인 특성, 개인 기술, 문화 지식과 문화 간 역량 사이의 관계에 대한 제도적이고 맥락적인 조절 변인을 제안했다. 문화 간 효과성 모델에 상황적 요인을 포함한 것은 새로운 것이 아니며, 이 분야에서 가장 초기의 연구에서 이미 제안되었다(Hannigan, 1990). 그러나 이러한 맥락적 접근법은 문화 지능의 발전과 대조를 이룬다. 문화 지능은 개인차 관념이 제도적이고 조직적인 영향으로부터 명확히 분리되어 상호문화적 효과성에 영향을 미친다고 본다.

1.1.3
발달 및 학습 모델

상호문화적 효과성의 세 번째 모델 세트는 사회 학습 이론(Bandura, 1977)과 발달 심리학(Erikson, 1968; Piaget, 1985)의 아이디어를 기반으로 구축되었다. 예를 들어, 바크너(Bochner, 1982)는 체류자가 직면하는 어려움은 새로운 문화에 적응하는 것이 아니라 새로운 문화에 적합한 사회적 기술을 습득하는 것이라고 주장했다. 펀

햄과 바흐너(Furnham & Bochner, 1986)는 이러한 사회적 기술의 부재가 체류자에게 요구되는 적응에서 가장 중요하다고 제안했다. 외국 파견 근무자들의 적응에 대한 일부 연구가 이러한 이론적 논거를 바탕으로 해석되었다(Black, 1988, 1990; Black & Gregersen, 1991). 베넷(Bennett)의 발달 모델(Bennett, 1986; Hammer, Bennett, & Wiseman, 2003)은 문화적 차이를 다루는 개인의 정교함이 증가하는 단계를 식별하며, 이는 상호문화 역량으로 이어진다.[1] 그들은 개인들이 부정, 방어, 경시, 수용, 적응, 통합의 여섯 단계를 거쳐서 자문화중심주의(자민족중심주의)에서 문화상대주의(민족상대주의)로 진보한다고 제안한다. 그것의 기본 가정은 문화 간 경험이 증가하면 개인적 기술과 능력이 성장한다는 것이다. 따라서 문화적 차이에 대한 개인의 경험이 복잡하고 세밀해질수록, 그들의 상호문화 역량은 증가한

---

1   **역주** 자문화중심주의의 3단계는 다음과 같다. 부정(denial) 단계의 특징은 문화적 차이를 전혀 느끼지 않으며, 자신의 주류 문화적 위치를 우월하게 느끼고, 다른 문화에 대해서는 이방인으로 취급하는 것이다. 방어(defence) 단계의 특징은 문화적 차이를 인식하지만 자신의 문화를 우월한 것으로 인지하며, 다른 문화에 대해서 자신의 문화적 정체성을 위협하는 존재로 보고 방어 전략을 사용할 수 있는 것이다. 경시(minimization) 단계의 특징은 문화적 차이를 인정하지만 여전히 주류 집단이 제도권 내에서 문화적 우월성을 발휘하는 것을 특권으로 인식하지 않고 당연한 것으로 여긴다는 사실이다. 문화상대주의의 3단계는 다음과 같다. 수용(acceptance) 단계의 특징은 다양한 문화권에서 가치, 신념, 행동의 맥락인 차이를 인정하고, 자신의 문화권에서의 가치 체계 등이 문화적 맥락에 따라 가능한 여러 입장 중 하나라고 보는 것이다. 적응(adaptation) 단계의 특징은 자신의 인지적 틀을 바꾸어 다른 문화의 관점에서 사고하고 행동할 수 있는 상호문화 능력이 형성된다는 것이다. 통합(integration) 단계의 특징은 문화적으로 어떤 특정 문화를 고려하지 않으면서도 개별 문화에서 나타나는 고유성이 주변화된 채로 상호 독립성을 가지면서도 공존할 수 있음을 인식하는 것이다. 문화적 맥락의 안과 밖을 유연하게 넘나들면서 다양한 문화에 대해 통합적인 인식 능력을 보인다.

다. 이 관점에 따르면, 경험은 단순히 문화적 차이에 노출되는 결과가 아니라 개인이 그 경험을 인식하고 이해하는 방식의 기능이다. 문화적 차이 경험이 상호문화 역량에 어떻게 영향을 미치는지는 사건을 해석하는 사람의 복잡성의 기능으로 설명된다. 이러한 상호문화적 경험의 효과에 대한 개념화는, 점점 복잡해지는 인지 표현을 통해 작용하는 것으로, 문화 간 노출과 접촉의 효과에 대한 오늘날의 이해와 일관성이 있다(Tadmor, Galinksy, & Maddux, 2012; Tadmor, Tetlock, & Peng, 2009). 또한, 이것은 문화 지능이 어떻게 발달하는지를 예측한다. 이에 대해서는 나중에 다시 설명할 것이다.

다른 발달 모델에서 야마자키와 케이스(Yamazaki & Kayes, 2004)는 관리자가 문화 간 경험에서 얼마나 잘 배울 수 있는지를 예측하는 7가지 문화 간 지식 흡수 능력(경청과 관찰, 모호성에 대치하기, 복잡한 정보를 해석하기, 행동과 주도권을 행사하기, 타인을 관리하기, 적응성과 유연성, 스트레스를 관리하기)과 2가지 발달 역량(관계 구축, 다른 문화의 사람들을 소중히 여기기)을 설명한다. 그들의 모델은 문화 간 학습 과정을 설명하는 데 초점을 맞추고 있으며 콜브(Kolb, 1984)의 경험 학습 이론을 기반으로 한다. 이 이론에서 경험은 느낌(구체적 경험), 반성(반성적 관찰), 사고(추상적 개념화), 행동(적극적 실험)의 4가지 학습 방식의 기초를 형성한다. 이 학습 사이클은 즉각적인 구체적인 경험이 관찰과 반성의 기반으로 작용하는 방법을 설명한다. 경험은 이후 추상적인 개념화로 동화되어 환경과의 적극적인 실험을 형성한다. 앞으로 논의할 것처럼, 이것은 문화 지능의 경험적 발달과 개념적 유사점이 존재한다.

이 마지막 모델 세트의 명백한 함축은 문화 간 역량의 발달을 위한 경험적 기반에 초점을 맞춰야 한다는 것이다. 일반적으로 이러한 모델은 문화 간 상호작용을 유발하는 보편적인 기술 세트가 있다고 가정한다(Graf, 2004). 이러한 기술은 주로 경험을 통해 배울 수 있고 또 그래야만 한다. 어떤 면에서, 이러한 모델은 문화 간 학습이 일어나기 위해서는 개인이 특정한 특성을 가질 필요가 있다는 점에서 해외 유형의 개념으로 되돌아간다.

상호문화적 효과성과 문화 간 역량이라는 기치 아래 상호문화적 상호작용에 관한 연구로부터 많은 것을 배웠다(Chiu, Lonner, Matsumoto & Ward, 2013). 그러나 이 연구의 결과는 이 개념의 구성 요소에 대한 상당한 논쟁(Deardorff, 2006)과 특성 및 기술 목록의 급증으로 이어졌다. 이 중 많은 부분은 타당성이 잘 확립되지 않은 제한된 이론적 기반에 기반을 두고 있다(Matsumoto & Hwang, 2013; Paige, 2004). 앞으로 우리는 이러한 아이디어와 문화 지능 개념의 관계에 대해 논의할 것이다.

1.1.4
문화 차원 접근법

해외 효과성의 적응 모델이나 대처 모델에 관심을 불러일으킨 동일한 힘이 조직 환경에서 문화의 본질과 그 영향에 관한 관심을 불러일으켰다. 물론 문화에 관한 공식적인 연구는 사실 더 일찍 시작되었다(Mead, 1937). 그러나 이 시대는 문화 차원 이론과 그것을 경영에 적용하는 연구를 탄생시켰다. 경영 연구는 사회에서 공유하는 맥락적 요소(가치, 태도, 적절한 행동에 대한 가정)를 가진 개인의 행동을 이해하기 위해 문화 차원 접근 방식에 크게 의존하였다. 문화가 다양한 방식을 이해하기 위한 문화 차원의 유용성은 계속되었다. 문화를 분류하고 비교하기 위해 고안된 주요 프레임워크는 호프스테더(Hofstede, 1980, 2001)의 고전적인 근로 가치 연구, 슈와르츠(Schwartz, 1992)의 가치 조사, GLOBE 연구(House, Hanges, Javidan, Dorfman, & Gupta, 2004)이다. 직장에서 문화적 불화(cultural variance)에 관한 모든 개념화는 가치 차이와 관련이 있다. 단순히 행동의 문화적 차이를 설명하는 것보다 상당한 개선을 제공한 이러한 프레임워크로부터 많은 것을 배웠지만, 우리는 최근에 가치 기반 접근법의 한계를 더 예리하게 인식하고 있다(Kirkman, Lowe, & Gibson, 2006). 개인 행동의 예측 인자로서 가치에 대한 국가 수준의 점수를 사용하는 것은 국가 내의 가치 합의, 상황에 따른 문화적 패턴의 일반성, 그리고 문화적 행동 패턴의 안정성에 대한 기본 가정과 일치하지 않는 결과를 점점 더 많이 낳았다(Leung & Morris, 2015). 가치에 대한 대안으로 사회적 격언(Leung et al., 2002)과 지침의 원천(Smith & Peterson, 1988; Smith, Peterson, & Schwartz, 2002)이 제안되었다. 이러한 노력은 문화를 단순히 가치의 집합으로 생각하는 문제를 해결하지만, 문화적 차이가 행동에 영향을 미치는 과정에 대한 명확한 초점을 제공하지 못한다. 문화의 영향에 대한 차원적 초점의 한계와 함께, 문화 간 효과성과 관련된 기술과 능력을 명확하게 식별하지 못함은 문화 간 효과성의 개인차를 식별하기 위한 새로운 개념을 찾는 동기의 일부를 제공했다.

1.2
문화 간 역량 측정

앞부분의 검토에서 알 수 있듯이, 문화 간 역량의 구성 요소에는 상당한 차이가 있었고, 그 정의에 대한 합의는 제한적인 것으로 보인다(Chiu et al., 2013). 문화 간 역량의 개념 정의에서 중요한 측면은 이를 평가하기 위한 검사 도구의 개발과 타당성 검증이다. 이 개념이 주목을 받은 오랜 시간에 걸쳐, 문화 간 역량의 한 가지 또는 그 이상의 측면을 측정하려는 수십 개의 측정 도구가 개발되었다. 최근까지 이러한 도구들에 대한 종합적인 검토는 없었다. 이어서, 우리는 개브닌너와 그 동료(Gabrenya, Moukarzel, Pomerance, Griffith & Deaton, 2013) 그리고 마쓰모토와 황(Matsumoto & Hwang, 2013)의 검토 논문에 근거하여 가장 인기 있는 측정 도구 7개를 요약하고 평가한다.

1.2.1
문화 간 적응력 척도
(CCAI: Cross-Cultural Adaptability Inventory)

CCAI(Kelley & Meyers, 1987)는 4가지 차원, 즉 정서적 회복탄력성(18문항), 유연성/개방성(15문항), 지각적 민첩성(10문항), 개인적 자율성(7문항)을 측정한다. 이 척도는 당시의 가용한 문헌과 다른 문화에 대한 효과적인 적응과 관련된 기술에 대한 국제 문화 트레이너와 자문위원의 의견에 기반하여 개발되었다. 당시 개발된 기술 척도들에 대표적인 것으로, 4가지 요인 척도의 구인 타당도에 대한 증거는 약한 편이다(Matsumoto & Hwang, 2013). 준거 타당도와 관련하여 일부 연구는 결과나 처치 반응을 예측하는 것처럼 보이기는 하지만 모든 연구에서 그런 것은 아니며, 모든 하위 척도에서 그런 것도 아니다(Gabrenya et al., 2013). 아베와 그 동료(Abbe, Gulick & Herman, 2007)의 검토에서는 CCAI가 타당한 척도가 아니므로 그것에 의존해서는 안 된다고 결론지었다.

1.2.2
상호문화적 적응 잠재력 척도
(ICAPS: Intercultural Adjustment Potential Scale)

ICAPS(Matsumoto et al., 2001)는 해외에서 적응을 예측하는 개인 차를 평가하기 위한 55개 문항으로 구성되어 있다. 문항은 정서 조절, 해외 적응을 예측하는 특성, 심리적 웰빙 측정, 그리고 성격 측정 도구의 세트에서 생성되었다. 척도의 구조는 성격 구성 요소에 4가지 하위 척도를 포함하고 있으므로 약간 이례적이다. 4가지 하위 척도는 정서 조절(9문항), 개방성(7문항), 유연성(6문항), 비판적 사고(7문항)로 주요 구성 요소 분석에서 총변량의 18.6%를 차지한다. 따라서 가장 널리 사용된 55문항의 전체 척도는 하위 척도와는 다른 준거 변수와의 관계를 가질 수 있다(Gabrenya et al., 2013). 마쓰모토와 황(Matsumoto & Hwang, 2013)은 척도를 광범위하게 사용하였으며, 구인 타당도와 준거 타당도에 대한 증거를 제공하였다. 그러나 개브린너와 그 동료(Gabrenya et al., 2013, p. 54)는 ICAPS의 현재 버전은 이론적 연구나 모델 구축 연구에 사용하기에 충분한 타당도가 없다고 결론지었다.

1.2.3
상호문화 발달 목록
(IDI: Intercultural Development Inventory)

IDI(Hammer et al., 2003)는 이전에 논의된 상호문화 감수성 발달 모델(DMIS; Bennett, 1986)을 기반으로 개발되었다. 최신 버전은 부정, 방어, 반전, 경시, 수용, 적응, 문화적 이탈의 7개 하위 척도를 포함하는 50개 문항으로 구성되어 있다. 초기의 문항 세목은 DMIS에서 발달 수준에 따라 분류된 응답자와의 인터뷰를 통해 생성되었다. 응답자들이 인터뷰에서 한 진술이 문항 세목의 기초를 형성했다. 척도의 요인 분석은 6단계 DMIS 모델을 지지하지 않았으며(Matsumoto & Hwang, 2013), 구인 타당도 연구는 학술지에 게재되지 않았다 (Gabrenya et al., 2013). 훈련 효과를 사정하기 위한 사전–사후 검사는 혼합 결과를 제공했다(Matsumoto & Hwang, 2013). 개브린너와 그 동료(Gabrenya et al., 2013)는 IDI가 이론적 기반이 탄탄하다는 장점이 있지만 타당성 연구의 부족은 문화 간 역량을 평가하기 위한 실행 가능한 옵션이 아니라는 것을 나타낸다고 결론지었다.

1.2.4
상호문화 감수성 척도
(ISS: Intercultural Sensitivity Scale)

ISS(Chen & Starosta, 2000)는 5개 요인, 즉 상호작용 참여(7문항),

문화적 차이 존중(6문항), 상호작용 자신감(5문항), 상호작용 향유(3문항), 상호작용 주의력(3문항)으로 표현되는 24개 문항으로 구성되어 있다. 문항은 상호문화 감수성에 중요한 것으로 제안된 6가지 정의적 요소, 즉 자존감, 자기 모니터링, 개방성, 공감, 상호작용 참여, 판단 유보를 반영하기 위해 생성되었다. 확인적 요인 분석에서 5요인 구조가 유지되지 않았지만(Fritz, Graf, Hentze, Mollenberg & Chen, 2005), 개브린너와 그 동료(Gabrenya et al., 2013)는 ISS가 중간 수준의 안면 타당도와 구인 타당도를 보이지만, 약한 수준의 준거 타당도를 보인다고 결론지었다. 문화 간 역량 척도로서 상호문화 감수성 척도의 유용성은 추가적인 발전을 기다리고 있다.

1.2.5
다문화 성격 질문지
(MPQ: Multicultural Personality Questionnaire)

MPQ(Van der Zee & Van Oudenhoven, 2000)는 새로운 문화 환경에서 성공적으로 운영하고 그 환경에서 웰빙을 느끼는 것으로 정의되는 다문화 효과성을 측정하기 위해 설계되었다. MPQ의 구조는 문화 간 역량의 선행 요인에 대한 문헌 검토에서 파생되었다. 7가지 구인, 즉 문화적 공감, 개방성, 정서적 안정성, 행동 지향성, 모험심/호기심, 유연성, 외향성이 확인되었다. 78문항, 83문항, 91문항이 포함된 여러 버전의 척도가 만들어졌으므로 타당성 정보는 연구마다 일관되지 않을 수 있다.

모든 하위 척도는 빅5(Big Five) 성격 특성과 개념적으로 관련이 있으므로 MPQ는 상호문화 상호작용에 맥락화 된 빅5 측정으로 간주될 수 있다. 과도한 하위 척도 중복을 제외하고는, 타당성은 일반적으로 좋으며 기존 도구보다 약간의 증가된 가치를 제공한다(Gabrenya et al., 2013).

1.2.6
사회문화 적응 척도
(SCAS: Sociocultural Adaptation Scale)

SCAS(Ward & Kennedy, 1999)는 친구를 사귀는 것, 문화에 대해 현지 관점을 취하는 것, 자원을 획득하는 것, 규칙을 따르는 것 등 해외 생활의 다양한 측면에서 어려움을 참가자가 얼마나 인식하는지를 평가하는 29개 문항을 포함하고 있다. 척도의 내적 일관성과 타당성은 좋으며, 사회문화적(그러나 심리적이지 않은) 적응의 유효한 측정 방법으로 보인다(Gabrenya et al., 2013). SCAS-R이라는 수정판 척도는 원래 버전의 일부 제한 사항을 해결하였다(Wilson, Ward, Fetvadjiev & Bethel, 2017). 11문항으로 구성된 이 척도는 사회적 상호작용, 참여, 생태적 적응력의 세 가지 하위 요인으로 구성되어 있다. 예비 타당성 검증 연구들은 SCAS-R이 사회문화적 적응과 관련된 일군의 문화 간 행동에 관한 역량을 포착한다는 것을 시사한다(Wilson et al., 2017).

1.2.7
글로벌 역량 측정 도구
(GCI: Global Competencies Inventory)

GCI(Stevens, Bird, Mendenhall & Oddou, 2014)는 글로벌 리더십 및 상호문화적 효과성과 관련된 것으로 생각되는 문화 간 관계 기술, 특질, 가치, 인지 지향성, 글로벌 비즈니스 전문성, 글로벌 조직 전문성, 비전을 측정하려고 제안되었다. GCI는 이주민의 적응과 수행에 관한 문헌에서 식별된 다양한 선행 요인을 포괄하려고 시도한다. 척도의 내용 타당성은 좋아 보이지만(Gabrenya et al., 2013), 척도는 독점적이며, 구인 타당도나 준거 타당도에 대한 정보를 제공하지 않는다. 따라서 이 척도를 문화 간 역량의 측정 도구로 추천하는 것은 불가능하다.

지금까지 300개 이상의 다른 도구들이 문화 간 역량을 측정하려는 시도로 개발되었다(Leung, Ang & Tan, 2014). 그러나 이 7가지 가장 인기 있는 도구에 대한 평가는 문화 간 역량의 정의나 측정 방법에 대한 일치된 의견이 거의 없으며, 이러한 척도가 실제로 문화 간 역량을 측정할 수 있는 능력에 대한 확신이 적다는 결론을 내리기에 충분하다. 문화 간 역량이라는 광범위한 개념에 대한 추가적인 연구가 계속되고 있지만, 이러한 문제들은 이 분야의 연구에서 인식 변화를 초래하였다. 최근의 연구는 행동을 이해하려고 인지 구조(예: 가치와 스키마)와 사회적 맥락(예: 규범)을 결합하는 과정에 대한 통합적인 설명의 가능성을 제공하였다(Leung & Morris, 2015;

Peterson & Wood, 2008). 예를 들어, 우리는 행동을 주도하는 인지 구조에서의 문화적 차이가 다른 시간에서 중요하게 만들어질 수 있다는 것을 이해하게 되었다(Hong, Morris, Chiu & Benet-Martinez, 2000), 그러나 이러한 구조의 발전 깊이는 사회의 문화에 대한 장기간의 노출에 따라 달라질 수 있다(Peterson & Barreto, 2014). 이러한 사고 노선은 사회에 의해 영향을 받는 문화적으로 특정한 인지 구조에 덧붙여, 인지 구조와 처리 과정의 더 일반적인 발달이 존재하고, 이것이 문화 간 효과성에 영향을 미칠 수 있다는 아이디어로 향하는 문을 열었다. 이 아이디어를 포착하기 위해 이론적으로 제시된 구인이 바로 문화 지능이다.

1.3
요약

요약하면, 문화적 역량에 관한 초기 연구는 문화 지능 구인의 발전을 위한 토대를 마련했다. 첫째, 초기 체류자 연구는 해외 유형에 대한 탐색으로 시작되었지만, 궁극적으로는 역동적인 기술과 능력의 집합을 식별하는 것으로 초점을 옮겼다. 다음으로, 문화 간 효과성 모델은 문화 지능의 개념화에 영향을 준 중요한 요소를 식별하는 데 도움을 주었다. 구성 요소 모델은 문화 지능과 관련된 고차원적 인지 능력을 예상하는 요소를 포함하여 문화 간 효과성과 잠재적으로 관련된 수많은 요소를 식별했다. 대처 및 적응 모델은 맥락적 요인의 영향도 고려하면서 광범위한 기술 차원에서 문화 간 기술을 제시했다. 발달 및 학습 모델은 문화 지능의 발달에 반영되는 문화 간 역량 개발에서 상호문화적 경험의 중요성을 강조했다. 문화 간 역량의 구인이나 관련 아이디어를 활용하기 위해 고안된 수많은 측정 도구가 만들어졌음에도 불구하고 진정으로 만족스러운 척도는 널리 받아들여지지 않았다.

문화적 차원 접근법의 한계와 함께 적절한 척도의 부재는 인지 구조와 사회적 맥락의 조합이 문화 간 상호작용에 미치는 영향을 이해하기 위한 기초로서 인지 이론을 고려하도록 경영 이론에 박차를 가하였다. 문화 간 효과성을 이해하기 위한 새로운 접근법이 등장할 때가 되었다.

Abbe, A., Gulick, L. M. V., & Herman, J. L. (2007). *Cross-cultural competence in army leaders: A conceptual and empirical foundation.* Arlington, VA: U.S. Army Research Institute for the Behavioral and Social Sciences.

Aycan, Z. (1997). Expatriate adjustment as a multifaceted phenomenon: Individual and orga-nizational level predictors. *International Journal of Human Resource Management,* 8(4), 435-456.

Bandura, A. (1977). *Social learning theory.* Englewood Cliffs, NJ: Prentice-Hall.

Benedict, R. (1939). Edward Sapir. *American Anthropologist,* 41, 465-477.

Bennett, M. J. (1986). Toward ethnorelativism: A developmental model of intercultural sensitivity. In R. M. Paige (Ed.), *Cross-cultural orientation: New conceptualization and application* (pp. 27-70). New York: University Press of America.

Black, J. S. (1988). Work role transitions: A study of American expatriate managers in Japan. *Journal of International Business Studies,* 19, 277-294.

Black, J. S. (1990). Factors related to the adjustment of Japanese expatriate managers in America. *Journal of Management Studies,* 28, 417-427.

Black, J. S., & Gregersen, H. B. (1991). Antecedents to cross-cultural adjustment for expatriates in Pacific Rim assignments. *Human Relations,* 44(5), 497-515.

Black, J. S., Mendenhall, M., & Oddou, G. (1991). Toward a comprehensive model of international adjustment: An integration of multiple theoretical perspectives. *Academy of Management Review,* 16, 291-317.

Bochner, S. (1982). *Cultures in contact: Studies in cross-cultural interaction.* New York: Pergamon Press.

Byrnes, F. C. (1966). Role shock: An occupational hazard of american technical assistants abroad. *The Annals of the American Academy of Political and Social Science, 368,* 95-108.

Caligiuri, P. M. (2000). The big five personality characteristics as predictors of expatriate's desire to terminate the assignment and supervisor-rated performance. *Personnel Psychology, 53,* 67-88.

Chen, G. M., & Starosta, W. J. (2000). The development and validation of the intercultural communication sensitivity scale. *Human Communication Research, 3,* 1-15.

Chiu, C.-Y., Lonner, W. J., Matsumoto, D., & Ward, C. (2013). Cross-cultural competence: Theory, research, and application. *Journal of Cross Cultural Psychology, 44,* 843-848.

Church, A. T. (1982). Sojourner adjustment. *Psychological Bulletin, 91*(3), 540-572.

Deardorff, D. K. (2006). Identification and assessment of intercultural competence as a student outcome of internationalization. *Journal of Studies in International Education, 10,* 241-266.

Erikson, E. H. (1968). *Identity: Youth and crisis.* New York, NY: Norton.

Fritz, W., Graf, A., Hentze, J., Mdllenberg, A., & Chen, G. M. (2005). An examination of Chen and Starosta's model of intercultural sensitivity in Germany and United States. *Intercultural Communication Studies, 14*(1), 53-64.

Furnham, A., & Bochner, S. (1986). *Culture shock: Psychological reactions to unfamiliar environments.* New York: Methuen.

Gabrenya, W. K., Jr., Moukarzel, R. G., Pomerance, M. H., Griffith, R. L., & Deaton, J. (2013). *A validation study of the Defense Language Office Framework for Cultural Competence and an evaluation of available assessment instruments* (Technical Report #13-12). Patrick AFB, FL: Defense Equal Opportunity Management Institute Press.

Gardner, G. H. (1962). Cross-cultural communication. *Journal of Social*

|
문화 지능

Psychology, 58, 241-256.

Graf, A. (2004). Expatriate selection: An empirical study identifying significant skill profiles. *Thunderbird International Business Review*, 46, 667-685.

Hall, E. T., & Whyte, W. F. (1960). Intercultural communication: A guide to men of action. *Human Organization*, 19(1), 5-12.

Hammer, M. R., Bennett, M. J., & Wiseman, R. (2003). Measuring intercultural sensitivity: The intercultural development inventory. *International Journal of Intercultural Relations*, 27, 421-443.

Hammer, M. R., Gudykunst, W. B., & Wiseman, R. L. (1978). Dimensions of intercultural effectiveness: An exploratory study. *International Journal of Intercultural Relations*, 8, 1-10.

Hannigan, T. P. (1990). Traits, attitudes, and skills that are related to intercultural effectiveness and their implications for cross-cultural training: A review of the literature. *International Journal of Intercultural Relations*, 14, 89-111.

Hofstede, G. (1980). *Culture's consequences: International differences in work related values*. Beverly Hills, CA: Sage.

Hofstede, G. (2001). *Culture's consequences: Comparing values, behaviors, institutions, and organizations across nation*s (2nd ed.). Thousand Oaks, CA: Sage.

Hong, Y.-Y., Morris, M. W., Chiu, C.-Y., & Benet-Martinez, V. (2000). Multicultural minds: A dynamic constructivist approach to culture and cognition. *American Psychologist*, 55, 709-720.

House, R. J., Hanges, P. J., Javidan, M., Dorfman, P. W., & Gupta, V. (2004). *Culture, leadership, and organizations: The GLOBE study of 62 societies*. Thousand Oaks, CA: Sage.

Johnson, J. P., Lenartowicz, T., & Apud, S. (2006). Cross-cultural competence in international business: Toward a definition and a model. *Journal of InternationalBusiness Studies*, 37, 525-543.

Kelley, C., & Meyers, J. E. (1987). *Cross-cultural adaptability inventory manual*.

Minneapolis, MN: National Computer Systems.

Kirkman, B. L., Lowe, K. B., & Gibson, C. B. (2006). A quarter century of "Culture's Con-sequences": A review of empirical research. *Journal of International Business Strudies*, 37, 285-320.

Kolb, D. A. (1984). *Experiential learning: Experience as a source of learning and development.* Englewood Cliffs, NJ: Prentice-Hall.

Leung, K., Ang, S., & Tan, M. L. (2014). Intercultural competence. *Annual Review of Organizational Psychology*, 1, 489-519.

Leung, K., Bond, M. H., Reimel de Carrasquel, S., Munoz, C., Hernandez, M., Murakami, F., et al. (2002). Social axioms: The search for universal dimensions of general beliefs about how the world functions. *Journal of Cross-Cultural Psychology*, 33, 286-302.

Leung, K., & Morris, M. W. (2015). Values, schemas, and norms in the culture-behavior nexus: A situated dynamics framework. *Journal of International Business Strudies*, 46, 1028-1050.

Matsumoto, D., & Hwang, H. C. (2013). Assessing cross-cultural competence: A review of available tests. *Journal of Cross-Cultural Psychology*, 44, 849-873.

Matsumoto, D., LeRoux, J. A., Ratzlaff, C., Tatani, H., Uchida, H., Kim, C., et al. (2001). Development and validation of a measure of intercultural adjustment potential in Japanese sojourners: The Intercultural Adjustment Potential Scale (ICAPS). *International Journal of Intercultural Relations*, 25, 483-510.

Mead, M. (1937). *Cooperation and competition among primitive peoples.* New York: McGraw Hill.

Mendenhall, M., & Oddou, G. (1985). The dimensions of expatriate acculturation: A review. *Academy of Management Review*, 10(1), 39-47.

Mol, S. T., Born, M. P., Willemsen, M. E., & Van der Molen, H. T. (2005). Predicting expatriate job performance for selection purposes: A quantitative review. *Journal of Cross-Cultural Psychology*, 35(5), 590-620.

Paige, R. M. (2004). Instrumentation in intercultural training. In D. Landis, J. M. Bennett, & M. J. Bennett (Eds.), *Handbook of intercultural training* (3rd ed., pp. 13-36). Thousand Oaks, CA: Sage.

Peterson, M. F., & Barreto, T. S. (2014). The like it or not proposition: Implications of societal characteristics for the cultural expertise and personal values of organization members. *Journal of Organizational Behavior, 35,* 1134-1152.

Peterson, M. F., & Wood, R. E. (2008). Cognitive structures and processes in cross-cultural management. In P. B. Smith, M. F. Peterson, & D. C. Thomas (Eds.), *The handbook of cross-cultural management research* (pp. 15-33). Thousand Oaks, CA: Sage Publications.

Piaget, J. (1985). *The equilibrium of cognitive structures: The central problem of intellectual development.* Chicago, IL: The University of Chicago Press.

Ruben, B. D. (1976). Assessing communication competency for intercultural adaptation. *Group and Organization Studies, 1*(3), 334-354.

Ruben, B. D., & Kealey, D. J. (1979). Behavioral assessment of communication competency and the prediction of cross-cultural adaptation. *International Journal of Intercultural Relations, 3,* 15-47.

Schwartz, S. H. (1992). Universals in the content and structure of values: Theoretical advances and empirical tests in 20 countries. In M. P. Zanna (Ed.), *Advances in Experimental Social Psychology* (Vol. 24, pp. 1-65). San Diego, CA: Academic Press.

Smith, M. B. (1955). Some features of foreign student adjustment. *Journal of Higher Education, 26,* 231-241.

Smith, P. B., & Peterson, M. F. (1988). *Leadership, organizations and culture: An event management model.* London: Sage.

Smith, P. B., Peterson, M. F., & Schwartz, S. H. (2002). Cultural values, sources of guidance, and their relevance to managerial behavior: A 47-nation study. *Journal of Cross-Cultural Psychology, 33,* 188-208.

Stein, M. I. (1966). *Volunteers for peace*. New York: Wiley.

Stening, B. W. (1979). Problems in cross-cultural contact: A literature review. *International Journal of Intercultural Relations*, 3, 269-313.

Stevens, M., Bird, A., Mendenhall, M. E., & Oddou, G. (2014). Measuring global leader intercultural competency: Development and validation of the Global Competencies Inventory (GCI). In J. S. Osland, M. Li, & Y. Wang (Eds.), *Advances in global leadership* (Vol. 8, pp. 115-154). Emerald Group Publishing Limited.

Stouffer, S. A., Lumsdaine, A. A., Lumsdaine, M. H., Williams, R. M., Smith, M. B., Janis, I. L., et al. (1949). *The American soldier: Combat and its aftermath*. Princeton, NJ: Princeton University Press.

Tadmor, C. T., Galinksy, A. D., & Maddux, W. W. (2012). Getting the most out of living abroad: Biculturalism and integrative complexity as key drivers of creative and professional success. *Journal of Personality and Social Psychology*, 103, 520-542.

Tadmor, C. T., & Tetlock, P. E. (2006). Biculturalism: A model of the effects of second-culture exposure on acculturation and integrative complexity. *Journal of Cross-Cultural Psychology*, 37, 173-190.

Tadmor, C. T., Tetlock, P. E., & Peng, K. (2009). Acculturation strategies and integrative complexity. *Journal of Cross-Cultural Psychology*, 40, 105-139.

Thomas, D. C. (1998). The expatriate experience: A critical review and synthesis. *Advances in International Comparative Management*, 12, 237-273.

Thomas, D. C., & Fitzsimmons, S. R. (2008). Cross-cultural skills and abilities: From communication competence to cultural intelligence. In P. B. Smith, M. F. Peterson, & D. C. Thomas (Eds.), *The handbook of cross-cultural management research*. Thousand Oaks, CA: Sage Publications.

Ting-Toomey, S. (1999). *Communicating across cultures*. New York: The Guilford Press.

Ting-Toomey, S., & Dorjee, T. (2017). Multifaceted identity approaches and cross-cultural communication styles: Selective overview and future directions. In L. Chen (Ed.), *Intercultural communication* (pp. 141-178). Berlin, GE: Walter de Gruyter Inc.

Triandis, H. C. (1975). Culture training, cognitive complexity and interpersonal attitudes. In R. Brislin, S. Bochner, & W. Lonner (Eds.), *Cross-cultural perspectives on learning*. Beverly Hills, CA: Sage.

Trope, Y. (1986). Identification and inferential processes in dispositional attribution. *Psychological Review*, 93, 239-257.

Tung, R. L., & Varma, A. (2008). Expatriate selection and evaluation. In P. B. Smith, M. F. Peterson, & D. C. Thomas (Eds.), *The handbook of cross-cultural management research* (pp. 367-378). Thousand Oaks, CA: Sage Publications.

Van der Zee, K. I., & Van Oudenhoven, J. P. (2000). The Multicultural Personality Questionnaire: A multidimensional instrument of multicultural effectiveness. *European Journal of Personality*, 14, 291-309.

Ward, C., & Kennedy, A. (1999). The measurement of sociocultural adaptation. *International Journal of Intercultural Relations*, 23, 659-677.

Wilson, J., Ward, C., Fetvadjiev, V. H., & Bethel, A. (2017). Measuring cultural competencies: The development and validation of a revised measure of sociocultural adaptation. *Journal of Cross-Cultural Psychology*, 48, 1475-1506.

Yamazaki, Y., & Kayes, D. C. (2004). An experiential learning approach to cross-cultural learning: A review and integration of competencies for successful expatriate adaptation. *Academy of Management Learning and Education*, 3, 362-379.

2장.
문화 지능의 개념화

/ **요약**

문화 지능은 새로운 문화적 맥락에 효과적으로 적응하는 개인의 능력이다. 지금까지 문화 지능 구인은 서로 연관되어 있지만 서로 다른 두 가지 방식으로 개념화되어 왔다. 문화 지능에 대한 첫 번째 관점은 문화 지능이 인지적(사람들이 새로운 문화에 대해 얻는 특정한 지식), 메타 인지적(사람들이 자신의 사고 과정에 대해 내리는 상위 판단), 동기적(인지적 양상에 따라 행동하고 지식을 습득하기 위해 인내하는 성향), 행동적(원하는 또는 의도한 행동을 실행하는 능력) 양상으로 구성된다는 것이다. 두 번째 모델은 문화 지능을 사람들이 환경의 문화적 측면에 적응하고, 선택하고, 형성하는 데 필요한 능력으로 정의한다. 이는 문화적 메타 인지에 의해 촉진되는 상호작용하는 지식과 기술의 체계로 제시되며, 이를 통해 문화 지능 구인이 출현할 수 있다. 이 장에서는 이러한 각 개념의 발전 과정을 살펴본다.

핵심어 인지적 문화 지능, 메타 인지적 문화 지능, 동기적 문화 지능, 행동적 문화 지능, 문화 지식, 문화 기술, 문화적 메타 인지 문화 지능의 개념은 얼리(Earley, 2002)가 당시 출판 중인 책(Earley & Ang, 2003)에서 발췌한 논문에서 학술 문헌에 처음 소개되었다. 문화 지능은 새로운 문화적 맥락에 효과적으로 적응하는 개인의 능력으로 정의되었다. 이 초기 구인의 변형을 상호문화적 상호작용에 적용한 토마스와 익슨(Thomas & Inkson, 2003)의 책이 그 뒤를 이어 소개되었다. 이 책에서 사용된 문화 지능에 대한 개념화는 팅-투미(Ting-Toomey, 1999)의 초문화적 커뮤니케이션(transcultural communication) 역량에 대한 아이디어를 기반으로 했지만, 그것이 포함된 특별호의 출판이 지연되어 2006년(Thomas, 2006)까지 학술 문헌에 나타나지 않았다. 그 후 호주, 오스트리아, 중국, 캐나다, 프랑스, 인도네시아, 이스라엘, 뉴질랜드, 스위스, 튀르키예, 미국 등 12개국의 국제 연구팀이 문화 지능을 문화적 메타 인지로 연결된 상호작용하는 지식과 기술의 체계로 정의하여 사람들이 환경의 문화적 측면에 적응하고 선택하며 형성할 수 있도록 하는 것으로 개념화했다(Thomas et al., 2008). 문화 지능에 대한 정의와 개념화의 역사적 발전은 〈표 2.1〉에 나와 있다.

〈표 2.1〉 문화 지능의 개념과 적용(Thomas et al., 2008)

출처	문화 지능의 개념 정의	구성 요소	결과/적용
Earley (2002), Earley & Ang (2003)	새로운 문화적 환경에 효과적으로 적응하는 개인의 능력	인지적, 메타 인지적, 동기적, 행동적	글로벌 과제 성공, 다양성 과제, 훈련 방법

Thomas & Inkson (2003)	상호문화적 상호작용의 기본을 이해하고, 상호문화적 상호작용에 대한 주의 깊은 접근법을 개발하며, 궁극적으로 적응적인 기술과 행동 레퍼토리를 구축하는 것을 포함하며, 이것은 개인이 상이한 상호문화적 상황에서 효과적으로 행동하게 한다.	지식, 주의 깊음, 행동, 기술	문화 간 의사결정, 문화 간 커뮤니케이션, 문화 간 리더십, 다문화 팀, 국제적 경력
Earley & Osakowski (2004)	누군가의 낯설고 모호한 제스처를 자신의 동포나 동료가 그것을 반영하는 것과 같은 방식으로 해석하는 외관상 자연적인 능력	인지적, 신체적, 정서적/동기적	새로운 문화에서 적절한 행동
Earley & Peterson (2004)	문화적 환경이나 다문화 상황에서 효과적으로 기능하기 위해 매우 다른 단서를 수집, 해석하고 그것에 입각하여 행동하는 개인의 능력을 반영함.	메타 인지적/인지적(학습 전략과 문화적 의미 만들기), 동기(문화적 공감과 자기 효능감), 행동(문화와 모방에서 수용 가능한 행동)	상호문화 훈련, 다국적 팀
Earley, Ang & Tan (2006)	문화적 맥락으로 돌릴 수 있는 낯선 환경, 즉 새로운 문화적 환경에 성공리에 적응하는 개인의 능력	문화적으로 전략적인 사고, 동기, 행동	다양성 과제, 글로법 과업 임무, 글로벌 팀, 글로벌 리더십
Thomas (2006)	문화적으로 다른 사람들과 효과적으로 상호작용하는 능력	지식, 주의 깊음, 행동	발달, 평가

Ang et al. (2007)	문화적으로 다양한 환경에서 효과적으로 기능하고 관리하는 개인의 능력	인지, 메타 인지, 동기, 행동	문화적 판단과 의사결정, 문화적 적응과 수행
Liao & Thomas (2020)	문화적 메타 인지로 연결된 상호작용하는 지식과 기술의 체계로서 이것은 사람들이 환경의 문화적 측면에 적응하고 선택하며 형성할 수 있도록 함.	문화적 지식, 문화 간 기술, 문화적 메타 인지	효과적인 상호 문화적 상호작용(개인적 적응, 대인관계 발달, 과업 수행)

현재까지 문화 지능은 서로 연관되어 있지만 서로 다른 두 가지 방식으로 개념화되어 왔다. 첫 번째는 얼리와 앵(Earley and Ang, 2003)의 개념화이고, 두 번째는 토마스와 그 동료에 의한 개념화이다(Thomas et al., 2008). 아래에서는 이러한 각 개념화의 발전 과정을 차례로 설명한다.

2.1
얼리와 앵(Earley & Ang)의 개념

얼리와 앵(Earley & Ang, 2003)이 제시한 문화 지능의 개념은 상호작용적 지능 이론에 기반을 두고 있다. 이 이론에서는 지능을 개인과 맥락 간의 상호작용으로 정의한다(Sternberg, 1985). 따라서 그것은 지능에 대한 맥락의 잠재적 영향을 무시하는 순전히 생물학적, 인지적, 동기적 또는 행동적 접근 방식과는 다르다. 얼리와 앵의 사고는 지능에 대한 세 가지 상호작용 이론의 영향을 받았다. 첫 번째는 가드너(Gardner, 1983)의 다중 지능(multiple intelligence) 이론으로, 이것은 개인이 유전적 소여에 의해 또는 적응과 사회화 등에 의해 환경과의 상호작용을 통해 발달하는 서로 다른 능력을 가지고 있다고 제안한다. 두 번째는 내적(정신적 정보 처리), 외적(환경에 대한 적응), 경험적(새로운 상황에 대한 대처) 요소를 포함하는 스턴버그(Sternberg, 1985)의 삼원 이론(triarchic theory)이다. 이 이론의 핵심은 앞서 설명한 토마스와 익슨(Thomas & Inkson, 2003)의 모델에도 영향을 미쳤으며, 지적인 사고를 구성하는 세 가지 기제인 메타 인지, 지식, 수행이다. 얼리와 앵의 개념화에 영향을 준 세 번째 상호작용 이론은 개인의 타고난 능력, 환경적 맥락, 동기를 포함하는 세시(Ceci, 1990)의 생물 생태학적(bioecological) 지능 이론이다. 이 이론에 따르면 개인은 환경에 효과적으로 대처하기 위해 자신의 타고난 능력을 활용하도록 동기를 부여받아야 한다. 이 세 가지 지능 이론은 얼리와 앵이 제시한 문화 지능 이론에 관한 후속 설명의 토대를 마련했다. 이러한 이론에 근거한 중요한 가정은 (a) 지능은 단순한 인지 능력 그 이상이고, (b) 지능은 동기화된 사고를 포함하며, (c) 지능적 행동은 사회적 맥락에서의 효과적인 상호작용을 포함한다는 것이다.

앞서 언급했듯이 이러한 이론적 배경에서 나온 개념 정의는 '문화 지능은 새로운 문화적 맥락에 효과적으로 적응하는 개인의 능력을 의미한다.'라는 것이다(Earley & Ang, 2003, p. 59). 환경에 대한 개인의 적응에 초점을 맞춘 것은 지능 이론의 역사에 대한 검토(Sternberg, 2000), 즉 환경에 대한 적응과 조정이 이론들 간의 공통된 주제인 것으로 밝혀진 데서 비롯하였다. 또한, 문화 간 상호작용의 중요한 결과로서의 적응이라는 개념은 오랜 역사를 가지고 있다

(Lazarova & Thomas, 2012). 이 개념화의 일반적인 구조는 [그림 2.1]에 나와 있다.

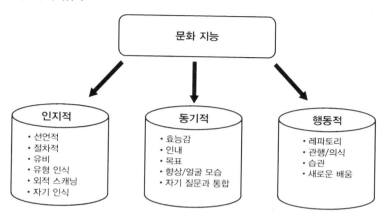

[그림 2.1] 문화 지능의 구성 요소(Ealry & Ang, 2003)

[그림 2.1]에서 볼 수 있듯이, 얼리와 앵(2003)은 문화 지능이 인지적(사람들이 새로운 문화에 대해 습득하는 특정 지식), 동기적(인지적 양상에 따라 행동하고 지식 습득에서 인내하려는 성향), 행동적(원하는 또는 의도한 행동을 실행하는 능력) 양상으로 구성되어 있다고 주장한다. 세 가지 요소를 설명하면 다음과 같다.

2.1.1
인지적 양상

문화 지능에 관한 이 모델의 인지적 측면은 선언적 지식과 절차적 지식, 귀납 추론과 유비 추론, 사회적 지각, 메타 인지를 포함한다. 이 모델에 대한 이후 연구에서는 메타 인지를 문화 지능의 별도 요소로 취급한다. 이러한 특정 요소를 포함시킨 것은 사람들이 사회적 정보를 저장, 처리, 검색하는 방식에 대한 믿음을 바탕으로 한 것이다. 이러한 사회 인지 접근법(social cognition approach)은 자아에 대한 지식, 사회적 맥락에 대한 지식, 정보 처리에 대한 지식을 포함하는 개념화로 이어진다. 초점은 문화적 맥락에서 상호작용하는 것과 관련된 인지에 맞추어져 있다. 이것은 당시 많은 인기를 얻었던 사회 지능, 정서 지능과 같은 유사한 맥락 지능 구인과 문화 지능을 구별되게 한다.

얼리와 앵의 이론적 틀에서 인지적 차원은 귀납 추론과 유비 추론을 모두 포함한다. 귀납 추론에서 우리는 구체적인 관찰을 통해 일반적인 원리를 도출하고, 유비 추론에서는 하나 이상의 유사한 상황에서의 경험을 통해 결론을 도출한다. 연구자들은 문화 지능이 새로운 문화적 상황에서 제시되는 단서를 다루기 위해 귀납 추론을 필요로 하고, 어떤 문화의 한 영역에서 다른 영역으로 지식을 전이하기 위해서는 유비 추론을 필요로 한다고 주장한다.

사회적 지각은 다른 사람에 대한 인상을 형성하고 추론하는 것을 포함한다. 역할 정체성 이론(Stryker, 1987)에 근거하여 얼리와 앵(Earley & Ang, 2003)은 문화 지능은 자신에 대한 지식 외에도 다른 문화권의 사람들이 사회적 맥락에서 자신을 어떻게 정의하는지에 대한 지식 그리고 타인에 관한 사회적 개념을 정확하게 표현할 수 있는 능력을 요구한다고 주장한다. 연구자들은 이러한 인지 능력을 통해 개인이 새로운 문화적 상황을 고려하여 자기 개념(대본 등)을 새롭고 더 복잡한 형태로 재구성할 수 있다고 주장한다.

문화 지능에 대한 이 모델의 인지적 양상의 마지막 요소는 메타 인지다. 메타 인지(Flavell, 1979; Hacker, 2001; Nelson & Narens, 1994; Winne, 1996)는 복잡한 고차원적 인지 구조이지만, 흔히 '사고에 대한 사고'로 설명된다. 메타 인지는 개인이 자신의 사고 과정과 다른 사람의 사고 과정에 대해 내리는 상위 판단이다(Earley & Ang, 2003, p. 109). 얼리와 앵은 메타 인지 능력이 개인마다 다를 뿐만 아니라 환경에 따라 다르다고 설명한다. 즉, 한 과제(예: 수학 문제 풀이)에 대한 메타 인지 능력이 다른 과제(예: 다문화 팀 관리)에서의 메타 인지 활동을 예측할 수 없다. 문화 지능에 대한 메타 인지의 가치는 앞서 설명한 지식 수준 간의 연관성을 이해하고 새로운 문화적 관점을 습득하는 방법과 크게 관련이 있는 것으로 제시된다. 즉, 문화 지능은 다른 문화권의 사람들이 그들 자신을 바라보는 방식을 이해하고, 다른 사람의 관점을 이해하는 것을 요구한다.

2.1.2
동기적 양상

동기화 혹은 동기 부여가 지능의 구성 요소라는 소수의 견해(Aker-man, 1996; Ceci, 1990)를 바탕으로, 동기화는 얼리와 앵의 모델에서 지능의 두 번째 주요 구성 요소를 형성한다. 이 모델에서 동기적 양상의 핵심 가정은 문화 지능이 자아 개념에 반영되어 새로운 문화적 환경에 적응하도록 동기를 부여한다는 것이다. 이러한 자기 동기(self-motives)는 향상, 효능감, 일관성을 포함한다(Erez & Earley, 1993).

자기 향상(Self-enhancement): 자기 향상은 자기의 자아에 대해 좋은 감정을 느끼고 자존감을 유지하려는 동기이다. 이러한 동기화는 위협, 실패 또는 자존감에 타격을 주는 상황을 초래하는 상호문화적 상호작용에서 현저하게 나타날 수 있으며, 부정적인 자기관보다 긍정적인 자기관을 선호하는 것을 포함한다(Markus, Kitayama & Heiman, 1997). 자기 자신에 대한 정보는 쉽게 기억할 수 있으므로(Markus & Wurf, 1987), 기존의 지식과 새로운 정보를 연결할 때 특히 중요한 것으로 알려져 있다.

자기 효능감(Self-efficacy): 자기 효능감은 어떤 과제를 완수할 수 있다고 믿는 신념이다(Bandura, 1986). 사람들은 자신의 능력을 초과한다고 생각되는 과제를 피하는 경향이 있다. 효능감에 대한 인식은 과거의 성취 경험, 타인의 행동과 결과 관찰, 설득, 각성 등에 의해 영향을 받을 수 있다. 이 모델에서 자기 효능감은 외국어 사용과 같은 새로운 문화적 환경에서의 사회적 담론에 대한 일반적인 자신감을 바탕으로 문화 지능에 영향을 미치는 것으로 제안된다.

자기 일관성(Self-consistency): 자기 일관성은 생각과 아이디어의 조절에서 자아의 중요성에 초점을 맞춘 동기이다. 이 자기 일관성 이론의 기초는 사람들이 개인 내에서 아이디어의 일관성을 유지하기 위해 자조적인 조치를 사용한다는 것이다(Lecky, 1945). 에레즈와 얼리(Erez & Earley, 1993)에 따르면, 자기 일관성은 이전 사건과 일치하는 기억과 지각의 구성으로 이어지고, 사람들이 자신의 가치와 규범에 따라 일관되게 행동하도록 동기를 부여한다. 일관성에 대한 강한 동기는 새로운 환경에 적응하지 못하고 새로운 아이디어를 통합하지 못하는 것을 반영한다. 따라서 이 동기는 문화 지능과 부적으로 연관된 것으로 제안된다.

이 모델에서 문화 지능의 동기적 양상의 마지막 요소는 개인적 및 문화적 가치가 사회 환경의 어떤 특징에 주목하는지를 안내하는 데 미치는 영향이다. 윌슨(Wilson, 1993)의 네 가지 도덕적 닻(moral anchors)을 기반으로 얼리와 앵은 동정심, 공정성, 자기 통제, 의무의 가치가 적응을 촉진하는 문화적 기준에 대한 보편적인 관점을 제공한다고 주장한다.

요약하면, 얼리와 앵(2003)은 문화 지능을 갖추기 위해서는 새로운 문화에 참여하려는 동기가 있어야 한다고 주장한다. 그들은 문화 지능이 적응 및 조정과 관련이 있으므로 지능과 동기 부여된 행동을 모두 필요로 한다고 주장한다. 이들은 지능이라는 구인에 동기를 포함하는 것이 이례적이라는 점을 인정하면서도 "영역에 대한 지식, 절차에 대한 지식, 결과에 대한 지식이 개인이 적응할 것이라는 사실을 의미하지는 않는다. 이러한 사실은 개인이 적절하게 동기를 부여받고 안내를 받을 때만 유용해진다."라고 주장하면서 동기화를 포함하는 것을 정당화한다(Earley & Ang, 2003, p. 134). 따라서 문화 지능의 요소로 동기화를 포함하는 것은 새로운 문화에 적응하는 능력과 분명히 연관되어 있다.

2.1.3
행동적 양상

행동의 기본 정의는 내부나 외부 자극에 반응하는 모든 형태의 인간 행동(명시적이든 은밀하든)을 포함한다. 얼리와 앵은 문화 지능에서 행동에 대한 논의를 명백한 행동, 관찰할 수 있는 행동으로 제한한다. 또한, 그들은 사회 지능에 대한 설명에서 취한 접근법과 유사한 사회적인 인간의 상호작용에 초점을 맞춘다(Goleman, 1995). 마지막으로, 그들은 문화적으로 지능적인 행동과 문화적으로 유능한 행동을 구분한다. 그 결과 문화적으로 지능적인 행동은 목적 지향적이고 동기 지향적이며 전략적이지만, 문화적으로 유능한 행동은 수동적이고 무의식적이며 덜 능동적인 행동으로 정의된다(Earley & Ang, 2003, p. 159). 이러한 개념 정의는 문화 지능을 갖춘 개인이 능동적이고 의식적이며 여러 문화권에서 행동하는 방식에 주의를 기울인다고 가정한다. 문화 지능의 이러한 양상의 또 다른 핵심적인 측면은 자기표현(self-presentation)을 구성 요소로 포함한다는 사실이다(Schlenker, 1980). 자기표현은 다른 사람들이 우리에 대해 가지고 있는 감정과 신념에 영향을 미치고자 하는 욕구에 의해 동기화된다. 자기표현은 사람들이 자신의 행동이 문화적으로 다른 타인에게 어떤 영향을 미치는지를 더 염두에 두게 하고 자신을 표현하는 방식을 안내하기 때문에 문화 지능의 행동적 양상의 핵심으로 여겨진다. 얼리와 앵은 문화 지능에 필요한 특정 행동 역량이 무엇인지 밝히지 않았다. 오히려 그들은 주어진 상황에 대한 대응 레퍼토리 또는 그러한 행동을 습득할 수 있는 능력에 초점을 맞춘다. 그들은 적절한 사회적 행동을 통해 타인에게 주는 인상을 파악하고 이에 주의를 기울일 수 있는 개인이 더 성공적으로 적응할 수 있다고 주장한다.

문화 지능에 대한 이러한 관점을 요약하면, 문화 지능은 인지적(사람들이 새로운 문화에 대해 습득하는 특정 지식), 동기적(인지적 양상에 따라 행동하고 지식을 습득하는 데 인내하는 성향), 행동적(원하는 또는 의도한 행동을 실행하는 능력) 양상으로 구성된다는 사실이다. 이후 연구에서는 지식 구성 요소의 메타 인지 측면을 별도의 양상으로 취급했으며, 이는 앞서 설명한 대로 구인 측정에 반영되었다.

2.2
토마스와 그 동료(Thomas et al.)의 개념

토마스와 그 동료(Thomas et al., 2008)의 개념화에서 문화 지능의 정의는 문화 간 상호작용, 사회 인지, 지능 영역의 문헌 검토를 기반으로 한다. 이 개념화의 출발점은 효과적인 문화 간 상호작용으로 정의되는 문화적으로 지능적인 행동의 결과에 대한 이해였다. 상호문화적 효과성의 지표는 외국 문화에 대한 성공적인 적응에 관한 문헌(Brislin, 1981; Cushner & Brislin, 1996; Ruben & Kealey, 1979)과 앞에서 논의된 해외 주재원의 적응에 관한 문헌(Aycan, 1997)에서 도출되었다. 효과적인 상호문화적 상호작용의 특징은 다음과 같다.

- 문화적으로 다른 사람들이나 문화적으로 다른 상황에서 상호작용할 때 만족감과 웰빙을 느끼는 것으로 표시되는 우수한 개인적 적응력
- 문화적으로 다른 타인과의 원만한 대인관계 발전 및 유지
- 문화적으로 다른 맥락에서 과제 관련 목표의 효과적인 완수

문화 지능은 해외 주재원의 적응, 문화적으로 다양한 집단의 과

제 완수, 다문화적 맥락에서의 효과적인 의사 결정, 문화적으로 다른 타인들의 리더십 및 기타 다양한 문화 간 상호작용과 긍정적인 관련이 있는 것으로 제시되었다.

이 새로운 구인을 문화 간 역량, 글로벌 사고방식(mindset) 또는 기타 유사한 용어가 아닌 지능의 한 유형으로 정의하는 것은 인지 심리학에서 잘 연구된 아이디어를 다른 더 대중적인 개념으로 대체할 수 있다는 이점이 있어서 제안되었다. 따라서 그것은 이러한 개인차 아이디어를 상호문화적 효과성에 대한 다른 영향력으로부터 분리한다. 일반적으로 토마스와 그 동료는 지능을 환경적 맥락의 선택과 형성뿐만 아니라 적응에 필요한 능력으로 파악한 스턴버그(Sternberg, 1977)의 정의를 채택한다. 또한, 그들의 관점은 지능을 다면적인 구성 요소로 설명하는 여러 가지 지능 이론의 안내를 받았다(Gardner, 1983; Sternberg, Lautry, & Lubart, 2003). 문화 지능에 대한 이러한 관점은 사회 지능(Kilstrom & Cantor, 2000)과 정서 지능(Goleman, 1995)의 개념을 기반으로 하지만, 단순히 이러한 개념을 새로운 영역에 적용한 것이 아니다. 오히려 그것은 이러한 능력이 발달하는 문화적 경계 바깥에 존재하는 독특한 구성이다. 이러한 문화 지능 모델은 특정 문화적(문화 간) 맥락에서 개발된 지식과 기술로 구성되지만, 문화적으로 지능적인 행동을 만들어내는 데 있어 그 효과는 문화적 메타 인지라는 문화 전반의 과정에 따라 달라진다. 우리는 이러한 각 요소를 앞에서 논의하였다. 이 구인을 그림으로 표현하면 〈그림 2.2〉와 같다.

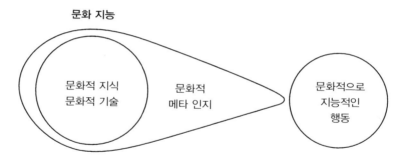

[그림 2.2] 문화 지능의 영역(Thomas et al., 2008)

2.2.1
문화적 지식

이러한 개념화에서 문화 지능의 지식 구성 요소에는 치(Chi, 1978)가 선언적 지식이라고 불렀던 것이 포함되며, 여기서는 특정 문화적 영역의 내용 지식을 의미하기 때문에 영역 지식(domain knowledge)이라고 부른다.[2] 문화에 대한 특정 지식은 타인과 우리 자신의 행동을 이해하고 해독하기 위한 기초를 형성하기 때문에 문화 지능의 기초로 제시된다. 문화적 정체성, 가치, 태도 및 관행에 대한 지식은 사회적 상호작용의 더 큰 예측 가능성과 더 정확한 귀인으로 이어지기에 더 효과적인 문화 간 행동을 가능하게 한다. 다른 문화의 존재를 인식하고 그 차이의 본질을 정의하는 것은 지능에 대한 시스템 정의(systems definitions)의 핵심인 정신 과정을 나타낸다(Sternberg,

---

2   역주 선언적 지식은 사실, 개념, 절차에 관한 지식이다. 절차적 지식은 과제를 수행하는 방법에 대한 지식이다. 조건적 지식은 언제 어디서 선언적 지식과 절차적 지식을 사용할 것인지에 대한 지식이다.

1977). 토마스와 그 동료는 문화적 지식이 선언적 또는 내용적 구성 요소뿐만 아니라 저장된 과정(즉, 특정 문제의 해결을 지향하는 과정)을 의미한다고 제안한다. 그들은 이러한 과정 지식이 (a) 문화가 자신의 본성 또는 다른 사람의 본성에 미치는 영향에 대한 지식, (b) 문화 간 만남이나 문제 해결과 관련된 과제와 그것의 요구 사항, (c) 다양한 조건에서 이러한 요구가 어떻게 충족될 수 있는지에 대한 지식을 포함하는 것으로 제안한다. 그들은 이러한 문화 일반 지식의 생성은 문화적으로 다른 타자와의 구체적인 경험을 통한 학습을 포함하며, 새로운 정신 범주를 생성하고 타자를 더 정교한 범주 체계로 재분류하며 구체적인 경험에서 얻은 지식을 광범위한 원칙으로 다시 부호화할 수 있는 반성적 관찰과 분석 그리고 추상적 개념화의 결과라고 주장한다(Chi & Van Lehn, 1991). 이 활동에는 앞서 설명한 문화적 메타 인지라는 고차원적인 인지 과정이 필요하다.

2.2.2
문화적 기술

일반 지능과 마찬가지로(Gottfredson, 2002), 문화 지능 구인은 매우 광범위하여 기술 구성 요소는 여러 가지 방식으로 분류될 수 있다. 앞서 살펴본 문헌을 검토한 결과, 상호문화적 효과성과 관련된 것으로 추정되는 수십 가지의 개인차 목록이 발견되었다. 문화 지능의 기술 요소를 구체화하기 위해서는 제안된 구인의 역동적인 특성을 인식하는 것이 중요하다. 기술 구성 요소를 구체화할 때 토마스와 그 동료는 문화 지능이 정적인 것이 아니라 사회적 상호작용을 통한 지속적인 학습을 포함한다고 말한다. 이것은 그들이 지각 능력이라고 부르는 것의 중요성을 의미한다. 여기에는 자신과 타인 간의 중요한 문화적 차이에 주의를 기울이는 데 도움이 되는 불확실성에 대한 관용, 무비판성 등의 구인이 포함될 수 있다. 또한, 그들은 문화적으로 다른 타인과의 사회적 상호작용 및 외국의 문화적 맥락에서 학습하려면 사교성, 공감 능력과 같은 관계 기술이 필요하다고 주장한다. 그러나 얼리와 앵(Earley & Ang, 2003)의 연구처럼, 문화 지능을 다른 관련 아이디어와 가장 구별되게 만드는 것으로 보이는 기술은 새로운 문화적 환경에서 적절한 행동을 생성하는 능력이다. 이 적응 기술에는 잘 발달한 레퍼토리에서 선택되거나 상호문화적 상호작용 과정에서 빠르게 발달한 행동을 보여줄 수 있는 능력이 포함된다. 이 기술의 하위 차원은 자기 모니터링, 행동 유연성 등을 포함한다.

2.2.3
문화적 메타 인지

이 개념화에서 문화적 메타 인지는 얼리와 영(Earley & Ang, 2003)의 연구에서와 마찬가지로, 자신의 사고 및 학습 활동에 대한 지식과 통제로 정의되는 메타 인지의 일반적 개념에 근거한다(Flavell, 1979; Swanson, 1990). 메타 인지적 사고는 인지 과제를 수행하는 데 사용할 수 있는 고의적이고 계획적이며 의도적이고 목표 지향적이며 미래 지향적인 정신 활동이다. 플래벨(Flavell, 1979, p. 232)은 이 과정을 "일반적으로 어떤 구체적인 목표나 목적에 도움이 되도록 인지 대상이나 데이터와 관련하여 이러한 인지 과정을 능동적으로 모니터링하고 그에 따라 조절하고 조율하는 것"이라고 설명한다. 이 모델에서 문화적 메타 인지에 대한 설명을 안내하는 것은 바로 이러한 능동적 모니터링과 정신 과정의 조절 개념이다. 따라서 문화적 메타 인지는 특정 영역, 즉 문화적 경험과 전략에 대한 메타 인지로 설명된다. 문화적 메타 인지 모니터링은 상호문화적 상호작용에서 전략의 과정을 결정하는 문화적 환경과 관련된 정서적 및 개인적 동기 상태뿐만 아니라 의식적인 인지 경험에 주의를 기울이는 것이다. 문화적 메타 인지 조절은 인지 활동을 스스로 조절 및 통제하고 인지 목표(예: 문화 간 상황의 효과적인 대처)를 달성하기 위해 사용되는 과정을 포함한다. 이 개념화에서 중요한 가정은 메타 인지가 다른 생각을 대상으로 하는 의식적이고 의도적인 사고를 포함한다는 것이다.

2.2.4
문화적 메타 인지의 연결 기능

- 문화적 메타 인지는 문화 지능의 개념화에서 중심적인 위치를 차지한다. 토마스와 그 동료(Thomas et al., 2008)는 문화 지능을 구성하는 세 가지 요소의 상호작용을 통해 문화 지능이 출현할 수 있는 것이 바로 문화적 메타 인지 요소라고 제안한다. 문화적 메타 인지는 인지적 자기 조절, 특정 지식의 추상화, 인지적 자원에 집중, 개별 지식 및 기술에 대한 보상을 통해 기능한다.
- **인지적 자기 조절**: 문화적 메타 인지는 수행 계획과 모니터링 및

특정 영역에서 인지 전략을 사용할 때 자신의 인지 행동에 대한 이해를 언급하므로, 인지를 조절하는 것으로 제안되었다 (Perfect & Schwartz, 2002). 문화적 메타 인지는 개인의 동기, 목표, 정서, 외부 자극뿐만 아니라 문화에 대한 지식과 문화적 영향의 과정에 주의를 집중한다. 문화적 메타 인지는 (a) 주의 집중과 관련된 지식을 떠올리고, (b) 자동으로 반응하지 않는 것을 선택하며, (c) 바람직하지 않은 반응을 억제하고, (d) 동기와 목표에 부합하도록 반응을 편집함으로써 인지 처리와 반응을 통제한다(Logan, 1989). 자기 조절 이론에 따르면 이러한 종류의 메타 인지적 모니터링과 통제는 자신의 욕구와 가치에 부합하는 행동을 선택하는 데 유용하다(Deci & Ryan, 1980; Ryan, Kuhl, & Deci, 1997).

- **특정 지식의 추상화**: 토마스와 그 동료(Thomas et al., 2008)에 따르면, 문화적 메타 인지는 특정 경험에서 얻은 지식을 향후 다른 환경에서의 상호작용에 사용할 수 있는 더 광범위한 원칙으로 전이하는 능력(추상화)을 포함한다. 이러한 학습의 전이에는 이전에 습득한 지식의 적용이 필요하다(Gick & Holyoak, 1987). 전이는 지식의 부호화 및 구조화의 초기 적절성에 영향을 받는다. 문화 지능의 메타 인지적 구성 요소는 적절한 정보에 주의를 집중하고 지식의 범주화와 기억의 구조에 영향을 미치기 위해 제안되었다.

- **보상 효과**: 마지막으로 제안된 문화적 메타 인지의 효과는 문화적 지식이나 기술에서 개인의 불리한 점을 보완하는 기능을 한다는 것이다. 이 과정은 메타 인지가 성과에 미치는 영향

에서 일반적인 적성과는 다르다는 견해와 일치한다(Swanson, 1990). 예를 들어, 전문가와 초보자의 성과에 관한 많은 문헌에서는 전문가가 더 많은 지식이나 더 복잡한 지식 루틴에 접근할 수 있다고 가정했다(Chi, Glaser, & Farr, 1988). 그러나 스완슨(Swanson, 1990)은 메타 인지가 높고 적성이 낮은 개인이 메타 인지가 낮고 적성이 높은 개인보다 훨씬 더 나은 성과를 보여줌으로써 메타 인지의 독립성과 보상 효과를 입증했다.

요약하면, 문화 지능에 대한 이 모델은 문화적 메타 인지로 촉진되는 지식과 기술의 상호작용 시스템으로 제시되며, 이를 통해 문화 지능이라는 구인의 출현이 가능해진다는 것을 보여준다. 토마스의 그 동료의 모델과 앞에서 제시한 얼리와 앵의 모델이 문화 지능의 측정에 주는 시사점은 다음 장에서 다루어진다.

Akerman, P. L. (1996). A theory of adult intellectual development: Process, personality, interests, and knowledge. *Intelligence*, 22, 227-257.

Ang, S., Van Dyne, L., Koh, C., Ng, K. Y., Templar, K. J., Tay, C., & Chandrasekar, N. A. (2007). Cultural intelligence: Its measurement and effects on cultural judgement and decision making, cultural adaptation and task performance. *Management and Organization Review*, 3, 335-371.

Aycan, Z. (1997). Expatriate adjustment as a multifaceted phenomenon: Individual and organizational level predictors. *International Journal of Human Resource Management*, 8(4), 435-56.

Bandura, A. (1986). The explanatory and predictive scope of self-efficacy theory. *Journal of Social and Clinical Psychology*, 4, 359-373.

Brislin, R. W. (1981). *Cross-cultural encounters: Face-to-face interaction.* Elmsford, NY: Pergamon.

Ceci, S. J. (1990). *On intelligence - more or less: A bioecological treatise on intellectual development.* Englewood Cliffs, NJ: Prentice Hall.

Chi, M. T. H. (1978). Knowledge structures and memory development. In R. S. Siegler (Ed.), *Children's thinking: What develops.* Hillsdale, NJ: Lawrence Erlbaum Associates.

Chi, M. T. H., Glaser, R., & Farr, M. (1988). *The nature of expertise.* Hillsdale, NJ: Erlbaum.

Chi, M. T. H., & Van Lehn, K. A. (1991). The content of physics self-explanations. *The Journal of the Learning Sciences*, 1, 69-105.

Chiu, C.-Y., Morris, M. W., Menon, T., & Hong, Y.-Y. (2000). Motivated cultural cognition: The impact of implicit cultural theories on dispositional attribution varies as a function of need for closure. *Journal of*

Personality and Social Psychology, 78, 247–259.

Cushner, K., & Brislin, R. W. (1996). *Intercultural interactions: A practical guide.* Thousand Oaks, CA: Sage.

Deci, E. L., & Ryan, R. M. (1980). Self-determination theory: When mind mediates behavior. *The Journal of Mind and Behavior, 1*, 33–43.

Earley, P. C. (2002). Redefining interactions across cultures and organizations: Moving forward with cultural intelligence. *Research in Organizational Behavior, 24*, 271–299.

Earley, P. C., & Ang, S. (2003). *Cultural intelligence: Individual interactions across cultures.* Stanford, CA: Stanford University Press.

Earley, P. C., Ang, S., & Tan, J. S. (2006). *Developing cultural intelligence at work.* Stanford, CA: Stanford University Press.

Earley, P. C., & Mosakowski, E. (2004). Cultural intelligence. *Harvard Business Review, 82*(10), 139-146.

Earley, P. C., & Peterson, R. S. (2004). The elusive cultural chameleon: Cultural intelligence as a new approach to intercultural training for the global manager. *Academy of Management Learning and Education, 3*, 100–115.

Erez, M., & Earley, P. C. (1993). *Culture, self-identity and work.* New York: Oxford University Press.

Flavell, J. H. (1979). Metacognition and cognitive monitoring: A new area of cognitive-developmental inquiry. *American Psychologist, 34*, 906–911.

Gardner, H. (1983). *Frames of mind: The theory of multiple intelligences.* New York: Basic Books.

Gick, M. L., & Holyoak, K. J. (1987). The cognitive basis of knowledge transfer. In S. M. Cormier & J. D. Hagman (Eds.), *Transfer of learning: Contemporary research and applications* (pp. 9–46). San Diego, CA: Academic Press.

Gilbert, D. T., & Hixson, J. G. (1991). The trouble of thinking: Activation and application of stereotypic beliefs. *Journal of Personality and Social*

Psychology, 60, 509-517.

Goleman, D. (1995). *Emotional intelligence.* New York: Bantam Books.

Gottfredson, L. (2002). Highly general and highly practical. In R. J. Sternberg & E. L. Grigorenko (Eds.), *The general factor of intelligence: How general is it?* (pp. 331-380). Mahwah, NJ: Lawrence Erlbaum Associates.

Hacker, D. J. (2001). *Metacognition: Definitions and empirical foundations* (Unpublished manuscript). University of Memphis, Memphis, TN.

Kilstrom, J. F., & Cantor, N. (2000). Social intelligence. In R. J. Sternberg (Ed.), *Handbook of Intelligence* (pp. 423-443). New York: Cambridge University Press.

Lazarova, M. B., & Thomas, D. C. (2012). Expatriate adjustment and performance revisited. In G. K. Stahl, I. Bjdrkman, & S. Morris (Eds.), *Handbook of research in international human resource management* (pp. 271-291). UK: Edward Elgar Publishing Limited.

Lecky, P. (1945). *Self-consistency: A theory of personality.* Washington, DC: Island Press.

Logan, G. D. (1989). Automaticity and cognitive control. In J. S. Uleman & J. A. Bargh (Eds.), *Unintended thought* (pp. 52-74). New York: Guilford Press.

Markus, H. R., Kitayama, S., & Heiman, R. (1997). Culture and "basic"psychological principles. In E. T. Higgins & A. W. Kruglanski (Eds.), *Social psychology: Handbook of basic principles* (pp. 857-913). New York: Guilford.

Markus, H. R., & Wurf, E. (1987). The dynamic self-concept: A social psychological perspective. *Annual Review of Psychology*, 38, 299-337.

Nelson, T. O., & Narens, L. (1994). Why investigate metacognition? In J. Metcalfe & P. A. Shi-mamura (Eds.), *Metacognition: Knowing about knowing* (pp. 1-25). Cambridge, MA: MIT Press.

Pendry, L. F., & MacRae, C. N. (1999). Cognitive load and person memory: The role of perceived group variability. *European Journal of Social Psychology*,

29, 925-942.

Perfect, T. J., & Schwartz, B. L. (2002). *Applied metacognition*. New York: Cambridge University Press.

Ruben, B. D., & Kealey, D. J. (1979). Behavioral assessment of communication competency and the prediction of cross-cultural adaptation. *International Journal of Intercultural Relations, 3*, 15-47.

Ryan, R. M., Kuhl, J., & Deci, E. L. (1997). Nature and autonomy: An organizational view of social and neurobiological aspects of self-regulation in behavior and development. *Development and Psychopathology, 9*, 701-728.

Schlenker, B. R. (1980). *Impression management: The self concept, social identity and interpersonal relations*. Monterey, CA: Brooks/Cole.

Sternberg, R. J. (1977). *Intelligence, information processing, and analogical reasoning: The componential analysis of human abilities*. Oxford: Lawrence Erlbaum.

Sternberg, R. J. (1985). *Beyond IQ: A triarchic theory of human intelligence*. New York: Cambridge University Press.

Sternberg, R. J. (2000). The concept of intelligence. In R. J. Sternberg (Ed.), *Handbook of intelligence* (pp. 3-15). New York: Cambridge University Press.

Sternberg, R. J., Lautry, J., & Lubart, T. I. (2003). Where we are in the field of intelligence, how did we get here, and where are we going? In R. J. Sternberg, J. Lautrey, & T. I. Lubart (Eds.), *Models of intelligence* (pp. 3-26). Washington, DC: American Psychological Association.

Stryker, S. (1987). Identity theory: Developments and extensions. In K. Yardley & T. Honess (Eds.), *Sef and identity: Psychosocial perspectives* (pp. 89-103). Oxford, England: John Wiley.

Swanson, H. L. (1990). Influence of metacognitive knowledge and aptitude on problem solving. *Journal of Educational Psychology, 82*(2), 306-314.

Thomas, D. C. (2006). Domain and development of cultural intelligence: The

문화 지능

importance of mindfulness. *Group and Organization Management*, 31(1), 78–99.

Thomas, D. C., Elron, E., Stahl, G., Ekelund, B. Z., Ravlin, E. C., Cerdin, J.-L., … Lazarova, M. B. (2008). Cultural intelligence: Domain and assessment. *International Journal of Cross Cultural Management*, 8(2), 123–143.

Thomas, D. C., & Inkson, K. (2003). *Cultural intelligence: People skills for global business*. San Francisco, CA: Berrett-Koehler.

Ting-Toomey, S. (1999). *Communicating across cultures*. New York: The Guilford Press.

Wilson, J. Q. (1993). The moral sense. *American Political Science Review*, 87, 1–11.

Winne, P. H. (1996). A metacognitive view of individual differences in self-regulated learning. *Learning and Individual Differences*, 8, 327–353.

3장.
문화 지능을 측정하기

요약

이전 장에서 제시된 문화 지능에 대한 두 가지 개념화는 측정의 구체화에 시사하는 바가 있다. 얼리와 앵의 이론은 문화 간 환경에서 효과적으로 기능할 수 있는 전반적인 능력의 세 가지 차원을 제시하고 나중에 다시 네 가지 차원으로 세분화했다. 그 후, 전체 개념은 차원이 전체 구인과 동일한 수준에 존재하고 차원이 전체 구인을 구성하는 총체적인 다차원 구인으로 설명된다. 또한, 문화 일반적 개인차 특성은 성격 및 일반적 인지 능력, 정서 지능과 같은 다른 형태의 지능과 관련이 있지만 구별되는 특성으로 설명된다. 이와는 대조적으로 토마스와 그 동료는 문화 지능을 상호작용하는 요소(지식, 기술, 메타 인지)의 집합으로 설명하며, 이 집합에서 구인이 나온다고 말한다. 따라서 많은 측면에서 유사하지만, 후자의 견해는 구성 요소와 이러한 구성 요소가 상호작용하는 방식에서 전자의 견해와 모두 다르다. 즉, 첫 번째 이론에서는 구성 요소들이 모여 문화 지능을 형성하는 반면, 두 번째 이론에서는 문화 지능이 그 요소들의 상호작용을 통해 나타나는 잠재적 구인이라는 것이다. 이 장에서 우리는 이러한 각각의 개념화에 근거하여 문화 지능을 측정하는 도구의 개발에 대해 논의한다.

핵심어 문화 지능, 문화 지능 척도(CQS), 단축형 문화 지능 척도(SFCQ), 척도 개발, 척도 타당성 검증, 등가 이전 장에서 제시된 문화 지능에 대한 두 가지 개념화는 문화 지능 측정의 구체화에 명확한 시사점이 있다. 얼리와 앵(Earley & Ang, 2003)의 이론은 문화 간 환경에서 효과적으로 기능할 수 있는 전반적인 능력에 대한 세 가지 차원을 제시하고, 이후 그것을 다시 네 가지 차원으로 세분화했다(Ang & Van Dyne, 2008). 그 후, 전체 개념은 차원이 전체 구인의 동일한 수준에 존재하고, 차원이 전체 구인을 구성하는 총체적인 다차원 구인으로 설명된다. 또한, 문화 일반적 개인차 특성은 성격 및 일반 인지 능력, 정서 지능과 같은 다른 형태의 지능과 관련이 있지만 구별되는 특성으로 설명된다(Ang & Van Dyne, 2008). 이와는 대조적으로 토마스와 그 동료(Thomas et al., 2008)는 문화 지능을 상호작용하는 요소(지식, 기술, 메타 인지)의 집합으로 설명하며, 이 집합에서 구인이 나온다고 설명한다. 따라서 많은 측면에서 유사하지만, 후자의 견해는 구성 요소와 이러한 구성 요소가 상호작용하는 방식에서 전자의 견해와 모두 다르다. 즉, 앵과 밴 다인(Ang & Van Dyne, 2008)의 관점에서는 구성 요소들이 모여 문화 지능을 형성하는 반면, 토마스와 그 동료의 관점에서는 문화 지능이 요소들의 상호작용을 통해 나타나는 잠재적 구인이다. 이제 우리는 이러한 각각의 개념화에 근거하여 문화 지능을 측정하는 도구 개발에 대해 논의한다.

3.1 문화 지능 척도

(CQS: Cultural Intelligence Scale)

문화 지능 구인에 대한 초창기 설명의 일환으로 리와 템플러(Lee & Templer, 2003)는 기존의 문화 간 측정 도구를 검토하는 글을 기고하였다. 그들은 검토 결과를 바탕으로 "개인의 문화 지능에 대해 모든 측면에 관한 데이터를 제공하는 데 효과적인 한 가지 방법은 없으므로 평가자가 문화 지능에 대한 완전한 그림을 개발하려면 여러 평가 방법이 꼭 필요하다."라고 결론지었다(Earley & Ang, 2003, p. 208). 기존 척도의 부적절성은 거의 확실하게 새로운 척도를 구성하는 동기가 되었다. 그러나 여러 평가 척도가 필요하다는 의견은 이 척도 개발 단계에서 큰 비중을 차지하지 않은 것으로 보인다. 문화 지능 척도(CQS)의 도구 개발에 대한 아래의 설명은 밴 다인과 그 동료(Van Dyne, Ang & Koh, 2008)의 글에서 발췌한 것이다.

기존 문헌의 검토와 8명의 경험 많은 경영진과의 인터뷰를 바탕으로 문화 지능의 네 가지 요소에 대한 다음과 같은 조작적 정의가 제안되었다. 메타 인지적 문화 지능은 문화 간 상호작용 동안에 의식하는 능력으로 설명된다. 인지적 문화 지능은 다양한 환경에서의 규범, 관행, 관습에 대한 지식으로 설명된다. 동기적 문화 지능은 상호문화적 상황에서 학습과 기능에 주의와 에너지를 집중할 수 있는 능력으로 설명된다. 행동적 문화 지능은 다양한 문화적 배경을 가진 사람들과 상호작용할 때 적절한 언어적·비언어적 행동을 보이는 능력으로 설명된다. 조작적 정의에 맞는 여러 영역의 기존 척도에서 문항을 추출하여 53개 문항(각 차원 당 13~14개 문항)으로 구성된 초기 문항 세목이 만들어졌다. 학계 전문가 3명과 국제 임원 3명으로 구성된 패널이 문항의 명확성, 가독성, 개념 정의와의 적합성 등을 평가했다. 그 결과, 문항 세목은 각 차원별로 10개로 축소되었다. 이렇게 만들어진 40개 문항을 이용하여 싱가포르의 경영학과 학부생 576명의 표본을 대상으로 조사했다. 표준 심리측정 절차를 사용하여 척도를 20개 문항으로 줄였다. 메타 인지적 문화 지능의 샘플 문항은 "나는 다른 문화적 배경을 가진 사람들과 상호작용할 때 내가 사용하는 문화적 지식을 의식한다."이다. 인지적 문화 지능의 샘플 문항은 "나는 다른 문화의 법률 및 경제 시스템을 알고 있다."이다. 동기적 문화 지능의 샘플 문항은 "나는 다른 문화권의 사람들과 상호작용하는 것을 즐긴다."이다. 행동적 문화 지능의 샘플 문항은 "문화 간 상호작용이 언어적 행동을 요구할 때 나는 나의 언어적 행동(예: 억양, 어조)을 바꾼다."이다(Van Dyne et al., 2008, p. 20).

동일한 표본을 사용한 확인적 요인 분석 결과(Van Dyne et al., 2008, p. 21), 4요인 모델이 단일 요인 모델을 포함한 다양한 대안 모델보다 데이터에 더 잘 부합하는 것으로 판명되었다($\chi2(164)=822.26$, $p<0.05$, NNFI=0.91, CFI=0.92, SRMR=0.06, RMSEA=0.08). 하위 척도는 허용 가능한 신뢰도를 보였다(0.71~0.85). 각 요인의 평균은 7점 리커트(Likert) 척도에서 3.03점(인지적 문화 지능)에서 4.72점(메타 인지적 문화 지능)까지 다양했다. 4가지 요인은 중간 정도의 효과 크기와 상관관계가 있었다(rs는 0.21~0.45). 싱가포르의 경영학과 학부생 447명을 대상으로 한 두 번째 표본은 이 4요인 모델을 뒷받침했다. 다른 연구자들의 후속 연구도 일반적으로 4요인 모델을 지지하였다. 각 척도의 문항은 문화 지능의 4가지 요인을 각각 대표하도록 평균화되었다.

3.1.1
시간적 안정성

시간에 따른 척도의 일반화 가능성을 검증하기 위해 앞서 언급한 두 번째 표본의 하위 집단(204명)에게 최초 시행 후 4개월 후에 CQS를 시행했다. 동등성 분석(Analysis of equivalence) 결과, 두 시점 모두에서 동일한 4요인 모델이 유지되었으며 요인 적재량과 절편이 동등하여 검사-재검사 신뢰도를 뒷받침하는 것으로 나타났다.[3] 요인 평균을 분석한 결과, 인지적 문화 지능은 0.33(t=4.87, p〈0.001), 행동적 문화 지능은 0.21(t=2.87, p〈0.01) 증가한 유의미한 변화가 나타났다. 메타 인지적 문화 지능이나 동기적 문화 지능은 시간이 지나도 유의미한 변화를 보이지 않았다. 저자들은 응답자들이 문화적 가치에 대해 공부하고 두 번의 CQS 평가 사이에 체험적 역할놀이 연습에 참여했으며, 이것이 인지적 문화 지능과 행동적 문화 지능을 증가시킨 것으로 추정된다고 보고했다.

3.1.2
동등성

요인 구조의 동등성을 검증하기 위해 미국 학부생 337명의 표본을 대상으로 CQS를 시행하고 앞서 설명한 싱가포르 표본 447명과 비교했다. 표본의 문화적 구성, 관리 언어에 대한 정보는 원본 문

3 　역주　동등성 분석은 두 개 이상의 집단, 조치 또는 연구 결과 간에 유의미한 차이가 없음을 입증하는 통계적 방법이다.

서에 제시되어 있지 않다. 모델 불변성 순차 검정(Sequential tests of model invariance: Byrne, 1998)은 요인 수에서 동등성을 나타냈으며($\chi 2(328)=723.23$, NNFI=0.96, CFI=0.97, SRMR=0.05, RMSEA=0.05), 중첩 모델 검정(nested model tests)에서는 표본 간 요인 부하($Ax2\ (16) = 13.74$, p = ns) 및 요인 공분산($\Delta\chi2(10)=17.96$, p=ns) 불변성을 뒷받침했다.[4]

3.1.3
판별 및 부가 타당도

앞서 언급한 표본이 결합된 하위집단(싱가포르 학생 251명, 미국 학생 249명)의 데이터를 사용하여 인지 능력(Wonderlic, 1999), 정서 지능(Schutte et al., 1998), 문화적 판단과 의사 결정(Cushner & Brislin, 1996에서 각색한 문화 간 상호작용 관찰에 대한 반응), 상호작용 조정(Black & Stephens, 1989), 정신 건강(Goldberg & Williams, 1988)과 관련하여 4요인의 판별 타당도(discriminant validity)를 조사했다.[5] 기술적 통계와 상관관계는 〈표 3.1〉에 제시되어 있다.

4 　역주　중첩 모델 검정은 일반적으로 모델 평가 및 선택에 사용되는 통계적 방법을 의미한다. 이는 데이터를 여러 중첩 부분집합으로 분할하여 서로 다른 모델의 성능 및 일반화를 평가하는 것을 포함한다. 중첩 모델 검정의 주요 동기는 모델 성능 추정치가 편향되는 것을 피하고 모델이 새로운 데이터에 얼마나 잘 일반화되는지에 대한 보다 현실적인 평가를 얻기 위함이다.

5 　역주　판별(변별) 타당도는 측정 도구(예: 설문지)가 이론적으로 구별되는 두 구성 요소 또는 개념을 구별할 수 있는 정도를 의미한다.

〈표 3.1〉 평균, 표준 편차, 척도 신뢰도, 상관관계(Van Dyne et al., 2008)

	MN	SD	1	2	3	4	5	6	7	8	9	10	11
문화적 의사결정	3.23	1.11											
상호작용적 적응	5.63	1.16	0.03	(0,93)									
정신적 웰빙	4.98	0.97	0.01	0.49**	(0.82)								
메타 인지적 문화 지능	4.94	0.88	0.17**	0.17**	0.24**	(0.74)							
인지적 문화 지능	3.41	0.96	0.11**	0.10**	0.26**	0.27**	(0.83)						
동기적 문화 지능	5.00	0.98	0.03	0.23**	0.41**	0.43**	0.34**	(0.81)					
행동적 문화 지능	4.21	1.09	0.09*	0.17**	0.25**	0.39**	0.30**	0.32**	(0.82)				
인지 능력	27.59	5.58	0.24**	-0.05	-0.12**	0.06	-0.05	-0.10*	0.03				
정서 지능	5.27	0.78	-0.03	0.26**	0.42**	0.33**	0.24**	0.33**	0.28**	-0.05	(0.80)		
연령	21.14	2.88	0.10*	0.07	0.17**	0.05	0.11*	0.14**	0.10**	-0.14**	0.05		
성별a	0.46	0.50	0.08	0.02	0.09*	0.02	0.10*	0.15**	0.10*	-0.01	0.03	0.24**	
표본b	0.50	0.50	0.11*	-0.19**	-0.37**	-0.01	-0.25**	-0.29**	0.02	0.42**	-0.19**	-0.29**	-0.22**

*신뢰도 계수는 대각선을 따라 괄호 안에 기술되어 있음.
a0=여성, 1=남성, b0=미국, 1=싱가포르
*p<0.05, **p<0.01

<표 3.2> 위계적 회귀 분석(Van Dyne et al., 2008)

변수	문화적 의사결정			상호작용적 조정			정신적 웰빙		
	스텝 1	스텝 2	스텝 3	스텝 1	스텝 2	스텝 3	스텝 1	스텝 2	스텝 3
연령	0.12**	0.13**	0.12**	0.02	-0.03	0.01	0.06	0.07	0.05
성 a	0.09	0.07	0.07	-0.03	-0.04	-0.05	0.00	0.00	-0.03
표본 b	0.16**	0.06	0.07	-0.19**	-0.17**	-0.17**	-0.35**	-0.30**	-0.26***
인지적 능력		0.24***	0.22**		0.04	0.04		0.04	0.03
정서 지능		-0.02	-0.08		0.23***	0.16**		0.36***	0.26***
메타 인지적 문화 지능			0.16**			0.05			0.01
동기적 문화 지능			-0.04			0.11*			0.21***
행동적 문화 지능			-0.01			-0.10*			0.10*
F	6.43***	8.91***	7.32***	6.63***	9.65***	7.14***	27.04***	35.63***	26.31***
△ F	6.43***	12.20***	4.97**	6.63***	13.67***	3.73**	27.04***	41.83***	10.64***
R^2	0.04	0.08	0.12	0.04	0.09	0.12	0.14	0.26	0.32
△ R^2		0.04	0.04		0.05	0.03		0.12	0.06
조정된R^2	0.03	0.07	0.10	0.03	0.08	0.10	0.14	0.26	0.31

*a0=여성, 1=남성, b0=미국, 1=싱가포르
*p<0.05, **p<0.05, ***p<0.001

9요인 모델은 적합도 통계가 양호한 것으로 나타났으며($\chi2=(595)=1303.47$, NNFI=0.95, CFI=0.96, SRMR=0.05, RMSEA=0.05), 위에서 설명한 4개의 문화 지능 요인과 5개 요인의 고유성을 뒷받침한다.

부가적 타당도(incremental validity)[67]를 평가하기 위해 문화적 의사 결정, 상호작용 조정, 정신적 웰빙에 대해 위계적 회귀 분석을 실시했으며, 연령, 성별, 표본을 통제한 상태에서 정서 지능과 인지 능력을 1단계 독립 변수로, 네 가지 문화 지능 요인을 2단계 독립 변수로 입력했다. 결과는 〈표 3.2〉에 나와 있다.

〈표 3.3〉에서 볼 수 있듯이 메타 인지적 문화 지능과 인지적 문화 지능은 통제, 인지 능력, 정서 지능을 뛰어넘는 문화적 의사 결정을 예측했다. 동기적 문화 지능이나 행동적 문화 지능에서는 효과가 발견되지 않았다. 반면, 동기적 문화 지능과 행동적 문화 지능은 대조군, 인지 능력, 정서 지능보다 상호작용 조정과 정신적 웰빙을 더 잘 예측했다. 메타 인지적 문화 지능이나 인지적 문화 지능에 대한 효과는 발견되지 않았다. 따라서 CQS의 각 양상은 상호문화적 효과성과 관련된 서로 다른 결과를 예측했다.

6 　역주　 부가적 타당도 혹은 증분 타당도는 기존의 측정치나 예측치가 이미 설명하고 있는 것을 넘어 새로운 측정치나 예측치가 결과 변수의 예측이나 설명에 가치를 추가하는 정도를 평가하기 위해 심리측정학과 연구방법론에서 사용되는 개념이다.

7 　역주　 위계적 회귀분석은 사전에 지정된 순서나 위계에 따라 예측 변수들이 회귀식에 입력되는 선형 회귀 분석의 한 종류이다. 이는 다른 예측 변수들의 효과를 통제하면서 결과 변수의 분산에 대한 각 예측 변수의 고유한 기여도를 검토하는 연구에서 일반적으로 사용된다. 예측 변수들은 순차적인 단계로 모형에 추가되며, 각 단계는 위계의 다른 수준을 나타낸다.

3.1.4
추가 척도 개발

문화 지능에 대한 대부분의 경험 연구는 CQS를 사용하여 수행되었다. 그러나 이 척도를 기반으로 한 네 가지 발전 사항을 언급할 필요가 있다. 첫째, 20개 문항으로 구성된 CQS의 관찰자 버전은 초점의 변화를 반영하여 문항을 수정하여 개발되었으며(Van Dyne et al., 2008), 일부 연구에서 사용되었다(Chua & Ng, 2017; Lee, Masuda, Fu & Reiche, 2018). 이 척도는 CQS와 함께 142명의 미국 MBA 학생 표본을 대상으로 시행되었다. 참가자들은 무작위로 배정된 한 개의 클래스 성원(class members)에서 관찰자 버전을 작성했다. 동료 평가 및 자기 평가 상호작용 조정(Black & Stephens, 1989)을 이 척도에 대해 회귀 분석했다. 결과는 자기 보고와 관찰자 보고 측정 모두에서 유사했으며, 동기적 문화 지능과 행동적 문화 지능은 두 가지 형태의 상호작용 조정을 모두 예측했다. 인지적 문화 지능이나 메타 인지적 문화 지능은 두 가지 형태의 상호작용 조정에 대한 효과가 발견되지 않았다. 이 관찰자 버전에 대해서는 4장에서 다룰 자기 보고 측정 문제에 대한 논의에서 다시 언급할 것이다.

둘째, CQS의 이론적 토대를 개선하기 위해 밴 다인과 그 동료(Van Dyne et al., 2012)는 CQS의 네 가지 양상 각각에 대한 하위 차원을 제안했다. 메타 인지적 문화 지능의 하위 차원은 계획, 인식, 확인으로 식별되었다. 인지적 문화 지능의 하위 차원은 문화 일반적인 지식과 문화 특수적인 지식이었다. 동기적 문화 지능의 하위 차원은 내재적 흥미, 외재적 상호 흥미, 조정에 대한 자기 효능감이었다. 그리고 행동적 문화 지능의 경우 언어적 행동, 비언어적 행동, 언어 행위로 구성되었다. 새로운 척도의 하위 차원은 286명의 학부 및 MBA 학생 표본을 대상으로 검증을 거쳤다. 그러나 이 새로운 버전의 척도에 대한 자세한 심리측정 평가는 최초의 논문에서 제시되지 않았다.

CQS의 확장으로 우리가 제시하는 세 번째 발전은 비즈니스 지능 지수(BCIQ: usiness Intelligence Quotient)라는 새로운 도구이다(Alon, Boulanger, Meyers, & Taras, 2016). BCIQ는 동기 부여, 듣기 및 의사소통 적응, 인지적 준비 및 학습 행동의 세 가지 차원을 나타내는 18개 문항과 글로벌 지식을 평가하는 20개의 참/거짓 문항으로 구성되어 있다. 참/거짓 문항은 다른 문화에 대해 스스로 보고한 지식의 정확성 부족을 해결하기 위해 고안되었다. 이 네 가지 측면은 비즈니스 맥락에서 앵과 밴다인(Ang & Van Dyne, 2008)이 제시한 네 가지 양상에 개념적으로 연결되지만, 4차원 모델을 뒷받침하는 명확한 이론적 발전은 아직 없다. 이들의 경험적 연구에 따르면 두 도구의 문화 지능 양상 간 상관계수는 0.52, 동기적 양상과 행동적 양상 간 상관계수는 0.38로 어느 정도 상관관계가 있는 것으로 나타났다. 따라서 이 척도는 CQS의 확장판으로 간주하는 것이 가장 좋다. 저자들은 이 척도의 타당성에 대한 몇 가지 증거를 제시한다. 그러나 편의 표본을 사용했다는 점, 다문화/다언어 표본에 대해 영어로만 척도를 제시했다는 점 등 몇 가지 중요한 한계가 있다. 이러한 기여도를 추가로 평가하기 위해서는 추가적으로 독립적인 검증이 필요하다.

CQS의 심리측정 특성에 대한 재평가에서 버커와 그 동료(Bucker, Furrer & Lin, 2015)는 308명의 화교 참가자를 대상으로 한 연구에서

2차원 구조가 4차원 구조보다 데이터를 더 잘 표현한다는 사실을 발견했다. 이 두 차원은 내재화된 문화적 지식과 효과적인 문화적 유연성으로 분류되었다. 사실상 이 모델은 인지적 구성 요소와 메타 인지적 구성 요소를 결합하여 내재화된 문화 지식을 형성하고, 동기적 구성 요소와 행동적 구성 요소를 결합하여 효과적인 문화적 유연성을 형성했다. 연구 결과에 따르면 2요인 모델이 기존의 4요인 CQS보다 판별 타당도가 더 우수한 것으로 나타났다. 네덜란드와 중국인 학생 607명을 대상으로 한 후속 연구에서 버커와 그 동료 (Bucker, Furrer & Weem, 2016)는 2요인 척도가 원래의 CQS보다 문화 간 불변성이 우수하다는 것을 보여주었다. 이러한 결과에 대한 보다 자세한 논의는 4장 앞부분에 제시되어 있다.

CQS의 가장 최근 발전은 이중 요인 모형으로 더 잘 표현할 수 있다는 제안이다(Rockstuhl & Van Dyne, 2018). 이중 요인 모델은 한동안 존재해 왔지만 최근 부활하고 있다(Rodriguez, Reise & Havilan, 2016). 이중 요인 모형은 잠재적 구조 모형으로 (a) 모든 문항이 공유하는 공통 분산을 설명하는 하나의 일반 요인이 있고, (b) 여러 개의 특정 요인이 있으며, 각 요인은 일반 요인 이상으로 특정 측면의 고유 분산을 설명하며, (c) 특정 요인이 일반 요인으로 설명되는 것 이상의 공통 분산을 설명하기 때문에 일반 요인과 특정 요인은 직교한다고 가정한다(Chen, Hayes, Carver, Laurenceau & Zhang, 2012; Reise, 2012). CQS에 적용하여 락스털과 밴 다인(Rockstuhl & Van Dyne, 2018, p. 126)은 "문화 지능 문항이 공유(즉, 잠재) 및 요인별 문화 지능 분산을 모두 반영하는 총체적인 다차원 구조로 문화 지능을 개념화한 앵과 그 동료(Ang et al., 2007)의 연구를 고려할 때, 우리는 이중 요인 문화 지능 모델이 문화 지능을 가장 포괄적이고 가장 정확하게 표현한다고 주장한다."라고 말한다. 이는 잠재된 일반 문화 지능 요인(즉, CQS 문항 간의 공유 분산)이 CQS 문항의 요인별 분산을 설명하는 4개의 상관관계가 없는 특정 문화 지능 요인과 어떻게든 공존하고 있음을 시사하는 것 같다. 즉, 반영적(잠재적) 모델과 형성적(총체적) 모델을 이중 요인 모델에 결합할 수 있다고 말하는 것 같다. 하지만 이것은 올바르지 않다. 이중 요인 모형은 하나의 일반 요인과 상관관계가 없는 여러 개의 집단 요인을 제안하는 잠재적 구조 모형이다(Reise, 2012). 앞에서의 주장에도 불구하고, 그들이 계속 검증하는 모델은 실제로 잠재 구조 모델이다.

이중 요인 모델은 일반적인 문화 지능 요인에서 특정 요인의 영향을 부분적으로 분리할 수 있으므로 그 자체로 유망한 아이디어라고 볼 수 있다(Chen et al., 2012). 그러나 이 이중 요인 모델에서 특정 요인이 실제로 무엇을 나타내는지는 완전히 명확하지 않다. 정의에 따르면 일반 요인과 특정 요인은 직교하므로(Reise, 2012), 특정 요인은 이미 일반 문화 지능 요인으로 설명되기에 문화 지능을 설명하지 않아야 한다. 아마도 그것은 메타 인지, 인지, 동기, 행동의 네 가지 영역을 가장 잘 나타내는 요인일 것이다. 락스틸과 밴 다인(Rockstuhl & Van Dyne, 2018)은 네 가지 특정 요인을 메타 인지적 문화 지능, 인지적 문화 지능, 동기적 문화 지능, 행동적 문화 지능으로 분류하고 이 네 가지 요인이 일반적인 문화 지능 이상의 결과를 예측할 것으로 기대했다. 여전히 4가지 특정 요인으로 문화 지능 요소를 개념화한 것으로 보이지만, 이중 요인 모형의 정의에 따르면 특정 요인은 일반 문화 지능 요인으로 설명되지 않는 공통 분산만 설명해야 한다. 따라서 네 가지 특정 요인이 실제로 무엇을 나타내는지 명확하지 않다. 또한, 문화 지능에 대한 그들의 개념화는 문헌과 일치하지 않는다. 락스털과 밴 다인(Rockstuhl & Van Dyne, 2018, p. 126)은 "우리는 전체 문화 지능이 이중 요인 모델에서 다섯 가지 요인의 선형 조합으로 형성될 수 있는 총체적인 다차원 구조라고 주장한다."라고 말한다. 이중 요인 모델을 사용하는 문헌(Chen et al., 2012; Chen, Jing, Hayes & Lee, 2013; McAbee, Oswald & Connelly, 2014)에서 이 척도가 측정하기 위해 만들어진 구인으로 해석되는 것은 잠재 일반 요인이다(Reise, 2012). 이 경우, 잠재 일반 문화 지능은 문화 지능으로 해석되어야 한다. 전체 문화 지능이 무엇을 나타내는지, 다섯 가지 요인의 선형적 조합으로서 어떻게 형성되는지는 원래의 집합 문화 지능의 문제와 유사하게 여전히 불분명하다. 마지막으로, 잠재적 이중 요인 모델은 원래 앵과 그 동료(Ang et al., 2007)가 개념화한 집합(형성적) 다차원 구인과는 근본적으로 다르다. 이는 지금까지의 CQS 표현에서 극적인 변화이며, 이러한 개념화를 뒷받침할 새로운 이론이 필요한 것으로 보인다. 집합 모델과 잠재 모델에서 정의된 문화 지능과 같은 다차원 구조는 "이론적으로 서로 다른 구인이며, 구인의 진정한 분산에 대한 정의가 다르기에 서로 다르며, 동일한 구인의 다른 연산화일 뿐이라고 주장할 수 없다."(Law, Wong, & Mobley, 1998, p. 749)라고 말할 수 있다. 아마도 문화 지능과 그 하위 차원 간의 관계를 명시하는 새로운 이론과 그에 따라 개발된 도구가 잠재적 문화 지능 요인과 이중 요인 모델에서 특정 요인이 무엇을 나타내는지 명확히 하는 데 도움이 될 것이다. 그렇지만 그들의 아이디어는 문화 지능의 이론과 측정을 모두 발전시킬 수 있는 새로운 길을 제시한다. 문화 지능이 잠재적 구인 모형으로 가장 잘 표현될 수 있다는 생각은 앞서 논의한 문화 지능의 측정에 대한 토마스와 그 동료(Thomas et al., 2008)의 이론과 훨씬 더 일치한다.

3.2
단축형 문화 지능 척도
(SFCQ: Short Form Cultural Intelligence Scale)

단축형 문화 지능 척도(SFCQ)의 개발은 CQS보다 더 험난한 여정을 거쳤다. 토마스와 그 동료(Thomas et al., 2008)의 개념화를 기반으로 문화 지능을 측정하기 위해 고안된 초기 도구는 온라인 전달 시스템에 포함된 평가 접근 방식의 매트릭스였다(Thomas et al., 2012). 참가자에게는 컴퓨터 화면과 음성 안내를 통해 질문과 자극 자료가 제시되었다. 참가자들은 질문 유형에 따라 응답 세트를 클릭하거나 구두로 응답하거나 두 가지 모두에 응답했다. 모든 응답은 자동화된 시스템에 의해 캡처되었다. 이 시스템은 정교하여 신뢰도와 타당도가 우수하고 자기 보고 측정과 관련된 문제를 해결했지만, 도구 관리와 결과 데이터 코딩이 복잡했다. 이로 인해 이 도구의 수용성과 유용성이 제한되었고, 이 도구의 웹 사이트는 2016년에 폐기되었다. 그러나 이 도구의 개발을 지원한 연구는 SFCQ의 기초를 제공하기도 했다. 이 초기 도구 개발을 바탕으로 문화 지능의 각 측면에 대한 측정의 핵심 요소를 추출하여 문화적 지식, 문화적 기술, 문화적 메타 인지의 세 가지 요소 측정으로 구성된 10문항 척도를 구성했다. 이 척도의 세부 내용은 아래와 같다.

지시문 : 다음은 다른 문화권의 사람들과 상호작용할 때 개인의 경험에 관한 10가지 진술입니다. 각 진술에 대해 여러분 자신을 서술하는 정도(1~5)를 표시하세요.

> 1. 전혀 그렇지 않다. 2. 약간 그렇지 않다. 3. 보통이다. 4. 약간 그렇다. 5. 매우 그렇다.

1. 나는 세계의 문화가 다른 방식을 알고 있다. (지식)
2. 나의 나의 개인적 경험과 독서 등을 통해 문화적 차이의 사례를 제시할 수 있다. (지식)
3. 나는 다른 문화권의 사람들과 말하는 것을 즐긴다. (기술)
4. 나는 다른 문화권의 사람들의 감정을 정확하게 이해하는 능력이 있다. (기술)
5. 나는 때때로 다른 문화권의 사람들의 관점에서 어떻게 보는지를 상상하면서 그들을 이해하려고 노력한다. (기술)
6. 나는 다른 문화적 상황 및 사람들과 어울리기 위해 나의 행동을 바꿀 수 있다. (기술)
7. 나는 다른 문화적 상황에서 그리고 문화적으로 다른 사람들과 함께 있을 때 동요하지 않고 반응이 늦는 것을 받아들인다. (기술)
8. 나는 다른 문화권의 사람과 상호작용할 때 내가 사용하는 문화적 지식을 인식하고 있다. (메타 지식)
9. 나는 문화가 나의 행동에 미치는 영향 및 문화적으로 다른 사람들의 영향에 관해 많이 생각한다. (메타 지식)
10. 나는 다른 문화적 상황에서 그리고 문화적으로 다른 사람들과 함께 할 때 나의 행동 방안을 계획할 필요성을 인식하고 있다. (메타 지식)

특정 문항의 문구 표현은 문화 간 관리 전문가로 구성된 국제 패널이 각 양상을 가장 잘 표현하기 위해 만들었다. 이 척도는 5개 언어로 번역 및 역번역되었으며(Brislin, 1970), 동등성 검정은 앞에 설명되어 있다. 문화 지능의 세 가지 기본 차원을 각각 개발하게 된 배경은 앞서 간략하게 설명했다.

3.2.1
문화적 지식

이 구성 요소와 관련된 핵심 질문은 어떤 측정 도구가 문화적 영역에 적용될 수 있지만 한 문화에 특정되지 않아 다른 문화에서는 쓸모가 없는 지식의 일반적인 측면을 얼마나 포착할 수 있는가였다. 이 측정 요소의 문항은 문화적 지식의 차원에 관한 문헌을 검토하여 도출되었다. 예를 들어, 사람들이 다른 사람을 동등하게 인식하는 정도와 같이 문화가 일반적으로 다르다고 인식되는 차원(신념과 행동 가정 모두)의 범위를 나타내는 21개 문항이 생성되었다. 85개국에서 선발된 참가자(N=338명)는 해당 영역에서 자신이 보유한 지식의 수준(1=지식이 없음. ~ 5=매우 광범위한 지식)에 대해 응답하고, 해당 영역에서 자신이 보유한 지식의 구체적인 예(오디오 녹음 후 나중에 지식 복잡성에 따라 코딩된 개방형 진술)도 제시했다. 지식 문항과 관련하여 다차원적 사고를 나타내는 구체적이고 미묘한 예시가 많을수록 복잡성이 높은 것으로 나타났다. 그런 다음 이 척도는 4개 문화권(미국, 중국 및 기타 아시아, 캐나다 및 기타 앵글로, 유럽, 중동 및 아프리카)에 걸쳐 동시에 확인적 요인 분석을 거쳤다. 허용 가능한 적합도 통계에 도달할 때까지 수정 지수를 참조하여 문항을 줄였다. 최종 모델에는 3개의 문항으로 구성된 하나의 잠재 요인이 있었다($\chi2$=117, p<0.01, GFI=0.932, AGFI=0.886, CMIN/df=1.748, CFI=0.767,

RMSEA=0.039). 최종 13개 문항 척도의 내적 일관성 신뢰도는 0.91로 나타났다. 자기 보고형 문화적 지식 문항과 코딩된 지식 복잡성 문항 간의 평균 상관관계는 0.44였다. 13개 문항 모두 유의미한 상관관계가 있었다. 이러한 이전의 도구 개발(Thomas et al., 2012)은 문화적 다양성에 관한 이야기를 연관시키는 능력은 문화적 차이에 대한 보다 복잡한 사고를 나타내는 것을 암시했다. SFCQ의 경우, 문화적 지식은 문화가 다양한 방식에 대한 지식과 그 지식의 복잡성을 평가하는 두 가지 문항으로 측정되었다. 복잡성은 응답자에게 문화적 차이에 대한 예를 어느 정도 제시할 수 있는지를 물어보는 방식으로 간접적으로 측정했다.

3.2.2
문화적 기술

일반 지능과 마찬가지로 문화 지능 구인은 매우 광범위하여 (Gottfredson, 2002) 기술 구성 요소를 여러 가지 방식으로 분류하고 측정할 수 있다. 문헌을 검토한 결과, 문화 지능의 한 양상으로서 잠재적인 경쟁자가 될 수 있는 수십 개의 목록에서 광범위한 기술이 제시되었다. 토마스와 그 동료(Thomas et al., 2012)는 상호문화적 효과성과 관계가 있는 것으로 나타난 기술에 초점을 맞추었다(Thomas & Fitzsimmons, 2008). 각 문항은 국제 및 다국어 패널이 문화 간 동등성을 검토했다. 84개 문항으로 구성된 척도는 85개국에서 온 495명의 참가자를 대상으로 실시되었다. 이 척도는 영어로만 시행되었지만 가능한 한 중립적인 언어를 만들기 위해 구어체 및 관용적 언어는 제거되었다. 초기 문항은 탐색적 요인 분석을 거쳐 스크리 테스트(scree test)를 기반으로 6개의 요인이 도출되었다.[8] 요인 적재량이 0.50보다 큰 문항은 그대로 유지되었다. 앞서 언급한 4개의 문화집단에 대한 다집단 확인적 요인 분석을 실시했다. 문화권 간에 동일한 잠재 기술 요인을 동등하게 측정하는 문항을 유지하기 위해 동일한 요인 부하를 가진 모델을 검증했다. 이 과정에서 허용 가능한 적합도가 달성될 때까지 수정 지수를 기준으로 문항을 줄였다. 그 결과 5개 기술 하위 범주에서 24개 문항이 유지되었다(1개 하위 범주는 축소 과정에서 살아남지 못함.). 이 다섯 가지 범주는 관계 기술, 불확실성에 대한 관용, 적응력, 공감 능력, 지각적 예민성이다. SFCQ에서 이러한 각 기술 차원은 하나의 문항으로 표시된다.

3.2.3
문화적 메타 인지

이 모델에서 문화적 메타 인지는 문화적 경험과 전략의 특정 영역에서 자신의 사고와 학습 활동에 대한 지식과 통제라는 점에서 더 일반적인 메타 인지 개념(Flavell, 1979)에 기반을 두고 있다. 모든 연구자가 메타 인지의 모든 측면에 동의하는 것은 아니지만, 메타 인지에는 자신의 지식 과정과 인지 및 정서 상태를 의식적이고 의도적으로 모니터링하고 어떤 목표나 목적과 관련하여 이러한 상태를 조절하는 능력이 포함된다는 데에는 대체로 동의하는 것으로 보

---

8   **역주** 스크리 테스트는 특정 요인 분석에서 몇 개의 요인을 유지해야 하는지 결정하는 대안적인 방법이다.

인다. 문화 지능의 이러한 측면은 스턴버그(Sternberg, 1985)가 환경적 맥락을 초월하는 핵심 정신 과정이라고 제안한 것을 나타낸다. 이 과정의 구성 요소는 (a) 이슈나 문제에 대한 인식이나 인지, (b) 문제에 대한 정보 분석, 문제 해결을 위한 정신적 자원 할당과 해결책 모니터링, 마지막으로 (c) 문제에 대한 해결책과 여러 상황에 적용할 수 있는 프로세스를 평가하는 것을 포함한다. 메타 인지에 대한 경험적 구인 타당도에 따르면 유사한 맥락 독립적 요소에 대한 지지를 발견했다(Allen & Armour-Thomas, 1993). 따라서 토마스와 그 동료(Thomas et al., 2012)의 이전 연구에 근거하여 문화적 메타 인지 측정은 (a) 문화적 맥락에 대한 인식, (b) 문화적 맥락의 영향에 대한 의식적 분석, (c) 다양한 문화적 맥락에서 행동 방침을 계획하는 것을 포함한다. 이러한 각 요소는 SFCQ에서 하나의 문항으로 표현된다.

3.2.4
타당도 평가

SFCQ의 타당도를 평가하기 위해 전 세계 14개 표본에 속한 3,526명의 참가자로부터 데이터를 수집했다(Thomas et al., 2015). 다양한 문화권에서 다양한 인구통계학적 특성을 가진 참가자를 모집했다. 설문조사는 영어, 프랑스어, 인도네시아어, 터키어, 중국어(번체) 등 5개 언어로 진행되었으며, 다양한 문화적 차원을 대표할 수 있도록 구성되었다(House, Hanges, Javidan, Dorfman & Gupta 2004). 데이터는 서로 다른 시점에서 수집되었으며, 샘플은 시간 순서에 따라 번호가

매겨져 있다. SFCQ를 제외하고, 모든 측정치가 모든 표본에서 수집된 것은 아니다.

3.2.5
측정

SFCQ : 내적 일관성 신뢰도는 전체 샘플에서 0.88이었다. 샘플 전체의 평균 점수는 3.55점, 표준편차는 0.57점이었다. 14개 샘플의 모든 내적 일관성 신뢰도 추정치는 0.77 이상이었으며 평균 신뢰도는 0.85였다. 14개 샘플 전체에서 10개 문항의 평균 문항 간 상관계수는 0.43~0.63이었으며, 평균은 0.55였다.

타당도 연구에서 다른 척도는 정서 지능(EQ, α=0.88), 빅5 성격 특질(외향성, α=0.88, 동의성, α=0.81, 신경증, α=0.87, 개방성, α=0.81, 성실성, α=0.81)로 측정한 성격, 토마스와 그 동료(Thomas et al., 2012)가 개발한 척도로 문화 간 맥락에서 효과성의 주요 측면을 다루는 3개 문항으로 측정한 문화 간 효과성(α=0. 59), 변용 지수(Ward & Rana-Deuba, 1999, 20문항, α=0.97)와 사회문화적 적응 척도(Ward & Kennedy, 1999, 20문항, α=0.96)의 두 가지 도구로 측정한 사회문화적 변용과 적응), 맥크로스키와 뉴맆(McCroskey & Neuliep)이 개발한 일반화된 자문화중심주의로 측정한 자문화중심주의 척도(Neuliep, 2002; Neuliep & McCroskey, 1997, α=0.90), 4문항의 자기 평가 척도로 측정한 직무 수행(α=81), 2개의 짧은 동영상에 묘사된 주인공의 행동에 대한 참가자들의 응답으로 측정한 귀인 정확도를 포함한다. 참가자 점수의 정확도는 0에서 2까지의 올바른 반응을 합한 값이다.

구인 타당도 : 확인적 요인 분석(CFA)은 1요인 모델과 2차 요인(문화 지능)과 3개의 1차 요인(지식, 기술, 메타 인지)을 가진 이론적 기반 모델을 비교했다. 〈그림 3.2〉는 요인 구조 비교를 그림으로 표현한 것이다.

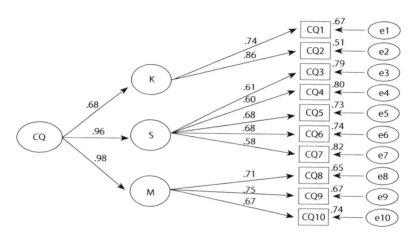

K = 지식, S = 기술, M = 메타 인지

〈그림 3.2〉 SFCQ의 간접적 반영 요인 구조
(Thomas et al., 2015)

측정 동등성 : 전체 샘플 3,526명(영어=2,091명, 프랑스어=496명, 인도네시아어=543명, 터키어=153명, 중국어 번체=243명)의 데이터를 사용하여 다집단 CFA(Little, 1997)를 수행하여 5개 언어 집단 간의 동등성을 검증했다. 형태 모델(configural model)과 메트릭 동일성 모델(metric invariance model) 모두 양호한 모델 적합도를 보였으며, 카이제곱(χ^2) 차이 검정 결과 모델 적합도가 형태 모델보다 크게 악화되

지 않았으므로 요인 적재의 불변성을 뒷받침하는 것으로 나타났다.[9] 5개 집단에 걸쳐 두 번째 요인과 세 번째 요인 사이의 경로에 제약 조건을 추가한 결과, 최종 측정 동일성 모델은 양호한 모델 적합도를 달성했다. 카이 제곱 차이 검정 결과, 모델 적합도는 요인 적재에만 제약이 있는 형태 모델이나 측정 동일성 모델에서 모델 적합도가 크게 저하되지 않은 것으로 나타났다. 모델 적합도 지표와 카이제곱 차이 테스트 결과는 〈표 3.3〉에 나와 있다.

〈표 3.3〉 모델 적합도 지수 및 측정 동등성의 카이-제곱 차이 검정

모델	X^2	ΔX^2 (Δdf)	NNFI	CFI	SRMR	RMSEA (90% CI)
형태	649.94 (160)**	-	0.95	0.96	0.04	0.03 (0.03, 0.03)
측정 동일성 (요인 부하 시)	689.64 (188)**	39.70 (28)	0.95	0.96	0.03	0.03 (0.03, 0.03)
최종 측정 동일성 (요인 부하 및 경로)	701.47 (196)**	11.83 (8)	0.96	0.96	0.03	0.03 (0.03, 0.03)

**$p<0.01$.
ΔX^2는 표본 크기에 민감하다(Brannick, 1995; Kelloway, 1995). 이러한 한계 때문에 일부 연구자(Cheng & Rensvold, 2002)는 ΔCFI의 사용을 권고하였다. 제약 모형에서 CFI의 값 감소가 0.01보다 작거나 같다면 제약 모형이 원래 모형보다 저하되지 않는 것을 제안한다. 우리의 경우, CFI는 모든 모델에 걸쳐 0.96을 유지했으며, 이는 요인 적재와 2차 요인과 3개의 1차 요인 사이의 경로에 제약이 있는 최종 측정 동일성 모델이 수용되었음을 나타낸다.

9 　역주　형태 모형은 모델 패러미터에 대한 제한이나 제약 없이 잠재 변수들 간의 구조적 관계를 나타내는 기준 모형을 의미한다. 더 복잡한 모델 비교와 가설 검증의 출발점이 된다. 메트릭 동일성 모델은 잠재 구인의 측정 특성이 연구의 서로 다른 하위 집단이나 집단에 걸쳐 일치하는지 여부를 평가하는 데 사용된다. 약한 불변성 또는 요인 부하 불변성으로도 알려진 메트릭 불변성 모델은 측정 불변성을 테스트하는 단계 중 하나이다.

판별 및 수렴 타당도[10] : 법칙적 관계망(nomological network)을 구성하기 위해 정서 지능, 성격, 자문화중심주의, 다문화 경험 지표(사용 언어, 거주 국가, 방문 국가, 부모가 다른 나라에서 태어남)에 대해 SFCQ를 평가했다.[11] 각 변수의 종합 점수에 따른 상관관계는 〈표 3.4〉에 나와 있다. 분석 결과, SFCQ는 정서 지능과 성격과는 완만한 상관관계가 있지만 구별되며, 자문화중심주의와는 부적 상관관계가 그리고 다문화 경험 지표와는 정적 상관관계가 있는 것으로 나타났다.

---

10   역주 수렴 타당도는 동일한 구인의 서로 다른 측정 방법이나 지표들이 긍정적으로 관련된 정도를 평가하고 일관된 결과를 제공하는 연구 방법론 및 심리측정학의 개념이다. 구인 타당도의 핵심 측면이며 특정 구인을 평가하기 위해 사용되는 척도가 동일한 기저 개념을 포착하도록 돕는다.

11   역주 법칙적 관계망은 구인 간의 체계적이고 상호 연결된 이론적 관계 세트를 의미하며, 이는 특정 연구 영역의 현상을 설명하고 예측하는 데 도움을 준다.

〈표 3.4〉 단축형 문화 지능 척도와 정서 지능, 성격, 다문화 경험 변수 간의 상관관계(Thomas et al., 2015)

	N	평균	표준 편차	1	2	3	4	5	6	7	8	9	10	11
SFCQ	2,405	3.51	0.63	(0.88)										
정서 지능	885	3.76	0.52	0.44**	(0.88)									
외향성	875	3.27	0.73	0.35**	0.35**	(0.88)								
친화성	875	3.82	0.52	0.38**	0.51**	0.40**	(0.78)							
성실성	987	3.68	0.62	0.17**	0.45**	0.06	0.26**	(0.81)						
신경증	875	3.26	0.76	-0.17**	-0.38**	-0.24**	-0.15**	-0.19**	(0.87)					
개방성	875	3.64	0.58	0.40**	0.44**	0.35**	0.41**	0.25**	-0.12**	(0.81)				
자문화 중심주의	850	28.84	8.71	-0.33**	-0.16**	-0.15**	-0.37**	-0.20**	0.26**	-0.31**	(0.90)			
구사하는 언어 수	2,391	2.40	1.00	0.29**	-0.02**	0.15**	-0.09**	-0.02**	0.05**	-0.01	-0.02	-		
살아본 나라 수	2,371	1.40	0.60	0.26**	0.10**	0.12**	0.06**	0.03**	-0.09**	0.15**	-0.16**	0.29**	-	
방문한 나라 수	2,385	3.70	1.47	0.27**	0.06**	0.23**	0.10**	0.10**	-0.16**	0.20**	-0.26**	0.31**	0.36**	-

• 대각선 괄호 안의 숫자는 상관 계수 α이다(*p<0.05, **p<0.01). SFCQ와 정서 지능(성실성 성격 제외), 자문화중심주의 간의 상관관계는 샘플 8~13 (N=877), SFCQ와 성실성 사이의 상관관계는 샘플 8~14(N=989), SFCQ와 다문화 경험 변수 간의 상관관계는 표본 5를 제외한 모든 표본에서 구한 것이다(N=2,406).

준거 관련 타당도 : 준거 관련 타당도와 관련하여 SFCQ 점수는 사회문화적 적응, 문화적으로 다른 타인과의 장기적인 관계 발전, 다문화 환경에서의 직무 수행, 다문화 상호작용에 대한 정확한 인과적 귀인 능력을 유의미하게 예측했다. 문화 지능의 결과에 대한 자세한 내용은 6장에서 자세히 설명할 것이다.

3.3
요약

문화 지능의 두 가지 척도인 CQS와 그것의 파생 척도, 그리고 SFCQ는 서로 다른 개념화를 반영한다. 특히 이 두 척도는 구성 요소와 이러한 요소들이 상호작용하는 방식이 서로 다르다. 또한, 두 척도는 다소 다른 경로를 따라 개발되었다. 각 도구의 특정한 심리 측정상의 특성은 논쟁의 여지가 있으며, 우리는 이러한 문제를 4장의 앞부분에서 논의할 것이다.

Allen, B. A., & Armour-Thomas, E. (1993). Construct validation of metacognition. *Journal of Psychology*, 127, 203-211.

Alon, I., Boulanger, M., Meyers, J., & Taras, V. (2016). The development and validation of the business cultural intelligence quotient. *Cross Cultural & Strategic Management*, 23, 78-100.

Ang, S., & Van Dyne, L. (2008). Conceputalization of cultural intelligence: Definition, distinc-tiveness, and nomological network. In S. Ang & L. Van Dyne (Eds.), *Handbook of cultural intelligence: Theory, measurement, and applications* (pp. 3-15). Armonk, NY: ME Sharpe.

Ang, S., Van Dyne, L., Koh, C., Ng, K. Y., Templer, K. J., Tay, C., et al. (2007). Cultural intelligence: Its measurement and effects on cultural judgment and decision making, cultural adaptation and task performance. *Management and Organization Review*, 3, 335-371.

Black, J. S., & Stephens, G. K. (1989). The influence of the spouse on American expatriate adjustment and intent to stay in Pacific Rim overseas assignments. *Journal of Management*, 15(4), 529-544.

Brannick, M. T. (1995). Critical comments on applying covariance structure modeling. *Journal of Organizational Behavior*, 16, 201-213.

Brislin, R. W. (1970). Back-translation for cross-cultural research. *Journal of Cross-Cultural Psychology*, 75, 3-9.

Bucker, J., Furrer, O., & Lin, Y. (2015). Measuring cultural intelligence (CQ): A new test of the CQ scale. *International Journal of Cross Cultural Management*, 15, 259-284.

Bucker, J., Furrer, O., & Weem, T. P. (2016). Robustness and cross-cultural equivalence of the Cultural Intelligence Scale (CQS). *Journal of Global*

Mobility, 4, 300-325.

Byrne, B. M. (1998). *Structural equation modelling with LISREL, PRELIS, and SIMPLIS: Basic concepts, applications, and programming.* Mahwah, NJ: Erlbaum.

Chen, F. F., Hayes, A., Carver, C. S., Laurenceau, J. P., & Zhang, Z. (2012). Modeling general and specific variance in multifaceted constructs: A comparison of the bifactor model to other approaches. *Journal of Personality*, 80, 219-251.

Chen, F. F., Jing, Y., Hayes, A., & Lee, J. M. (2013). Two concepts or two approaches? A bifactor analysis of psychological and subjective well-being. *Journal of Happiness Studies*, 14, 1033-1068.

Cheung, G. W., & Rensvold, R. B. (2002). Evaluating goodness-of-fit indexes for testing measurement invariance. *Structural Equation Modeling*, 9, 233-255.

Chua, R. Y. J., & Ng, K. Y. (2017). Not just how much you know: Interactional effect of cultural knowledge and metacognition on creativity in a global context. *Management and Organization Review*, 13, 281-300.

Collier, J. E., & Bienstock, C. C. (2009). Model misspecification: Contrasting formative and reflective indicators for a model of e-service quality. *Journal of Marketing Theory and Practice*, 17, 283-293.

Coltman, T., Devinney, T. M., Midgley, D. F., & Venaik, S. (2008). Formative versus reflective measurement models: Two applications of formative measurement. *Journal of Business Research*, 61, 1250-1262.

Cushner, K., & Brislin, R. W. (1996). *Intercultural interactions: A practical guide.* Thousand Oaks, CA: Sage.

Diamantopoulos, A., & Siguaw, J. A. (2006). Formative versus reflective indicators in organizational measure development: A comparison and empirical illustration. *British Journal of Management*, 17, 263-282.

Earley, P. C., & Ang, S. (2003). *Cultural intelligence: Individual interactions across cultures*. Stanford, CA: Stanford University Press.

Flavell, J. H. (1979). Metacognition and cognitive monitoring: A new area of cognitive-developmental inquiry. *American Psychologist*, 34, 906-911.

Goldberg, D. P., & Williams, P. (1988). *A user's guide to the General Health Questionnaire*. Basingstoke, UK: NFER-Nelson.

Gottfredson, L. (2002). g: Highly general and highly practical. In R. J. Sternberg & E. L. Grig-orenko (Eds.), *The general factor of intelligence: How general is it?* (pp. 331-380). Mahwah, NJ: Lawrence Erlbaum Associates.

House, R. J., Hanges, P. J., Javidan, M., Dorfman, P. W., & Gupta, V. (2004). *Culture, leadership, and organizations: The GLOBE study of 62 societies*. Thousand Oaks, CA: Sage.

Kelloway, E. K. (1995). Structural equation modelling in perspective. *Journal of Organizational Behavior*, 16, 215-224.

Law, K. S., Wong, C.-S., & Mobley, W. H. (1998). Toward a taxonomy of multidimensional constructs. *Academy of Management Review*, 23, 741-755.

Lee, C. H., & Templer, K. J. (2003). Cultural intelligence assessment and measurement. In P. C. Earley & S. Ang (Eds.), *Cultural intelligence: Individual interactions across cultures* (pp. 185- 208). Stanford, CA: Stanford University Press.

Lee, Y.-T., Masuda, A., Fu, X., & Reiche, S. (2018). Navigating between home, host, and global: Consequences of multicultural team members' identity configurations. *Academy of Management Discoveries*, 2, 180-201.

Little, T. D. (1997). Mean and covariance structures (MACS) analyses of cross-cultural data: Practical and theoretical issues. *Multivariate Behavioral Research*, 32, 52-76.

McAbee, S. T., Oswald, F. L., & Connelly, B. S. (2014). Bifactor models of personality and college student performance: A broad versus narrow view. *European Journal of Personality*, 28, 604–619.

Neuliep, J. W. (2002). Assessing the reliability and validity of the generalized ethnocentrism scale. *Journal of Intercultural Communication Research*, 31, 201–215.

Neuliep, J. W.,& McCroskey, J. C. (1997). The development of a US and generalized ethnocentrism scale. *Communication Research Reports*, 14, 384–398.

Reise, S. P. (2012). The rediscovery of bifactor measurement models. *Multivariate Behavioral Research*, 47, 667–696.

Rockstuhl, T., & Van Dyne, L. (2018). A bi–factor theory of the four–factor model of cultural intelligence: Metaanalysis and theoretical extensions. *Organizational Behavior and Human Decision Processes*, 148, 124–144.

Rodriguez, A., Reise, S. P., & Haviland, M. G. (2016). Evaluating bifactor models: Calculating and interpreting statistical indices. *Psychological Methods*, 21, 137–150.

Schutte, N. S., Malouff, J. M., Hall, L. E., Haggerty, D. J., Cooper, J. T., Golden, C. J., et al. (1998). Development and validation of a measure of emotional intelligence. *Personality and Individual Differences*, 25, 167–177.

Sternberg, R. J. (1985). *Beyond IQ: A triarchic theory of human intelligence.* New York: Cambridge University Press.

Thomas, D. C., Elron, E., Stahl, G., Ekelund, B. Z., Ravlin, E. C., Cerdin, J.-L., ... Lazarova, M. B. (2008). Cultural intelligence: Domain and assessment. *International Journal of Cross Cultural Management*, 8(2), 123–143.

Thomas, D. C., & Fitzsimmons, S. R. (2008). Cross–cultural skills and abilities: From communication competence to cultural intelligence. In P. B. Smith, M. F. Peterson, & D. C. Thomas (Eds.), *The handbook of cross-cultural management research.* Thousand Oaks, CA: Sage Publications.

Thomas, D. C., Liao, Y., Aycan, Z., Cerdin, J.-L., Pekerti, A. A., Ravlin, E.

C.,.Van de Vijver, F. J. R. (2015). Cultural intelligence: A theory-based, short form measure. *Journal of International Business Studies*, 46, 1099–1118.

Thomas, D. C., Stahl, G., Ravlin, E. C., Poelmans, S., Pekerti, A., Maznevski, M.,.Au, K. (2012). Development of the cultural intelligence assessment. In W. H. Mobley (Ed.), *Advances in global leadership* (pp. 155–178). Bingley, UK: Emerald Group.

Van Dyne, L., Ang, S., & Koh, C. (2008). Development and validation of the CQS: The cultural intelligence scale. In S. Ang & L. Van Dyne (Eds.), *Handbook of cultural intelligence: Theory, measurement, and applications* (pp. 16–38). Armonk, NY: ME Sharpe.

Van Dyne, L., Ang, S., Ng, K. Y., Rockstuhl, T., Tan, M. L., & Koh, C. (2012). Sub-dimensions of the four factor model of cultural intelligence: Expanding the conceptualization and measurement of cultural intelligence. *Social and Personality Psychology Compass*, 6(4), 295–313.

Ward, C., & Kennedy, A. (1999). The measurement of sociocultural adaptation. *International Journal of Intercultural Relations*, 23, 659–677.

Ward, C., & Rana-Deuba, R. (1999). Acculturation and adaptation revisited. *Journal of Cross-Cultural Psychology*, 30, 422=42.

Wonderlic, E. F. (1999). *Wnderlic Personnel Test user's manual Libertyville*. IL: Wonderlic Inc.

4장.
개념적 이슈와 측정 이슈

/ **요약**

부분적으로는 직장의 세계화에 힘입어 문화 지능이라는 개념이 큰 인기를 끌고 있다. 이 개념은 지능이 높고 사회적 기술이 뛰어나며 정서적으로 성숙한 개인이 왜 여러 문화권에서 효과적으로 기능하지 못하는지에 대한 해답을 찾고자 했다. 그러나 그 개념의 도입 이후 문화 지능의 개념화와 측정에 대한 문제가 제기되었다. 문화 지능 구인의 문제점은 다음과 같다.

• 문화 지능과 같은 문화 일반적인 구인이 근본적으로 존재할 수 있는가?
• 문화 지능은 문화 간 역량, 글로벌 사고방식, 다문화적 성격이나 기타 여러 관련 개념과 개념적으로 구별되는가?
• 문화 지능이 구별된다면, 이 개념을 구성하는 요소는 무엇이며 이러한 여러 측면은 서로 그리고 전체 구인과 어떻게 관련되어 있는가?

이 장에서 우리는 경쟁 관계에 있는 두 가지 문화 지능 모델 간의 개념적 차이에 대해 논의한다. 또한, 두 가지 경쟁 모델에서 개발된 두 가지 도구와 관련된 문제도 논의한다. 가장 널리 사용되는 척도인 문화 지능 척도(CQS)는 여러 독립적인 검증 연구를 거쳐 비판적인 평가를 받았다. 단축형 문화 지능 척도(SFCQ)는 개념적으로 구별되며 엄격한 검증 과정을 거쳤지만, 독립적인 검증을 거치지 않았다.

┌─────────┐
│ **핵심어** │ 총체적 구인, 잠재적 구인, 문화 지능 척도(CQS), 단축형 문화 지능 척도
└─────────┘ (SFCQ), 척도 타당화, 자기 보고

부분적으로 직장의 세계화에 의해 동기를 부여받은 문화 지능의 희망은 새로운 문화적 맥락에 적응하는 능력을 포착하는 개인차 구인을 확인하는 것이다. 이 이론은 지능이 높고 사회적 기술이 뛰어나며 정서적으로 성숙한 개인이 왜 여러 문화권에서 효과적으로 기능하지 못하는지에 대한 해답을 찾고자 했다. 지능의 양상 모델(Gardner, 1983; Sternberg, 1985)의 도입과 사회 지능, 정서 지능(Goleman, 1995)과 같은 개념의 인기에 힘입어 문화 지능이라는 개념은 엄청난 인기를 누렸다. 그러나 문화 지능 개념의 도입 이후로 그 개념의 개념화와 측정에 대한 문제가 제기되었다.

4.1
개념적 이슈

문화 지능이 이미 가용한 개인차 구인의 창고에 유용하게 추가되기 위해서는 우리가 문화 지능을 개념적으로 구별할 수 있어야만 한다. 이 개념을 지능의 한 유형으로 프레이밍(framing) 하는 것은 인지 심리학의 아이디어를 글로벌 사고방식과 같이 대중적이지만 잘 정의되지 않은 아이디어로 대체하고(Levy, Beechlor, Taylor & Boyacigiller, 2007), 상호문화적 효과성에 대한 제도적 및 환경적 영향으로부터 분리했다(Johnson, Lenartowicz & Apud, 2006). 그러나 문화적 경계를 초월한 지능이라는 개념에 대해 비판적인 시각도 없지 않았다. 일부 비평가(Hampden-Turner & Trompenaars, 2006)는 '지능 문화'(intelligent culture)를 식별할 수 있다는 생각에 반대하는 것으로 보인다. 이들은 문화 지능이나 초문화적 역량은 대조적인 가치가 시너지 효과를 내는 정도를 측정하는 척도이며, 문화는 자신의 잠재적 가치를 인정하고 이를 표면화하여 지배적 가치의 자격을 부여함으로써 지능적이 될 수 있다고 주장한다. 그러나 두 가지 문화 지능의 개념화 모두 사회 수준에서의 문화 지능을 다루지 않는다. 그 저자들은 비판의 대상이 될 가공의 인물을 만들어낸 것으로 보인다. 그러나 이 책에서 검토한 두 가지 문화 지능의 개념화는 모두 문화 지능이 문화적 맥락에 얽매이지 않는 문화 일반적 구인이라는 점을 시사한다.

베리와 워드(Berry & Ward, 2006)가 반대하는 것은 바로 이러한 문화 지능의 문화 일반적 측면이다. 그들은 두 가지 기본 사항을 지적한다. 첫째, 그들은 지능의 개념이 문화에 따라 매우 가변적이라고 주장한다. 문화적으로 지능적인 것은 문화 생태계 내에서 발전해 온 의미와 관행의 함수라고 그들은 말한다. 지능의 의미, 발달, 표시, 평가는 모두 문화적 맥락에 내재되어 있다. 둘째, 베리와 워드(Berry & Ward, 2006)는 서로 다른 문화적 배경을 가진 집단과 개인이 접촉할 때 서로 다른 두 가지 의미의 지능이 서로 관여하여 상호문화적 상호작용을 더욱 어렵게 만들 가능성이 있다고 주장한다. 이러한 주요 요점 외에도, 그들은 문화 지능에 대한 얼리(Earley, 2002)의 개념 정의가 행동적 요소로 인해 상호문화적 효과성을 설명하는 데 위험할 정도로 근접해 있다고 제안한다. 요약하면, 베리와 워드는 문화 지능이 문화 전반에 걸쳐 IQ 구인의 사용을 약화시킨 동일한 유형의 개념적 변이와 측정 변이로 인해 어려움을 겪고 있다고 제안한다. 그들은 "문화가 없는 행동은 없기 때문에 문화가 없는 문화 지능도 있을 수 없다."라고 말한다(Berry & Ward, 2006, p. 71). 문화 지능이 문화 일반적 속성으로 개인 내에 존재하는지 아니면 상호문화적 상호작용 맥락의 함수인지 여부는 측정에 중요한 함의를 갖는다.

문화 지능과 사회 지능, 정서 지능 간의 개념적 차이에 대한 의문도 제기되고 있다. 크라운(Crowne, 2009)은 문화 지능을 정서 지능과 일부 중복되는 사회 지능의 하위 집합으로 이론화한 통합 모델을 제안했다. 이 접근법의 유용성은 세 가지 유형의 지능 간의 상호작용을 이해함으로써 설명과 예측의 정확성을 향상시키는 것으로 제시된다. 그러나 통합 모델에 대한 경험적 검증 결과는 문화 지능이 사회 지능에 종속된 것임을 지지하지 않았으며, 정서 지능과 문화 지능은 서로 관련이 있지만, 별개의 것으로 나타났다(Crowne, 2013). 3장에서 다룬 바와 같이, 여기에 제시된 두 가지 문화 지능 모델도 문화 지능 구인의 고유성에 대한 경험적 지지를 제공한다.

두 가지 문화 지능 모델은 모두 다면적이다. 그러나 구성 요소의 수와 내용, 그리고 이러한 양상이 서로 관련되는 방식은 서로 다르다. 얼리와 앵(Earley & Ang, 2003)의 모델은 인지, 메타 인지, 동기, 행동 측면으로 구성된 4가지 차원을 포함하는 것으로 설명된다. 토마스와 그 동료(Thomas et al., 2008)의 모델은 지식, 기술, 메타 인지의 세 가지 기본 측면으로 구성된다.

이 두 모델의 인지적, 메타 인지적, 행동적(기술) 차원은 대체로 유사하다. 토마스와 그 동료의 지식 구성 요소는 얼리와 앵의 인지적 구성 요소와 유사하며, 전자의 기술 구성 요소는 후자의 행동 구성 요소를 포함한다. 토마스와 그 동료의 개념은 다소 광범위하지만 메타 인지적 양상은 두 모델에서 유사하다. 차원의 수와 유형에서 차이는 주로 동기적 요소를 포함하느냐의 여부에 있다. 얼리와 앵은 문화 지능을 갖추려면 새로운 문화에 참여하려는 동기가 있어야 한다고 주장한다. 이 주장은 문화 지능 양상 간의 관계에 관한 그들의 모델에서 개념적 문제로 이어진다. 이 논리에 따르면 인지적, 메타 인지적, 행동적 문화 인지의 효과는 동기적 문화 지능에 의해 강화되어야 한다. 그러나 이 모델에서는 네 가지 양상이 서로 어떻게 관련되어 있는지, 또는 서로 어떻게 상호작용하여 전체 문화 지능이나 결과에 영향을 미치는지를 명시하지 않았다. 대신, 문화 지능의 네 가지 양상이 서로 다른 결과를 독립적으로 예측하는 이론을 세웠으며, 이는 경험적 지지를 받았다. 예를 들어, 인지적 문화 지능과 메타 인지적 문화 지능은 문화적 판단과 의사 결정을 예측하고, 행동적 문화 지능은 동기적 문화 지능의 촉진 없이 상호작용 조정과 심리적 웰빙을 예측했다(Van Dyne, Ang & Koh, 2008). 반면에 토마스와 그 동료는 동기화를 문화 지능의 일부로 포함시키는 것은 일반 지능의 양상으로 동기를 포함시키는 것과 같은 방식으로 문제가 있다고 주장한다(Ackerman, 1996; Ceci, 1990). 이들은 동기가 문화 지능과 제한된 귀납 관계를 가질 수 있지만 구성 요소는 아니라고 주장한다. 일부 학자(Gelfand, Imai & Fehr, 2008, p. 379)는 문화 지능에 동기화 양상을 포함하는 것에 의문을 제기하면서, "IQ가 높은 사람에게 동기화가 부족할 수 있는 것처럼 문화적으로 유능한 사람에게 동기화가 부족한 것은 그럴듯해 보인다."라고 말한다. 샤마와 후세인(Sharma & Hussain, 2017)은 토마스와 그 동료가 정의한 메타 인지는 두 개념 모두 문화적 지식과 문화적으로 적절한 행동 사이의 관계를 매개하는 것으로 주장된다는 점에서 문화 지능의 동기화 양상의 일부 측면과 기능적으로 일치할 수 있다고 주장한다. 따라서 문화 간 상호작용에 관련하여 자기 효능감이 뒷받침하는 동기화가 문화 지능의 정의에 필요한 부분인지 여부는 논쟁의 여지가 있다.

다차원 구인의 필수적인 측면은 구조가 해당 차원과 관련되는 방식을 명시하는 것이다(Law, Wong & Mobley, 1998). 로우와 그 동료(Law et al., 1998)를 인용하면서 앵과 밴 다인(Ang & Van Dyne, 2008)은 문화 지능을 차원이 전체 구인과 동일한 수준에서 존재하고 차원이 전체 구인을 구성하는 총체적인 다차원적 구인으로 설명한다. 그러나 로우와 그 동료(1998, p. 744)에 따르면 총체적 모델의 정확한 정의는 "구인은 그것의 차원과 동일한 수준에서 존재하며 차원의 수학적 함수로 형성된다."라는 것이다. 앵과 밴 다인은 4가지 양상이 결합하는 방식에 대해 침묵하고 있으며, 4가지 양상의 대수적 결합에 대한 이론적 근거를 알지 못한다. 집합 구인(aggregate construct)은 기본 구인이 차원에 반영되는 잠재 구인과는 달리 차원으로부터 형성된다는 점에서 형성적이다(Diamantopoulos & Siguaw, 2006).[12] 집합 구인은 차원의 선형이나 비선형 함수일 수 있으며, 차원은 다른 가중치를 가질 수도 있다. 그러나 집합 구인이 되려면 차원이 구인을 형성하는 방법을 명시해야 한다. 그렇지 않으면 차원을 결합할 수 없는 프로파일 구인으로 분류해야 한다(Law et al., 1998). MBTI(Myers & McCauley, 1985)에서 평가하는 성격은 이러한 프로파일 구인의 한 예시이다. 겔펀드(Gelfand et al., 2008)는 앵과 밴 다인의 개념화에 대한 검토에서 이 구인에 대한 이론화가 부정확하고 일관성이 없으며 모순이 있다고 결론지었는데, 동일한 선행 연구가

---

12 역주 집합 구인(aggregate construct) 또는 복합 구인(composite construct)은 여러 개의 개별 지표나 하위 구인을 조합하여 형성하는 고차적 구인이다. 연구와 측정에서 집합 구인은 하나의 변수로 직접 관찰하거나 측정할 수 없는 복잡한 개념을 나타내기 위해 사용된다.

여러 연구에서 다른 양상으로 이어지거나 다른 양상이 동일한 결과로 이어지기 위해 제안되는 등 모순이 발생했다. 이러한 문제는 다차원 구인의 잘못된 분류와 관련이 있을 수 있다.

토마스와 그 동료의 이론에서 문화 지능은 세 가지 하위 차원이 전체 차원을 반영하는 잠재 구인으로 제시된다. 잠재적 모델에서 상위 수준 구인은 차원들 사이에 존재하는 공통점이다(Law et al., 1998). 잠재 구인과 관련된 예로는 언어 능력, 양적 능력, 추론 능력, 연상 기억의 네 가지 하위 요인에 반영되는 일반 정신 능력(Geral Mental Ability)이 있다(Spearman, 1927). 토마스와 그 동료의 모델에서 문화 지능은 문화적 지식, 문화 간 기술, 문화적 메타 인지 차원에서 나타나고 더 높은 수준의 추상화로 빠져나가는 것으로 보인다. 네 가지 차원에 초점을 맞추고 전체 구인에 대해서는 거의 언급하지 않는 앵과 밴 다인의 모델과 달리 토마스와 그 동료의 모델은 전체 구인에 초점을 맞추고 기본 차원에 대해서는 거의 언급하지 않는다(Ott & Michailova, 2016).

차원과 다차원 구인의 관계 측면에서 두 모델 간의 대조는 사소한 것이 아니다. 그것은 구인의 이론적 발전과 측정 모두에 대해 이야기한다. 구인에 동기화 양상을 포함하느냐 포함하지 않느냐에 따라 문화 지능의 개념화 간에는 큰 차이가 있다. 앵과 밴 다인은 네 가지 요인이 집합적인 다차원 구인을 구성한다고 주장하지만, 각 차원과 문화 지능 간의 관계의 본질에 대해서는 명시하지 않았다. 토마스와 그 동료의 모델은 문화 지능이 세 가지 차원에 반영되는 고차원의 잠재 구인이라고 주장한다. 이러한 관계는 499명의 참가자를 대상으로 확인적 요인 분석을 실시하여 하나의 2차 요인(문화 지능)과 3개의 1차 요인(지식, 기술, 메타 인지)으로 구성된 이론적 기반 모델과 1요인 모델을 비교한 토마스와 그 동료의 연구에서 실증적으로 입증되었다. 데이터는 하나의 잠재 요인과 문화적 지식, 문화적 기술, 문화적 메타 인지라는 세 가지 중간 요인으로 구성된 간접 반영 모델을 확인하는 이론적 기반 요인 구조에 부합했다. VTT(vanishing tetrad test)는 이 구인의 반영 구조를 뒷받침했다(Bollen & Ting, 2000).

4.2
측정 이슈

문화 지능의 개념적 고유성 외에도 문화 지능 측정과 관련하여 여러 가지 이슈가 제기되었다. 첫째, CQS 측정은 초기의 개념적 발전의 포괄적인 내용을 반영하지 못한다. 예를 들어, 문화 지능의 인지적 측면에는 선언적 지식과 절차적 지식, 귀납 추론과 유비 추론, 사회적 인식이 포함되는 것으로 이론화되었지만 6개 문항은 다른 국가의 규범, 관행, 관습에 대한 지식만을 평가한다. 또한, 앵과 밴 다인의 CQS 척도가 더 오래 그리고 더 널리 사용되어 왔기 때문에 가장 많은 조사를 받았다. CQS의 심리 측정 특성에 대한 최초의 독립적인 조사는 워드와 그 동료(Ward, Fischer, Lam & Hall, 2009)에 의해 수행되었으며, 이들은 세 가지 연구에 대해 보고했다. 첫 번째 연구는 유학생 346명을 대상으로 표본을 추출하여 실시되었으며, CQS의 4요인 구조에 대한 지지를 발견했다. 두 번째 연구 역시 유학생 118명을 대상으로 실시되었으며, 전체 CQS와 정서 지능 간에 높은 상관관계($r = 0.82$)가 있는 것으로 나타났다(Schutte et al., 1998). 이 경우 사용된 집계 방법은 양상의 문항과 전체 척도의 합이라는 점에 유의해야 한다. 따라서 전체 척도는 20개 문항으로 구성되었으며, 동기와 행동 양상에는 5개 문항이, 메타 인지 양상에는 4개 문항이, 인지 양상에는 6개 문항이 포함되었다. CQS의 네 가지 구성 요소는 모두 정서 지능과 높은 상관관계를 보였다(메타 인지, $r=0.88$, 인지, $r=0.77$, 동기, $r=0.87$, 행동, $r=0.86$). 또한, 연구진은 네 가지 양상이나 전체 CQS가 정서 지능에 비해 적응 결과(삶의 만족도 척도, Diener, Emmons, Larsen, & Griffin, 1985; 사회 문화적 적응, Ward & Kennedy, 1999; Zung 자기 평가 우울증 척도, Zung, 1969)에서 추가적인 분산을 설명하지 못한다는 것을 발견했다. 세 번째 연구(N=102)에서는 다문화 성격 척도(MPQ, Van der Zee & Van Oudenhoven, 2000)로 평가한 성격 및 레이븐(Raven)의 고급 누진 행렬(Raven, 1998)을 사용한 일반 지능과 CQS의 관계를 검증했다. 연구 결과에 따르면 CQS는 일반적인 인지 능력과 구별되는 것으로 나타났다. 행동적 문화 지능과 유연성, 정서적 안정성 사이의 낮고 유의미하지 않은 상관관계를 제외하고는 하위 척도 전반에서 CQS와 다문화 성격 척도는 중간 정도에서 강한 상관관계를 보였다. 그러나 CQS는 앞서 논의한 적응 결과를 예측하는 데 있어 성격 및 인지 능력 측정에 비해 점증적인 타당성을 입증하지 못했다. 이러한 결과를 바탕으로 워드와 그 동료(Ward et al., 2009)는 문화 지능의 척도로서 CQS의 유용성에 대해 몇 가지 의문을 제기했다.

CQS에 대한 두 번째 독립적인 검사는 개브린너와 그 동료 (Gabrenya et al., 2011)에 의해 수행되었다. 이 연구에서는 210명의 유학생과 189명의 미국 국내 학생 표본이 CQS 검사를 완료했으며(Van

Dyne et al., 2008), 문화적 지식과 문화적 경험과 같은 문화 지능 구성 요소의 이론적 선행 요인, 문화적 판단과 적응과 같은 문화 지능 구성 요소의 이론적 결과, 자기 효능감과 외향성 그리고 국제적 태도와 같은 CQS의 잠재적 혼동일 수 있는 구인을 활용한 측정이 이루어졌다. 저자들은 두 표본에 대해 CQS의 네 가지 양상을 문화적 판단과 적응에 연관시키는 일련의 경로 분석 모델을 수행했다. 한 경로 모델에는 문화 지능의 이론적 모델(Ang & Van Dyne 2008)에서 제안한 선행 변수와 결과 변수가 포함되었고, 다른 경로 모델에는 선행 변수와 결과 간의 직접적인 관계뿐만 아니라 잠재적 혼동을 추가했다. 연구 결과의 요약은 〈표 4.1〉에 나와 있다.

〈표 4.1〉 국내외 샘플의 이론 및 전체 모델 요약(Gabrenya et al., 2011)

CQS 구성 요소/표본	이론적 모델		전체 모델	
	문화적 판단	적응	문화적 판단	적응
인지적/국내	실패	실패	실패	실패
인지적/국제	실패	실패	실패	실패
메타 인지적/국내	성공	성공	성공	실패
메타 인지적/국제	실패	성공	실패	실패
동기적/국내	미분석	성공	미분석	실패
동기적/국제	미분석	성공	미분석	실패
행동적/국내	성공	성공	실패	실패
행동적/국제	실패	실패	실패	실패

이론적 모델은 CQS 구성 요소가 선행 변수 및 결과 변수와 관련이 있는 경우 '성공'으로 표시했다. 선행 변수와 결과 변수 간의 직접적인 효과와 기타 교란 변수가 존재할 때에도 이러한 관계가 유지되

문화 지능

면 전체 모델이 성공으로 표시되었다. 이론적 모델은 성공했지만 해당 전체 모델은 실패한 경우, 이론적 모델에서는 유효해 보였던 CQS 구성 요소가 더 큰 전체 모델의 맥락에서는 유효하지 않은 것으로 나타났다. 즉, 문화적 판단과 적응에 대한 CQS 구성 요소의 영향은 교란 변수에 의해 설명되었다.[13] 〈표 4.1〉에서 볼 수 있듯이, 14개의 이론적 모델 중 7개는 성공했지만 14개의 전체 모델 중 1개만 성공했다. 메타 인지적 문화 지능은 이론적 모델에서 조정을 예측하는 데 동기적 문화 지능과 행동적 문화 지능만큼 우수한 것으로 나타났지만, 해당 전체 모델에서는 모든 CQS 구성 요소가 실패했다.

개브린너와 그 동료는 다른 예측 변수와 하나의 다른 기준(문화적 판단)을 사용하여 CQS의 증분값에 대한 워드와 그 동료(Ward et al., 2009)의 검증을 반복했다. 사회문화적 적응과 문화적 판단을 기준 변수로 하는 일련의 위계적 회귀 분석에서, 4가지 양상으로 대표되는 CQS는 자기 효능감, 자기 모니터링, 문화적 지식, 문화적 경험, 빅5 성격, 국제적 태도와 같은 통제 변수와의 추가적인 변이를 설명하지 못했다. 유학생 표본의 경우, 사회문화적 적응을 가장 잘 예측하는 변수는 성실성이라는 성격 특성이었으며, 문화적 판단을 가장 잘 예측하는 변수는 문화적 지식이었다. 국내 표본의 경우, 사회문화적 적응의 가장 좋은 예측 변인은 자기효능감과 4가지 빅5 성격(정서적 안정성을 제외한 모든 항목)이었으며, 문화적 판단의 가장 좋은 예측 변인은 외향적 성격 특성이었다.

---

13   역주 교란 변수(confounding variables)는 연구에서 독립 변수와 종속 변수 간의 관계에 영향을 미칠 수 있는 요인이다. 연구의 일차 초점은 아니지만 관찰된 결과에 영향을 미칠 수 있고 적절하게 설명하지 못할 경우 잘못된 결론에 이르게 할 수 있는 변수이다.

이러한 구조방정식 모델링 결과를 바탕으로 개브린너와 그 동료는 CQS가 선행변수와 준거변수를 매개하는 데 실패했으며, 대신에 성격, 효능감, 사회적 역량 구조와 같이 이전 연구에서 문화적 역량을 예측하는 것으로 나타난 구인을 주로 평가했다고 결론지었다. 위계적 회귀 분석 결과, 연구진은 CQS가 기존 측정치에 비해 문화적 역량을 예측하는 데 실패했다는 결론을 내렸다.

해외 경험이 풍부한 중국인 학생 308명을 대상으로 설문조사를 실시한 버커와 그 동료(Bucker, Furrer & Lin, 2015)의 연구는 CQS의 차원 구조를 조사하였다. 이 표본을 활용하여 CQS에 대한 확인적 요인 분석 결과 4요인 모델에 대한 모델 적합도가 낮았다($\chi 2/df=2.51$, RMSEA=0.07, SRMR=0.88, GFI=0.88, AGFI=0.85, CFI=0.87). 수정 지수를 기준으로 문항을 삭제하고 재조합하여 계열 모델을 생성한 결과, 최종적으로 데이터에 잘 맞는 12개의 문항이 포함된 2요인 모델이 도출되었다($\chi 2/df=1.73$, RMSEA=0.049, SRMR=0.045, GFI=0.96, AGFI=0.93, NNFI=0.96, CFI=0.97). 두 요인은 내면화된 문화적 지식(ICK)과 효과적인 문화적 유연성(ECF)으로 분류되었다. 이 요인들의 내적 일관성 신뢰도는 각각 0.83과 0.71이었으며, 상관관계는 r=0.65였다. 위계적 회귀 분석 결과, ECF와 ICK는 성별, 해외 체류 시간, 접촉 빈도, 사회적 바람직성(Strahan & Gerbasi, 1972)에 의해 설명된 것 외에 자기 보고형의 상호문화적 커뮤니케이션(Hammer, Gudykunst, & Wiseman, 1978)의 추가적인 변이를 설명하는 것으로 나타났다. 2요인 구조에 도달하는 과정은 순전히 탐색적 과정이었으며 이론적 뒷받침이 부족했지만, 최초 4요인 구조의 낮은 모델 적합도는 측정의 타당성 문제를 지적하는 것이라고 볼 수 있다.

문화 지능 측정에 대한 가장 최근의 독립적인 조사에서는 CQS를 사용한 78개의 연구를 재분석했다(Lorenz et al., 2017). 78개 연구 중 38개 연구는 CQS의 네 가지 구성 요소를 개별 구성 요소로 사용했으며(이 중 11개 연구에서는 구성 요소 간의 상관관계를 고려하지 않음.), 29개 연구에서는 통합된 단일 차원 구성 요소를 사용했고, 9개 연구에서는 한 개 또는 두 개의 구성 요소를 고려했으며, 2개 연구에서는 CQS 구성 요소를 대조군으로 사용했다. 저자들은 3단계 절차를 통해 먼저 CQS의 차원에 따라 모델을 평가한 다음, CQS 구성 요소 간의 관계와 다른 변수와의 관계를 평가하고, 마지막으로 표본 특성의 영향을 검증했다. 그 결과, 전반적으로 절반 이상의 연구에서 복합 신뢰도가 낮고 모델 적합도 지수가 만족스럽지 않아 CQS를 단일 차원으로 취급하는 것에 대한 지지가 약했다.

　　분석의 두 번째 단계에서 저자들은 CQS 구성 요소 간, 그리고 CQS와 다른 변수 간의 수정 지수(MI)를 조사했다. 기타 변수에는 관련 구성 요소(예: 성격), 선행 요인(예: 국제 경험), 결과(예: 성과)가 포함되었다. 연구 결과, 25%의 연구에서 항목의 교차 부하 및/또는 상관관계가 있는 오차 범위가 발견되어 명확한 4가지 차원에 대한 경험적 지지가 부족함을 보여주었다. 또한, 연구 결과에 따르면 CQS의 구성 요소는 결과에 영향을 미치며 선행 요인에 따라 다르게 영향을 받는 것으로 나타났다. 그러나 이러한 효과의 방향과 범위는 모호하다.

　　분석의 마지막 단계에서 저자들은 표본 특성이 결과에 영향을 미치는지를 조사했다. 분석 결과, 표본의 출신 지역(동양 또는 서양) 또는 신분(학생 또는 비학생)에 따라 유의미한 차이가 없는 것으로 나타났다. 저자들은 일반적으로 CQS를 단일 차원 또는 고차원 구조의 척도로 취급하는 것은 적절하지 않으며, CQS의 적용은 관련 CQS 차원으로 제한해야 한다고 결론지었다.

CQS와 관련된 88개 연구에 대한 최근의 메타 분석(Schlaegel, Richte & Taras, 2017)에서도 CQS 차원은 높은 상관관계를 보이지만 각 차원은 서로 다른 결과 변수와 서로 다른 관계를 보여 CQS가 4개의 개별 차원으로 구성된다는 개념을 지지하는 것으로 밝혀졌다. 로렌츠와 그 동료(Lorenz et al., 2017)의 검토에서 저자들이 전반적인 문화 지능을 언급할 때 한 차원의 이론적 근거에 크게 의존하는 경우가 많으며, 일부 연구자는 특정한 선행 요인이나 결과와의 연관성 용이성에 따라 네 가지 구성 요소 중 하나에 대해 이론적 기제를 사용한다는 사실을 발견했다고 언급했다. 일부 연구자(Schlaegel et al., 2017)는 메타 분석에서 주요 연구의 기초가 되는 이론적 근거에 대해 비슷한 우려를 표명하면서 대부분의 연구에서 CQS 또는 그 네 가지 차원이 결과와 연관되는 이유에 대한 이론적 근거가 거의 없다고 말했다.

다른 척도들은 동일한 비판적 관심을 받지 못했다. 버커와 그 동료(Bucker et al., 2015)가 개발한 2차원적 CQS나 앨론과 그 동료(Alon, Boulanger, Meyers & Taras, 2016)가 개발한 비즈니스 문화 지능 지수(BCIQ)는 소개된 것 외에는 주목을 받지 못했다. SFCQ에 대한 타당도 검증 연구(Thomas et al., 2015)는 광범위하지만, 이 척도는 아직 독립적인 검증을 거치지 않았다. 그러나 현재까지 제시된 문화 지능 구인의 모든 척도(앞서 설명한 관찰자 보고 버전의 CQS는 예외임.)에 적용되는 SFCQ의 한 가지 분명한 한계는 이러한 모든 척도가 정신 과정에 대한 자기 보고(self-report)에 의존한다는 점이다.

정신 과정에 대한 자기 보고는 수년 동안 많은 비판을 받아왔다. 지금은 고전이 된 논문에서 니스벳과 윌슨(Nisbett & Wilson, 1977)은 고차원적인 인지 과정에 대한 내성적 접근이 개인에게 거의 또는 전혀 없다고 주장하였다. 문제 해결에서 그들의 판단은 진정한 내성적 성찰에 근거한 것이 아니라 특정 자극이 어느 정도 그럴듯한 원인인지에 대한 선험적 인과 이론이나 판단에 근거한다. 고차원적인 인지 과정에 접근할 수 없다는 점은 두 문화 지능 모델의 핵심 특징인 문화적 메타 인지 구인에 특히 문제가 된다. 또한, 니스벳과 윌슨은 문화가 개인이 판단을 내리는 데 사용하는 암묵적 이론을 제공할 수 있다고 경고한다.

포드사코프와 오건(Podsakoff & Organ, 1986, p. 532)은 자기 보고 이슈를 다루면서 자기 보고의 사용 범주를 크게 여섯 가지로 분류했다. 그것은 다음과 같다.

- 인구통계학적 또는 기타 사실적 데이터 확보
- 실험적 조작의 효과 평가
- 성격 데이터 수집
- 응답자의 과거 또는 특징적인 행동에 대한 설명 확보
- 직무 태도, 긴장감 또는 동기 부여와 같은 응답자의 심리적 상태 척도화
- 외부 환경 변수에 대한 응답자의 인식 파악

이 중 개인적 특성을 수집하고 응답자의 과거 또는 특징적 행동

에 대한 설명이나 미래 행동에 대한 의도를 파악하는 것은 문화 지능 측정에 특히 문제가 되는 것으로 보인다.

고차원적인 인지 과정에 대한 보고가 불가능하다는 문제 외에도 포드사코프와 오건은 자기 보고 측정에 대한 또 다른 이슈를 제기한다. 이는 문화 지능 측정과 그 상관관계가 동일한 출처에서 나온 경우 공통 방법 분산 이슈이다(Campbell & Fiske, 1959).[14] 개인이 자신의 인지 및 태도를 보고할 때 인지적으로 일관성을 유지하는 경향은 잘 알려져 있다(Festinger, 1957). 포드사코프와 오건이 확인한 자기 보고의 마지막 이슈는 응답자가 자신을 유리하게 보이도록 질문에 대답하는 경향이 있다는 것이다. 이러한 사회적 바람직성 문제(Arnold & Feldman, 1981)는 단순히 응답에 편견을 더하는 것 이상의 문제인데, 일부 응답은 다른 항목과의 공분산에 기여하는 다른 응답보다 자존심을 높이는 응답일 수 있기 때문이다(Mitchell, Green & Wood, 1981). 포드사코프와 오건은 자기 보고의 일부 손상을 복구하기 위한 응급처치의 형태를 여러 가지로 제안한다(Podsakoff & Organ, 1986, p. 536). 이들의 주요 제안은 연구자가 여러 출처에서 개념적으로 중요한 변수에 대한 여러 측정값을 얻어야 한다는 것이다. 비슷한 맥락에서 스펙터(Spector, 1994)는 사용된 방법론이 제기된 연구 질문과 일치해야 하며, 단면적인 자기 보고 연구는 종종 적절한 답을 제공하지 못한다는 점을 상기시킨다.

밴 다인과 그 동료(Van Dyne, Ang & Koh(2008)의 연구에서 제시된

---

14 역주 공통 방법 분산(CMV)은 변수들 간의 참된 관계보다는 공유된 측정 방법에 의해 발생하는 연구의 잠재적 편향이다. 예측변수와 결과변수 모두 동일한 측정 방법을 사용하여 자료의 분산이 부풀려질 때 발생한다.

관찰자 버전의 CQS는 이러한 자기 보고 문제에 대한 해결책을 제시하는 것처럼 보일 수 있다. 그리고 관찰자는 문화적으로 다른 타인과의 상호작용의 효과를 평가할 수 있어야 한다. 또한, 관찰자는 사회적 바람직함이나 자기 향상에 의해 편향될 가능성이 낮다. 실제로 클라펜과 그 동료(Klafehn, Li & Chiu, 2013)는 CQS의 자기 보고 메타인지 하위 척도의 타당성에 심각한 위협이 있음을 발견했으며, 참가자의 문화 지능을 평가할 때 참가자 자신보다 동료가 더 정확하다고 지적했다(동료 보고 측정의 경우 잠재된 4개의 문화 지능 요인에 대한 요인 부하가 더 높았음.). 그러나 문화 지능 자체에 대한 직접적인 평가는 외부인이 관찰할 수 있는 능력을 넘어서는 것으로 보이며, 특히 CQS의 인지적 및 메타 인지적 구성 요소를 평가할 때는 더욱 그렇다. 즉, 개인이 자기의 생각을 보고하는 데 어려움을 겪는 상황에서 다른 사람이 알고 있거나 생각하는 것에 대해 보고하는 것은 특히 문제가 있어 보인다. 예를 들어, 메타 인지에 대한 척도 문항은 "이 사람은 다른 문화적 배경을 가진 사람들과 상호작용할 때 사용하는 문화적 지식을 의식하고 있다."로, 인지 차원에 대한 문항은 "이 사람은 다른 문화의 법률 및 경제 시스템을 알고 있다."로 표현된다 (Van Dyne et al., 2008, p. 27). 관찰자 버전이 실제로 측정하는 것은 관찰 대상자의 문화적으로 지적인 행동에 대한 관찰자의 합리화일 수 있다. 이러한 관찰자 버전의 CQS를 사용하고 이를 행동 결과와 연관시키는 연구(Kim & Van Dyne, 2012)는 관찰자가 평가한 문화 지능이 문화적으로 지능적인 행동으로 이어지는 것이 아니라 관찰자가 관찰한 사람이 높은 문화 지능을 가지고 있다고 믿게 만드는 것이 문화적으로 지능적인 행동이라는 역인과관계의 위험을 안고 있는 것처럼 보일 수 있다.

4.3
요약

문화 지능 구인에 대한 문제는 그러한 문화 일반적인 구인이 존재할 수 있는지 여부에 대한 근본적인 질문을 포함한다. 즉, 문화에 구애받지 않는 문화 지능이라는 구인이 존재할 수 있는가? 이 아주 기본적인 질문 외에도 여러 가지 문제가 제기되고 있다. 첫째, 문화 지능이 문화 간 역량, 글로벌 사고방식, 다문화 성격이나 기타 여러 관련 개념과 개념적으로 구별되는지 여부에 대한 문제이다. 둘째, 문화 지능이 구별된다면 어떤 요소들이 이 개념을 구성하며, 이러한 여러 양상이 서로 그리고 전체 구인과 어떻게 관련되어 있는가 하는 문제이다. 두 경쟁 모델 사이에는 분명한 차이가 존재한다. CQS에서 문화 지능은 양상이 전체 구인의 동일한 수준에 존재하는 집합 구인으로 제시되지만, 집합 방법이 명확하지 않다. SFCQ는 문화 지능을 기본 차원에 반영된 잠재 구인으로 제시한다. 이러한 구분은 문화 지능 측정에 시사하는 바가 있다.

개념적 문제 외에도 문화 지능 측정은 여러 가지 의문을 제기한다. 가장 널리 사용되는 척도인 CQS는 여러 독립적인 검증 연구를 거쳤다. 이러한 연구들은 대체로 문화 지능의 적절한 척도로서 CQS에 대해 비판적이었다. CQS의 2차원적 파생(Bucker et al., 2015)이나 BCIQ(Alon et al., 2016)도 이 도구에 비해 크게 발전한 것으로 보이지는 않는다. CQS의 이중 요인 모델은 공유 분산과 고유(양상) 분산을 모두 설명함으로써 모델 적합도를 향상시킬 수 있다(Rockstuhl & Van

Dyne, 2018). 그러나 그것은 집합 구인으로서 문화 지능의 개념 정의를 해결하지 않는다. SFCQ(Thomas et al., 2015)는 개념적으로 구별되며 엄격한 검증 과정을 거쳤지만, 독립적으로 검증되지 않았다. 마지막으로, 기존의 문화 지능 측정은 모두(관찰자 버전의 CQS를 제외하면) 자기 보고 방식이다. 따라서 응답자가 자신의 고차원적 인지 과정에 대해 정확하게 보고하지 못한다는 점, 응답자가 인지적으로 일관된 경향을 보인다는 점, 사회적으로 바람직한 응답을 제공하려는 경향이 있다는 점 등의 한계가 있다.

Ackerman, P. L. (1996). A theory of adult intellectual development: Process, personality, interests, and knowledge. *Intelligence*, 22, 227-257.

Alon, I., Boulanger, M., Meyers, J., & Taras, V. (2016). The development and validation of the business cultural intelligence quotient. *Cross Cultural & Strategic Management*, 23, 78-100.

Ang, S., & Van Dyne, L. (2008). Conceputalization of cultural intelligence: Definition, distinc-tiveness, and nomological network. In S. Ang & L. Van Dyne (Eds.), *Handbook of cultural intelligence: Theory, measurement, and applications* (pp. 3-15). Armonk, NY: ME Sharpe.

Arnold, H. J., & Feldman, D. C. (1981). Social desirability response bias in self-report choice situations. *Academy of Management Journal*, 24, 377-385.

Berry, J. W., & Ward, C. (2006). Commentary on "Redefining interactions across cultures and organizations". *Group and Organization Management*, 31, 64-77.

Bollen, K. A., & Ting, K. F. (2000). A tetrad test for causal indicators. *Psychological Methods*, 5, 3-22.

Bucker, J., Furrer, O., & Lin, Y. (2015). Measuring cultural intelligence (CQ): A new test of the CQ scale. *International Journal of Cross Cultural Management*, 15, 259-284.

Campbell, D. T., & Fiske, D. W. (1959). Convergent and discriminant validation by the multitrait-multimethod matrix. *Psychological Bulletin*, 56, 81-105.

Ceci, S. J. (1990). *On intelligence-More or less: A bioecological treatise on intellectual development*. Englewood Cliffs, NJ: Prentice Hall.

Crowne, K. A. (2009). The relationships among social intelligence, emotional intelligence and cultural intelligence. *Organization Management Journal*, 6,

148-163.

Crowne, K. A. (2013). An empirical analysis of three intelligences. Canadian *Journal of Behavioural Science/Revue canadienne des sciences du comportement*, 45(2), 105-114.

Diamantopoulos, A., & Siguaw, J. A. (2006). Formative versus reflective indicators in organizational measure development: A comparison and empirical illustration. *British Journal of Management*, 17, 263-282.

Diener, E., Emmons, R. A., Larsen, R. J., & Griffin, A. (1985). The satisfaction with life scale. *Journal of Personality Assessment*, 49, 71-75.

Earley, P. C. (2002). Redefining interactions across cultures and organizations: Moving forward with cultural intelligence. *Research in Organizational Behavior*, 24, 271-299.

Earley, P. C., & Ang, S. (2003). *Cultural intelligence: Individual interactions across cultures*. Stanford, CA: Stanford University Press.

Festinger, L. (1957). *A theory of cognitive dissonance*. Stanford, CA: Stanford University Press.

Gabrenya, W. K. J., Van Driel, M., Culhane, E., Turner, S., Pathak, J., & Peterson, S. (2011). *Validating the Cultural Intelligence Scale: What does it really measure?*, Unpublished manuscript.

Gardner, H. (1983). *Frames of mind: The theory of multiple intelligences*. New York: Basic Books.

Gelfand, M. J., Imai, L., & Fehr, R. (2008). Thinking intelligently about cultural intelligence. In S. Ang & L. Van Dyne (Eds.), *Handbook of cultural intelligence: Theory, measurement, and applications* (pp. 375-387). New York: M. E. Sharpe Inc.

Goleman, D. (1995). *Emotional intelligence*. New York: Bantam Books.

Hammer, M. R., Gudykunst, W. B., & Wiseman, R. L. (1978). Dimensions of intercultural effectiveness: An exploratory study. *International Journal of Intercultural Relations*, 8, 1-10.

Hampden-Turner, C., & Trompenaars, F. (2006). Cultural intelligence: Is such a capacity credible? *Group and Organization Management*, 31, 56-63.

Johnson, J. P., Lenartowicz, T., & Apud, S. (2006). Cross-cultural competence in international business: Toward a definition and a model. *Journal of International Business Studies*, 37, 525-543.

Kim, Y. J., & Van Dyne, L. (2012). Cultural intelligence and international leadership potential: The importance of contact for members of the majority. *Applied Psychology: An International Review*, 61, 272-294.

Klafehn, J., Li, C., & Chiu, C.-Y. (2013). To know or not to know, is that the question? Exploring the role and assessment of metacognition in cross-cultural contexts. *Journal of Cross-Cultural Psychology*, 44, 963-991.

Law, K. S., Wong, C.-S., & Mobley, W. H. (1998). Toward a taxonomy of multidimensional constructs. *Academy of Management Review*, 23, 741-755.

Levy, O., Beechlor, S., Taylor, S., & Boyacigiller, N. A. (2007). What we talk about when we talk about 'global mindset': Managerial cognition in multinational corporations. *Journal of International Business Studies*, 38, 231-258.

Lorenz, M. P., Franke, G. R., Ramsey, J. R., Clampit, J. A., Maalouf, J., Abi Aad, A. A., et al. (2017). The Cultural Intelligence Scale: Level of analysis, aggregations, and misspecifications. *Paper presented at the Annual Meeting of Academy of International Business*, Dubai, UAE.

Mitchell, T., Green, S., & Wood, R. (1981). An attributional model of leadership and the poor performing subordinate: Development and validation. In B. M. Staw & L. L. Cumming (Eds.), *Research in organizational behavior* (pp. 197-234). Greenwich, CT: JAI Press.

Myers, I. B., & McCauley, M. H. (1985). *Manual: A guide to the development and use of the Myers-Briggs Type Indicator*. Palo Alto, CA: Consulting Psychologists Press.

Nisbett, R. E., & Wilson, T. D. (1977). Telling more than we can know: Verbal reports mental processes. *Psychological Review*, 84, 231-259.

Ott, D. L., & Michailova, S. (2016). Cultural intelligence: A review and new research avenues. *International Journal of Management Reviews*, 20, 99-119.

Podsakoff, P. M., & Organ, D. W. (1986). Self-reports in organizational research: Problems and prospects. *Journal of Management*, 12(4), 531-544.

Raven, J. C. (1998). *Raven's Advanced Progressive Matrices manual*. London: UK: Harcourt Assessment.

Rockstuhl, T., & Van Dyne, L. (2018). A bi-factor theory of the four-factor model of cultural intelligence: Meta-analysis and theoretical extensions. *Organizational Behavior and Human Decision Processes*, 148, 124-144.

Schlaegel, C., Richte, N. F., & Taras, V. (2017). Cultural intelligence and work-related outcomes: A meta-analytic review. In *Academy of Management Proceedings* (Vol. 2017, No. 14152). https:// doi.org/10.5465/ambpp.2017.229.

Schutte, N. S., Malouff, J. M., Hall, L. E., Haggerty, D. J., Cooper, J. T., Golden, C. J., et al. (1998). Development and validation of a measure of emotional intelligence. *Personality and Individual Differences*, 25, 167-177.

Sharma, N., & Hussain, D. (2017). Current status and future directions for cultural intelligence. *Journal of Intercultural Communication Research*, 46(1), 96-110.

Spearman, C. (1927). *The abilities of man*. Oxford, England: Macmillan.

Spector, P. E. (1994). Using self-report questionnaires in OB research: A comment on the use of a controversial method. *Journal of Organizational Behavior*, 15, 385-392.

Sternberg, R. J. (1985). *Beyond IQ: A triarchic theory of human intelligence*. New York: Cambridge University Press.

Strahan, R., & Gerbasi, K. C. (1972). Short, homogeneous version of the

Marlowe-Crowne social desirability scale. *Journal of Clinical Psychology*, 28, 191-193.

Thomas, D. C., Elron, E., Stahl, G., Ekelund, B. Z., Ravlin, E. C., Cerdin, J.-L., et al. (2008). Cultural intelligence: Domain and assessment. *International Journal of Cross Cultural Management*, 8(2), 123-143.

Thomas, D. C., Liao, Y., Aycan, Z., Cerdin, J.-L., Pekerti, A. A., Ravlin, E. C., et al. (2015). Cultural intelligence: A theory-based, short form measure. *Journal of International Business Studies*, 46, 1099-1118.

Van der Zee, K. I., & Van Oudenhoven, J. P. (2000). The Multicultural Personality Questionnaire: A multidimensional instrument of multicultural effectiveness. *European Journal of Personality*, 14, 291-309.

Van Dyne, L., Ang, S., & Koh, C. (2008). Development and validation of the CQS: The cultural intelligence scale. In S. Ang & L. Van Dyne (Eds.), *Handbook of cultural intelligence: Theory, measurement, and applications* (pp. 16-38). Armonk, NY: ME Sharpe.

Ward, C., Fischer, R., Lam, F. S. Z., & Hall, L. (2009). The convergent, discriminant, and incremental validity of scores on a self-report measure of cultural intelligence. *Educational and Psychological Measurement*, 69, 85-105.

Ward, C., & Kennedy, A. (1999). The measurement of sociocultural adaptation. *International Journal of Intercultural Relations*, 23, 659-677.

Zung, W. W. K. (1969). A cross-cultural survey of symptoms of depression. *American Journal of Psychiatry*, 126, 116-121.

2부

문화 지능에 관한
현재와 미래의 연구

5장.
문화 지능의 발달

요약

문화 지능을 이해할 때 중요한 측면은 이러한 역량이 개인에게 어떻게 발달하는 지를 규명하는 것이다. 문화 지능이 발달하는 과정의 블랙박스를 풀기 시작한 연구들이 점점 늘어나고 있지만 아직은 미미한 수준이다. 연구들은 상관관계 또는 유사 실험 설계를 통해 문화 지능의 선행 요인을 평가했다. 연구자들은 문화 지능의 선행 요인을 크게 개인적 변수와 상황적 변수로 분류한다. 개인적 요인은 인구통계학적 요인(예: 해외 경험), 특질(예: 성격), 상태 변수(예: 불안)로 더 세분화할 수 있다. 상황 변수는 업무의 성격, 개인의 직무나 역할, 팀 또는 조직 환경과 같은 맥락적 요인을 포함한다. 상황 변수를 탐구하는 기존 문헌은 주로 공식적인 교육과 경험 학습의 효과에 초점을 맞춘다. 이 장에서 우리는 이전의 국제경험, 성격 특질과 기술, 공식 교육과 경험 학습과 같은 문화 지능의 선행 요인에 대한 문헌을 검토한다.

핵심어 국제 경험, 성격 특질, 공식 교육, 경험 학습

문화 지능을 이해하는 데 있어 중요한 측면은 이러한 역량이 개인에게 어떻게 발달하는지를 구체적으로 파악하는 것이다. 문화 지능이 발달하는 과정의 블랙박스를 풀기 시작한 연구는 점점 늘어나고 있지만 아직은 소수에 불과하다(Raver & Van Dyne, 2018). 연구들은 상관관계 또는 유사 실험 설계를 통해 문화 지능의 선행 요인을 평가했다. 문화 지능의 선행 요인은 크게 개인적 변수와 상황적 변수로 분류할 수 있다(Ng & Earley, 2006). 개인적 요인은 인구통계학적 요인(예: 국제 경험), 특질(예: 성격), 상태 변수(예: 불안)로 더 세분화할 수 있다. 상황 변수는 업무의 성격, 개인의 직무나 역할, 팀 또는 조직 환경과 같은 맥락적 요인을 포함한다. 상황 변수를 탐구하는 기존 문헌은 주로 공식적인 교육과 경험 학습의 효과에 초점을 맞춘다. 이 장에서 우리는 문화 지능의 선행 연구에 대한 문헌을 검토한다. 이전 장에서 논의한 문화 지능 척도(CQS)와 관련된 측정 문제 때문에, 이 척도를 사용한 연구 결과는 원래 연구에서 보고된 네 가지 하위 차원 및/또는 집합 형태로 제시된다. 집합 CQS를 포함하는 연구 결과 보고 내용이 제시되었지만, 각 연구에서 사용된 집합 방법에는 상당한 차이가 있을 수 있다.

5.1
사전 해외 경험

이러한 연구의 근간이 되는 근본 가정은 사람들이 해외여행이나 거주를 통해 문화적 차이를 경험하고 다양한 관습, 행동, 가치관에 대해 배우면서 문화적으로 더 지능적인 사람으로 변모한다는 사실이다. 학자들은 해외여행 경험 여부(Crowne, 2008; 2012), 방문 또는 거주 국가 수(Thomas et al., 2015), 해외에서 보낸 시간(Tarique &

Takeuchi, 2008), 현지 문화 활동 참여 여부와 같은 외국 문화 노출의 깊이(Crowne, 2012) 등 다양한 방식으로 이러한 국제 경험을 조작하였다. 문화 지능 척도(CQS)나 단축형 문화 지능 척도(SFCQ)를 사용하여 이전의 해외 경험과 문화 지능 간의 관계를 조사한 연구 요약은 〈표 5.1〉에 나와 있다.

일반적으로 방문 또는 거주 국가 수는 문화 지능의 모든 하위 차원과 정적인 상관관계를 보였다(Ang, Van Dyne & Koh, 2006; Eisenberg et al., 2013; Moon, Choi & Jung, 2013). 이러한 경험을 업무 또는 비업무 경험으로 세분화했을 때 결과는 덜 명확해졌다. 5개의 연구(Crowne, 2008; Li, Mobley & Kelly, 2013; Moon, Choi & Jung, 2012; Shannon & Begley, 2008; Tay, Westman & Chia, 2008)에서는 해외 근무 경험과 CQS의 네 가지 하위 차원 사이에 일관된 정적인 관계를 발견하지 못했다. 그러나 업무 외 모든 외국 방문 횟수는 CQS의 네 가지 하위 차원 모두와 정적인 관계가 있는 것으로 나타났지만(Moon et al., 2012; Tarique & Takeuchi, 2008), 해외에서 보낸 총 시간은 메타 인지적 문화 지능과 인지적 문화 지능과만 관련이 있었다(Tarique & Takeuchi, 2008). 타리크와 타케우치(Tarique & Takeuchi, 2008)는 경험의 기간이 길어질수록 업무 외 해외여행 횟수와 문화 지능 사이의 정적인 관계가 약화될 것으로 예상했다. 그들은 사람들이 호스트 문화에 더 오래 머무르고 시간이 지남에 따라 행동에 적응하면 국내외 대인관계와 행동을 구분할 수 없게 되어 새로운 문화를 습득하고 이해하려는 필요와 동기가 감소한다고 주장한다. 미국의 학부생 표본을 대상으로 한 연구에서는 메타 인지적 문화 지능과 인지적 문화 지능에만 경험 기간의 조절 효과가 있음을 발견했다. 크라운(Crowne, 2008)은 업무 외 목적을 교육, 휴가, 기타 목적으로 세분화하여 교육적 경험은 인지적 문화 지능과 행동적 문화 지능과 정적인 관계를, 나머지 두 가지 유형의 경험은 동기적 문화 지능과만 정적인 관계가 있음을 발견했다.

또한, 국제 경험과 전반적인 문화 지능 간의 정적인 관계를 뒷받침하는 증거도 존재한다. 크라운(Crowne, 2012)은 경험 학습을 통한 외국 문화에 대한 구체적인 경험이 문화 지능을 높인다고 주장하며, 대학생 표본을 대상으로 문화 노출의 폭(방문한 외국 국가 수)과 깊이(현지 상점, 현지 식품 시장, 현지 식당, 현지 주민 방문 빈도)가 전체 집합 CQS와 정적인 상관관계가 있음을 발견했다. 아데어와 그 동료(Adair, Buchan, Chen & Liu, 2016)는 미국 직장인 집단을 대상으로 거주 국가 수 및 이전 국제 비즈니스 경험과 집합 CQS가 유의미한 상관관계가 있다고 밝혔다. 리와 그 동료(Lee et al., 2018)는 다문화 팀에서 근무하는 MBA 학생들에게 9개 항목으로 구성된 Mini-CQS(Ang & Van Dyne, 2008)를 사용하여 서로를 평가하도록 한 결과, 거주 국가 수가 동료 평가 집합 CQS와 정적인 상관관계가 있음을 발견했다. 특정 유형의 국제 경험의 역할을 연구한 일부 연구에서는 국제 교육 및 업무 경험이 집합 CQS와 정적인 상관관계가 있는 것으로 나타났다(Crowne, 2008; Li et al., 2013; Shannon & Begley, 2008). 단축형 문화 지능 척도(SFCQ)를 사용한 결과, 거주 국가 수와 방문 국가 수는 모두 문화 지능 수준과 정적인 상관관계가 있는 것으로 나타났다(Thomas et al., 2015).

저자	표본	IV	메타 인지적 문화 지능	인지적 문화 지능
Adair et al. (2016)	미국 근로자 성인(N=312)	1년 혹은 그 이상 살았던 나라의 수		
		국제 비즈니스 경험 기간		
Ang et al. (2006)	다양한 문화적 배경을 가진 학생(N=338)	방문했던 나라의 수	+	+
Crowne (2008)	다양한 배경의 정규 학생 69%, 미국 시민 89%(N=140)	취업을 위해 방문한 나라의 수	+	+
		교육을 위해 방문한 나라의 수	ns	+
		휴가를 위해 방문한 나라의 수	ns	ns
		다른 목적으로 방문한 나라의 수	ns	ns
Crowne (2012)	학생 89.5%, 미국 시민(N=485)	방문한 나라의 수		
		경험의 깊이(지역 활동 참여)		
Eisenberg et al. (2013)	호주 학생(N=289)	최소 6개월 이상 살았던 나라의 수	+	+
	다양한 문화적 배경을 가진 학생(N=150)	최소 6개월 이상 살았던 나라의 수	+	+mar
Lee, Masuda, Fu & Reiche (2018)	다양한 문화적 배경을 가진 MBA 학생 (N=172)	최소 6개월 이상 살았던 나라의 수		
Li et al. (2013)	국제 임원진과 MBA 학생 (N=294)	국제 근로 경험 기간		+
Moon et al. (2012)	한국 주재원 (N=190)	근로 외 목적으로 방문한 나라의 수	+	+
		근로 목적으로 방문한 나라의 수	+mar	+mar
Moon et al. (2013)	한국 주재원 (N=165)	방문한 나라의 수	+	+
		본국 해외 부서 근무 경력 정도	ns	+
		본국에서 외국인과의 업무 경험 정도	+	ns
Shannon & Begley (2008)	다양한 문화적 배경을 가진 학생(N=245)	근문한 나라의 수	+	ns
Tarique & Takeuchi (2008)	다양한 문화적 배경을 가진 학생(N=212)	근로 외 목적으로 방문한 나라의 수	+	+
		국제적인 근로 외 경험 기간	+	+
		방문 수, 경험 기간	-	
Tay et al. (2008)	단기 비즈니스 출장 (N=491)	(1) 국외 근무시간의 평균과 (2) 당해 연도의 출장횟수 및 평균 출장기간의 곱	ns	+
Thomas et al. (2015)	여러 인구통계의 13개 표본(N=2,406)	살았던 나라의 수		
		방문한 나라의 수		

* 관계는 특별한 언급이 없는 한 회귀 계수를 나타낸다. 다양한 연구에서 다양한 인구통계학적 변수들을 통제했다. +는 정적으로 유의함(p<0.05). -는 부적으로 유의함(p<0.05). mar는 약간 유의함(p<0.10). ns는 유의하지 않음. 빈 칸은 원래 논문에서 관계가 검정되지 않았거나 보고되지 않았음을 나타낸다.

DV	동기적 문화 지능	행동적 문화 지능	집합 CQS	단축형 문화 지능 척도	비고
			+		회귀식에 맥락 독립성을 입력했을 때 두 관계는 모두 유의미하지 않았다.
			+		
	+	+			회귀식에 빅5 성격이 들어간 후에 동기적 문화 지능과의 관계만 유의미했다.
	ns	+	+		
	ns	+	+		척도 심리 측정, 상관관계, 회귀 출력에 대한 통계 결과를 보고하지 않았다.
	+	ns	ns		
	+	ns	ns		
			+		두 회귀 분석은 해외여행을 한 하위 표본을 사용하여 수행되었다.
			+		
	+	+			
	+	+			
			+		문화 지능은 9개 문항의 미니 문화 지능 척도 (Ang & Van Dyne, 2008)로 측정하였다. 집합 CQS는 동료 평가의 평균 점수였다.
	+		+		
	+	+			
	ns	ns			
	+	+			
	ns	ns			
	ns	ns			
	+	ns	+		
	+	+			
	ns	ns			
	-				
	ns	ns			
				+	상관관계
				+	

여러 연구는 CQS나 SFCQ가 아닌 다른 도구를 사용했다. 예를 들어, 셰넌과 베글리(Shannon & Begley, 2008)는 국제 업무 경험이 학생들 사이에서 동료 평가 문화 지능("이 사람은 다문화적 맥락에 효과적으로 대처할 수 있는가?")과 정적인 관계가 있음을 발견했다. 스토리와 그 동료(Story, Barbuto Jr., Luthans & Bovaird, 2014)는 유명 다국적 기업의 글로벌 리더를 대상으로 연구한 결과, 해외 출장 빈도와 해외 거주 기간이 글로벌 사고방식(동기적 문화 지능, 인지적 문화 지능, 메타 인지적 문화 지능과 글로벌 비즈니스 지향성으로 구성됨)과 정적인 상관관계가 약간 존재한다는 사실을 밝혀냈다. 그러나 일부 연구에서는 이러한 관계를 재현하지 못했다. 굽타와 그 동료(Gupta, Singh, Jandhyala & Bhatt, 2013)는 국제 업무 경험이 있는 인도 주재원이 국제 업무에 처음 파견된 주재원보다 문화 지능 수준이 높지 않다는 사실을 발견했다. 그들은 얼리와 모사코우스키(Earley & Mosakowski, 2004)가 보고한 도구로 인지, 정서/동기, 행동 차원으로 구성된 문화 지능을 측정했다. 이러한 결과를 토대로 볼 때, 국제 경험과 문화 지능 사이의 관계에 대한 가정은 대체로 근거가 있는 것으로 보인다.

5.2
성격 특질과 기술

경험에 대한 개방성, 외향성 등 사람들이 새로운 경험과 대인관계를 추구하도록 장려하는 성격 특질과 기술은 문화 지능과 정적인 관계가 있다는 논리가 성립한다. 성실성, 자기 모니터링과 같이 일반적인 성과와 학습을 예측하는 특질도 문화 지능을 향상시키는 데 파급 효과가 있는 것으로 추정된다. 그러나 이러한 특질과 기술은

CQS의 다른 측면과 상관관계가 있는 것으로 보인다. CQS나 SFCQ를 사용하여 성격 특질, 기술과 문화 지능의 관계를 평가한 연구에 대한 요약은 〈표 5.2〉에 나와 있다.

싱가포르의 비즈니스 학생 표본에서 앵과 그 동료(Ang et al., 2006)는 새로운 경험에 대한 개방성이 CQS의 네 가지 하위 척도 모두와 관련 있는 유일한 성격 특질이라고 보고했다. 외향성은 인지적 문화 지능, 동기적 문화 지능, 행동적 문화 지능과 정적인 상관관계를 보였고, 성실성은 메타 인지적 문화 지능과만 정적인 상관관계를 보였다. 친화성(Agreeableness)은 행동적 문화 지능과 정적인 상관관계가 있는 반면, 정서적 안정감(신경증과 반대)은 예상외로 행동적 문화 지능과 부적인 상관관계가 있었다. 이와 유사하게 프레스비테로(Presbitero, 2016)는 외향성과 새로운 경험에 대한 개방성이 문화 지능의 네 가지 하위 척도 모두와 정적인 관련이 있음을 발견했다. 셰넌과 베글리(Shannon & Begley, 2008)는 한 집단의 학생들 사이에서 언어 능력과 인지적 문화 지능 간에 정적인 관계가 있음을 발견했다. 윤루와 클랩-스미스(Yunlu & Clapp-Smith, 2014)는 문화 심리적 자본(문화 간 맥락에서의 희망, 낙관주의, 자기 효능감, 회복탄력성)을 연구한 결과, 문화 심리적 자본이 동기적 문화 지능과 정적인 관련이 있음을 발견했다. 테이와 그 동료(Tay et al., 2008)는 통제 욕구가 CQS의 네 가지 하위 차원 모두와 정적인 상관관계가 있음을 발견했다.

⟨표 5.2⟩ 성격 특질/기술과 문화 지능

저자	표본	IV	메타 인지적 문화 지능	인지적 문화 지능	
Adair et al. (2016)	미국 근로자 성인 (N=312)	사용하는 언어 수			
		맥락 의존성			
Ang et al. (2006)	다양한 문화적 배경을 가진 학생(N=338)	개방성	+	+	
		외향성	ns	+	
		성실성	+	ns	
		친화성	ns	ns	
		정서적 안정성	ns	ns	
Engle & Nehrt (2012)	학생 N¹=166(미국) N²=113(프랑스)	개방성			
		위험 지향			
		통제 욕구			
Lee et al. (2018)	다양한 문화적 배경을 가진 MBA 학생(N=172)	글로벌 정체성			
		모국 정체성			
		호스트 국가 정체성			
Presbitero (2016)	필리핀 콜센터 직원(N=223)	외향성	+	+	
		새로운 경험에 대한 개방성	+	+	
Shannon & Begley (2008)	다양한 문화적 배경을 가진 학생	언어 기술	ns	+	
Tay et al. (2008)	단기 비즈니스 출장자(N=491)	통제 욕구	+	+	
Thomas et al. (2015)	다양한 인구통계의 복합 표본, N=877(정서 지능, 성실성을 제외한 성격), N=989(성실성), N=2,406(언어)	개방성			
		외향성			
		성실성			
		친화성			
		신경증			
		정서 지능			
		자문화중심주의			
		사용하는 언어 수			
Yunlu & Clapp-Smith (2014)	다양한 문화적 배경을 가진 동창생(N=192)	문화적 자본			
		심리사회적 자본			

* 관계는 특별한 언급이 없는 한 회귀 계수를 나타낸다. 다양한 연구들이 다양한 인구통계학적 변수를 통제했다.

+는 정적으로 유의함(p<0.05). -는 부적으로 유의함(p<0.05). mar는 약간 유의함(p<0.10). ns는 유의하지 않음. 빈 칸은 원래 논문에서 관계가 검정되지 않았거나 보고되지 않았음을 나타낸다.

DV					비고
	동기적 문화 지능	행동적 문화 지능	집합 CQS	단축형 문화 지능 척도	
			+		
			+		
	+	+			
	+	+			
	ns	ns			
	ns	+			
	ns	-			
			+		
			+		
			+		
			-		문화 지능은 9문항의 미니 CQS를 사용하여 측정하였음. 집합 CQS는 동료 평가의 평균 점수임. 3방향 상호작용에 대한 해석 문헌을 참조하기 바람.
	+	+			비언어적 의사소통과 표정과 관련된 2개 문항은 가상 의사소통 맥락에 해당되지 않아 행동적 문화 지능에서 제외되었음.
	+	+			
	ns	ns	+		
	+	+			문화 지능 척도 문항 중 비즈니스 출장자와 가장 관련이 많은 8문항이 문화 지능을 측정하는 데 사용되었음.
				+	
				+	
				+	
				+	
				-	
				+	
				-	
				+	
	+				

일부 연구 결과에서는 집합 CQS가 개방성, 위험 지향성, 통제 욕구(Engle & Nehrt, 2012), 언어 능력(Adair et al., 2016; Shannon & Begley, 2008)과 같은 성격 특질과 관련이 있었다. 아데어와 그 동료 (Adair et al., 2016)는 커뮤니케이션 맥락이라는 새로운 구인을 개념화하고 메시지, 관계, 공간, 시간이라는 네 가지 구성 요소로 이루어진 맥락 의존성을 측정하는 척도를 개발했다. 이들은 맥락 의존성이 높은 의사소통자, 즉 비언어적, 관계적, 공간적, 시간적 단서를 사용하여 의미를 전달하고 이해하는 의사소통자일수록 집합 CQS에서 더 높은 점수를 받았다는 사실을 발견했다. 리와 그 동료(Lee et al., 2018)는 30명의 다문화 학생 팀을 대상으로 문화적 정체성과 문화 지능 사이의 복잡한 관계를 탐구했다. 연구 결과, 글로벌 정체성이 낮을 때 균형 잡힌 문화 특수적인(culture-specific) 정체성(즉, 모국과 호스트 문화 모두에 똑같이 강하거나 약하게 동일시하는)을 가진 개인은 불균형의 문화 특수적 정체성(즉, 모국 또는 호스트 문화 중 하나에 강하게 동일시하는)을 가진 상대방에 비해 전체 문화 지능 수준이 더 높은 것으로 나타났다. 그러나 글로벌 정체성이 높은 경우, 문화 특수적인 정체성 형태(configuration)는 집합 CQS와 관계가 없었다. 이 연구 결과는 광범위한 문화적 정체성과 문화 지능 사이에 정적인 상관관계가 있음을 시사한다. 서로 다른 구인에 초점을 맞추고 있지만, 이 두 연구는 사람들이 맥락적 단서를 사용하여 소통하고 보다 포괄적인 문화적 정체성 유형을 개발하는 등 환경과 복잡한 상호작용을 할 때 더 높은 수준의 문화 지능을 보유할 가능성이 크다는 것을 암시하는 것으로 보인다. 하지만 상관관계 연구의 특성상 인과 관계의 방향은 명확하지 않다.

문화 지능

토마스와 그 동료(Thomas et al., 2015)의 연구에 따르면 개방성, 외향성, 사용 언어 수가 SFCQ와 정적인 상관관계가 있는 것으로 나타났는데, 이는 CQS의 많은 결과와 일치한다. 스토리와 그 동료(Story et al., 2014)는 다른 조작 방식을 사용하여 심리적 자본(희망, 회복탄력성, 낙관주의, 효능감)과 글로벌 사고방식 사이에 정적인 관계가 있음을 발견했는데, 후자는 CQS의 동기적 문화 지능, 인지적 문화 지능, 메타 인지적 문화 지능과 글로벌 비즈니스 지향성으로 구성된다. 미국과 유럽에 거주하는 인도인을 표본 추출한 굽타와 그 동료(Gupta et al., 2013)의 연구에 따르면, 자기 모니터링 수준이 높은 국외 거주자는 얼리와 모사코우스키(Earley & Mosakowski, 2004)가 개발한 도구에서 전반적인 문화 지능과 세 가지 하위 차원(인지, 정서/동기부여, 행동)에서 더 높은 수준을 보인 것으로 나타났다. 따라서 측정 문제를 제쳐두면, 우리의 예측과 일관되게 사람들이 새로운 경험과 대인관계를 추구하고 환경의 도전과 복잡성을 관리하도록 장려하는 성격 특질과 기술이 문화 지능과 정적인 관련이 있다는 증거가 우세하다.

5.3
공식 훈련 프로그램

문화 간 훈련 기법은 문화 동화물(Brislin, 1986; Triandis & Bhawuk, 1997),[15] 인지 훈련(Black & Mendenhall, 1990), 경험 학습(Brislin &

15 　역주　문화 동화물은 개인이 문화적 역량을 개발하고 새로운 문화 환경에 적응하도록 돕기 위해 사용되는 교육 도구이다. 이것은 특히 다른 나라로 이주하거나 다양한 문화적 배경을 가진 사람들과 교류하는 개인들에게 문화 간 훈

Horvath, 1997)에 이르기까지 다양하다. 공식적인 학업 과정과 교육 프로그램은 참가자의 문화 지능을 개발하는 데 사용되는 주요 방법 중 두 가지이다. 이러한 프로그램에 관한 대부분의 연구는 CQS 의 하나 이상의 하위 차원에 초점을 맞추었으며, 현재까지 이러한 유형의 훈련이 SFCQ에 미치는 영향을 평가한 연구는 없다. CQS를 사용한 이러한 연구 결과에 대한 요약은 〈표 5.3〉에 나와 있다.

련 및 문화 간 의사소통 맥락에서 자주 사용된다. 문화동화물의 주요 목적은 학습자들을 현실적인 문화 간 상황에 노출시키고 문화적 차이를 이해하고 해석할 수 있는 구조화된 틀을 제공하는 것이다. 문화 동화물은 개인이 문화 간 상호 작용을 준비하고, 문화적 오해를 줄이며, 다문화 환경에서 효과적인 의사소통과 협업을 촉진하는 귀중한 도구이다. 그것은 개인이 다양한 환경에서 적응하고 상호 작용할 수 있는 능력을 개발하면서 자신의 문화적 가정과 편견을 더 잘 알 수 있도록 도울 수 있다. 이것은 전형적으로 다양한 문화적 상황, 딜레마 또는 오해를 묘사하는 글이나 멀티미디어 시나리오로 구성된다. 그런 다음 학습자들이 이러한 시나리오를 분석하고 문화적 규범과 가치를 고려하여 적절하게 대응하는 방법에 대한 결정을 하도록 격려된다. 문화 동화물을 사용하는 과정은 일반적으로 다음과 같은 단계를 포함한다:

• 시나리오 제시: 학습자들은 그들의 특정한 문화적 맥락 또는 그들이 상호작용할 문화와 관련된 문화 간 시나리오를 제시받는다. 이러한 시나리오들은 직장 상호작용, 사회적 상황, 또는 일상생활에서의 만남을 수반할 수 있다.

• 의사 결정: 시나리오를 읽거나 시청한 후, 학습자들은 각 상황에서 어떻게 반응할지에 대한 결정이나 판단을 내린다. 그들은 문화적 차이와 그들의 결정의 잠재적인 결과를 고려하도록 권장된다.

• 피드백 및 토론: 학습자들이 결정을 내리면 가장 적절한 문화적 반응에 대한 피드백이나 설명을 듣는다. 이러한 피드백은 학습자들이 제시된 상황의 기저에 있는 문화적 규범과 가치관을 이해하는 데 도움이 된다.

• 성찰과 학습: 학습자는 자신의 반응과 받은 피드백을 성찰하여 문화적 차이에 대한 이해를 심화시키고 문화적 감수성과 역량을 발달시킨다.

저자	표본	IV	메타인지적 문화 지능	인지적 문화 지능	동기적 문화 지능	행동적 문화 지능	집합 CQS	비고
			DV					
Baker & Delpechitre (2016)	미국 학생 (N=79)	고급 영업 코스에 포함된 특별 훈련(강의, 비디오 사례, 역할 놀이 등)	+	+	+	+		
Eisenberg et al. (2013)	호주 학생 (N=289)	단기 집중 훈련(집중 2.5일, 60% 학문 내용 및 40% 경험적 내용, 일반 및 지역 특수적인 문화적 요소)	+	+	-	ns	+	
	다양한 문화적 배경을 가진 학생(N=150)	장기 문화 간 관리 코스(1∞12주에 걸쳐 다양하며, 대다수가 8주)	+	+	+	ns	+	
Fischer (2011)	다양한 문화적 배경을 가진 학생 (N=42)	상호문화 훈련 (강의와 경험학습 결합)	-mar	-	ns	ns		
		상호문화 훈련 개방성	ns	ns	+	ns		
Hodges et al. (2011)	미국 학생 (N=172)	8개의 웹 기반 모듈	+	+	ns	ns		
Moon et al. (2012)	한국 주재원 (N=190)	출국 전 문화 간 훈련 기간	ns	+mar	ns	ns		
		출국 전 문화 간 훈련의 포괄성						
Ramsey & Lorenz (N=152)	MBA 학생	6주 문화 간 관리 코스					+	
Rehg et al. (2012)	미국 정부 훈련생 (군대 및 정부 관리)	강의 형태 훈련		+	+mar	+		
Richard et al. (2014)	남아공 대학 교직원 (N=71)	1개의 문화 간 심리적 자본 훈련 세션					+	문화 지능 개선은 55명의 참가자를 대상으로 한 하위 표본에서 교육을 받은 후 1개월까지 유지되었음.

* 관계는 특별한 언급이 없는 한 회귀 계수를 나타낸다. 다양한 연구들이 다양한 인구통계학적 변수를 통제했다.
+는 정적으로 유의함(p<0.05). -는 부적으로 유의함(p<0.05). mar는 약간 유의함(p<0.10).
ns는 유의하지 않음.
빈 칸은 원래 논문에서 관계가 검정되지 않았거나 보고되지 않았음을 나타낸다.

대학에서 실시하는 교육 프로그램은 일반적으로 강의, 사례, 역할놀이로 구성된다. 이러한 교육 프로그램은 길이와 형식이 다양하며, 하나 이상의 CQS 차원을 개선하는 것으로 밝혀졌다. 하지스와 그 동료(Hodges et al., 2011)는 학생들이 맞춤형 학습 모듈을 수강한 후 메타 인지적 문화 지능과 인지적 문화 지능만 개선되었음을 발견했다. 아이젠버그와 그 동료(Eisenberg et al., 2013)는 단기 집중 문화 간 교육 프로그램과 장기 문화 간 관리 코스가 모두 학생의 메타 인지적 문화 지능과 인지적 문화 지능을 향상시켰다고 밝혔다. 동기적 문화 지능은 단기 교육 후 감소했지만 장기 프로그램 후에는 두 표본에서 증가하여 일관되지 않은 결과를 보였다. 사전 국제 경험은 훈련 프로그램 이전에는 CQS와 관련이 있었지만 훈련 프로그램 이후에는 CQS와는 관련이 없었으며, 이는 문화 간 관리 코스가 해외 거주를 통해 얻은 지식과 학습 경험을 국제 경험이 적은 학생들에게 제공함으로써 국제 경험이 많은 학생과 적은 학생 간의 격차를 최소화하는 데 도움이 되었음을 시사한다.

렉과 그 동료(Rehg, Gundlach & Grigorian, 2012)는 미국 정부 계약 교육생 집단을 대상으로 두 개의 개별 교육 환경에서 사전 및 사후 설문조사를 실시한 결과, 강의 형식을 사용한 교육이 인지적 문화 지능과 행동적 문화 지능을 크게 향상시켰다고 보고했다. 이 연구 결과는 표본 규모가 작기 때문에 신중하게 해석해야 한다(N=38). 베이커와 델페츠트르(Baker & Delpechitre, 2016)는 고급 영업 코스의 문화 간 훈련 프로그램에 대해 설명했는데, 이 훈련 프로그램은 근본적인 문화적 차이에 관한 전통적인 강의, 짧은 사례, 비디오 사례, 그리고 문화 간 구매자–판매자 상호작용에 대한 여러 개별적인 역할놀이 시뮬레이션으로 구성되었다. 학생 집단을 대상으로 한 연구 결과, 훈련 프로그램 후 CQS의 네 가지 하위 차원이 모두 향상되었으며 역할놀이 수행 점수도 향상되었다. 램지와 로렌츠(Ramsey & Lorenz, 2016)는 강의, 사례 토론, 시사 토론으로 구성된 16주간의 문화 간 관리 코스의 효과를 연구했다. 이 코스를 수강한 MBA 학생들은 집합 CQS가 개선된 반면, 기업가 코스를 수강한 대조군 MBA 학생들은 이러한 개선이 나타나지 않았다. 또한, CQS가 향상된 학생들은 그렇지 않은 학생들보다 이 코스에 대한 만족도가 더 높았다. 라이카드와 그 동료(Reichard, Dollwet & Louw-Potgieter, 2014)는 남아프리카의 대학 교직원 집단을 대상으로 문화 간 효능감, 희망, 낙관주의, 회복탄력성을 높이기 위해 고안된 2시간의 교실 훈련을 제공했으며, 이러한 문화 간 심리적 자본 교육이 참가자들의 집합 CQS를 높였으며 훈련 후 한 달이 지나도 그 효과가 유지된다는 것을 발견했다. 이와 대조적으로 피셔(Fischer, 2011)는 대학생을 대상으로 6개의 강의, 1개의 시뮬레이션 게임, 1개의 행동 수정 세션으로 구성된 짧은 문화 간 훈련 개입의 예상치 못한 효과를 보고했다. 연구 결과에 따르면, 메타 인지적 문화 지능과 인지적 문화 지능 모두 감소했다. 이러한 결과는 학생들이 문화적 차이에 대해 얼마나 잘 알지 못했는지를 깨닫고 무의식적 무능력에서 의식적 무능력으로 발전한 결과일 수 있다.

일부 연구에서는 참가자에게 특정 교육 프로그램을 제공하지 않고 대신 주재원에게 출국 전 문화 간 훈련을 얼마나 받았는지 보고하도록 했다. 문과 그 동료(Moon et al., 2012)는 한국인 주재원을 대상으로 연구한 결과, 출국 전 문화 간 훈련의 포괄성은 CQS의 네 가지 측면 모두와 정적인 관련이 있었지만, 훈련 기간은 인지적 문화 지능과 약간만 정적인 관련이 있었다고 밝혔다. 굽타와 그 동료(Gupta et al., 2013)의 연구에 따르면 집중적인 문화 간 훈련을 받은 인도 주재원은 기본적인 또는 훈련을 받지 않은 주재원에 비해 정서적 차원(Earley & Mosakowski, 2004)만 더 높은 것으로 나타났다. 이는 얼리와 피터슨(Earley & Peterson, 2004)이 주장한 바와 같이, 전통적인 문화 간 훈련은 개인이 하나의 새로운 문화에서 일할 수 있도록 준비시키는 데 초점을 맞추기 때문에 여러 국경을 넘나드는 능력을 개발하는 데 한계가 있기 때문일 수 있다. 또한, 기업마다 출국전 훈련 프로그램의 구체적인 내용과 형식에 상당한 차이가 있을 수 있기 때문에 어떤 종류의 지식이나 기술 교육이 실제로 해외 주재원들의 문화 지능에 영향을 미치는지가 명확하지 않았다.

여기서 검토한 대부분의 훈련 프로그램은 문화 일반적인 요소와 특수적인 요소를 모두 다루는 강의와 실습의 조합으로 이루어져 있으며, 교육 방식에 따라 CQS의 각 측면에 미치는 영향이 다를 수 있다. 인지 발달과 메타 인지 발달은 지식 구조와 문화적 스키마의 체계적인 차이를 제시함으로써 더 잘 발달할 수 있으며, 효과적인 행동은 행동 기술을 연습함으로써 개발될 수 있다. 굿먼(Goodman, 2012)은 기업에 문화 지능을 심어주기 위해 고도로 맞춤화된 문화 간 교육과정, 가상 교육, 글로벌 리더십 프로그램, 국제 팀 구축 연습, 지식 관리 시스템 등 다양한 형식으로 교육을 실시할 수 있다고 권고했다. 단 한 번의 세미나로는 효과적인 문화적 역량을 개발할 수 없으며, 일련의 세미나와 함께 추가 프로젝트 및 강화를 위한 개입이 필요하다는 것은 분명해 보인다.

5.4
경험 학습 프로그램

경험 학습(Kolb, 1984)은 정보만을 전달하는 방식에 비해 직접 경험하고 성찰하는 것이 지식 구축에 더 효과적이라는 것을 입증한 접근법이다. 경험 학습의 요소는 종종 공식 훈련 프로그램에 포함되어 있다. 경험 학습의 효과에 관한 검토에서 우리는 여러 가지 접근법을 살펴보고 그 결과를 〈표 5.4〉에 제시했다.

다문화 환경에 대한 노출의 효과에 대해서는 혼합된 증거가 있다. 일부 연구에서는 단순히 문화 시뮬레이션 게임을 실행하거나 오랜 시간 다문화 환경에서 근무하는 것만으로도 메타 인지적 문화 지능, 동기적 문화 지능, 행동적 문화 지능이 향상되는 것으로 나타났지만(Bucker & Korzilius, 2015; Pless, Maak, & Stahl, 2011; Shokef & Erez, 2008; Taras et al., 2013), 다른 연구에서는 그러한 효과가 발견되지 않았다(Eisenberg et al., 2013, 실험 2). 또한, 우리가 검토한 대부분의 연구는 구조화된 학습 프로그램에 경험 학습을 포함했기 때문에 경험 학습의 순수한 효과를 부분적으로 구분하기가 더 어려웠다. 예를 들어, 맥냅(MacNab, 2012)은 경영 교육 참가자들이 잘 알지 못하는 문화 집단을 선택하여 의미 있는 집중적(2시간 이상) 접촉을 하도록 하는 8주간의 문화 지능 경험 교육과정을 설계했다. 그런 다음 참가자들은 소감문을 작성하고 소집단을 이루어 학습 내용에 관해 논의했다. 새로운 문화 접촉 경험을 한 후 참가자들의 메타 인지적 문화 지능, 동기적 문화 지능, 행동적 문화 지능이 크게 향상되었다.

〈표 5.4〉 경험학습과 문화 지능

저자	표본	IV	메타 인지적 문화 지능
Bücker & Korzilius (2015)	프랑스와 네덜란드 대학 생(N=66)	시뮬레이션 게임	+
Eisenberg et al. (2013)	호주와 러시아의 MBA 학생(N=35)	3wn 동안 문화적 다양한 팀에서 집중적으로 근무	ns
Engle & Crowne (2014)	미국 학생(N=105)	현지인 대상 지역사회 서비스 제공 해외 프로그램(여행 전 1일 준 비, 지상 프로그램 6~11일)	+
Erez et al. (2013)	다양한 문화적 배경을 가진 학생(N=1,221 학생, 312 다문화 팀)	가상 다문화 팀에서 근무 경험	
		가상 다문화 팀에서 근무 경험, 팀 신뢰	
Fischer (2011)	다양한 문화적 배경을 가진 학생(N=42)	상호문화 훈련 (강의와 경험학습 결합)	-mar
Holtbrügge & Engehard (2016)	다양한 문화적 배경을 가진 학생(N=901)	상호문화 훈련, 개방성	ns
		해외로 나가려는 내재적 동기	+
		문화적 경계 범위	+
Li et al. (2013)	국제 임원진과 MBA 학생	국제 근무 경험 기간, 발산적 경험학습 스타일	+
MacNab (2012)	다양한 문화적 배경을 가진 학생(N=373)	8주 경험학습 프로그램	+
Richard, Serrano, Condren, Wilder, Dollwet & Wang (2015)	미국 직원(N=130)	사회 인지적 자원과 문화 적 계기 사건 시뮬레이션 을 결합한 문화 간 훈련 프로그램	+
Rosenblatt et al. (2013)	학생과 교수(N=212)	최적의 문화적 접촉 (직접 효과)	ns
		기대 불일치	+
Shokef & Erez (2009)	5개 국가의 MBA 학생	가상 다문화 팀에서 활동 경험	+
Taras et al. (2013)	다양한 문화적 배경을 가진 학생(N=3,355)	가상 다문화 팀에서 활동 경험	
Varela & Galtin-Watts (2014)	미국 학생(N=86)	해외 교환 학생 프로그램 (여름 학기 또는 학기 중 단기)	+
Wood & St. Peters (2014)	미국 MBA 학생(N=42)	해외 여행(11~12일)	+

* +는 정적으로 유의함(p<0.05). -는 부적으로 유의함(p<0.05). mar는 약간 유의함(p<0.10).
ns는 유의하지 않음.
빈 칸은 원래 논문에서 관계가 검정되지 않았거나 보고되지 않았음을 나타낸다.

DV				비고
인지적 문화 지능	동기적 문화 지능	행동적 문화 지능	집합 CQS	
ns	+	+	+	실험군은 대조군(네덜란드 학생 15명)보다 메타 인지적 문화 지능과 집합 CQS에서만 커다란 증가가 있었음.
ns	ns	ns		
+	+	+		
			+	
			+	
-	ns	ns		11문항의 단축형 버전으로 문화 지능을 측정함.
ns	+	ns		
+	+	+		
+	+	+		
+	+	+	+	
	+	+		
ns	ns	+	+	
ns	ns	ns		최적의 문화적 접촉은 기대 불일치의 매개효과를 통 해 CQS의 4개 하위 척도 모두와 간접적으로 관련이
+	+	+		있었음
	+	+		
	+			
+	ns	ns		12ro 문항의 단축형 버전을 사용하여 문화 지능을 측정하였음.
+	+	+mar		

맥냅과 그 동료(MacNab, Brislin, & Worthley, 2012; MacNab & Worthley, 2012)는 최적의 문화적 접촉을 위한 일반적인 자기 효능감과 상황적 요건(동등한 지위, 공통 기반, 개별 접촉, 권위 지원)이 이러한 문화 지능의 발달 및 학습과 정적인 관련이 있지만, 정작 해외여행 경험, 업무 경험, 관리 경험과 같은 여타의 개인적 특성은 문화 지능 학습과 관련이 없다는 것을 추가로 발견했다. 엥글과 크라운(Engle & Crowne, 2014)은 미국 대학생 집단을 대상으로 라틴 아메리카 국가로의 단기 여행 전후의 문화 지능 변화를 연구했는데, 여기에는 여행 전 하루 동안 해당 국가에 관한 지식 준비가 포함되었다. 해외여행의 주요 목적은 학생들이 법률, 비즈니스, 의료 서비스 등 다양한 서비스를 호스트 국가 국민에게 제공하는 것이었으며, 학생들은 현지인들과 함께 일하고 생활하는 집중적인 경험을 했다. 단기 프로그램(6~11일) 후 학생들의 메타 인지적 문화 지능, 인지적 문화 지능, 동기적 문화 지능, 행동적 문화 지능 모두 크게 향상되었다, 반면, 상급 핵심 교육과정 코스에 등록한 대조군은 이러한 측정값에 변화가 없었다. 이와 유사하게 우드와 세인트 피터스(Wood & St. Peters, 2014)는 11~12일간의 미국 외 지역 스터디 투어(study tour)를 마친 MBA 학생들의 문화 지능 변화를 연구했다. 학생들은 기업뿐만 아니라 문화적으로 중요한 유적지를 방문하고, 현지 식당에서 식사하고, 현지인과 교류하는 등 현지 문화를 접할 수 있는 다양한 활동을 했다. 또한, 학생들이 직접 장소를 탐색할 수 있는 기회도 자주 주어졌다. 학생들은 매일 학습, 경험, 문화적 통찰력을 되돌아볼 수 있도록 스터디 투어에 관한 일기를 작성했다. 투어가 끝난 후 학생들의 메타 인지적 문화 지능, 인지적 문화 지능, 동기적 문화 지능이 향상된 것으로 나타났다.

바렐라와 개트린-왓츠(Varela & Gatlin-Watts, 2014)는 캐나다 퀘벡이나 멕시코에서 교환 학생 프로그램에 참여한 미국 학생 집단의 여행 전후 CQS 점수를 비교한 결과, 해외 유학이 메타 인지적 문화 지능과 인지적 문화 지능에는 정적인 영향을 미쳤지만 동기적 문화 지능이나 행동적 문화 지능에는 영향을 미치지 않았다는 사실을 발견했다. 털레야(Tuleja, 2014)는 중국에서 2주간의 몰입 경험을 한 후 글로벌 리더십을 공부하는 MBA 학생 집단이 논문에서 더 성찰적이고 문화적인 마인드를 갖게 되었으며, 이는 CQS로 직접 측정할 수 없는 문화적 메타 인지가 향상되었음을 나타냈다는 사실을 발견했다.

일부 연구에서는 상반된 결과가 나타났다. 앞서 검토한 바와 같이, 피셔(Fischer, 2011)는 강의와 경험 학습 방식을 결합한 짧은 상호 문화 훈련 개입 후 학생들의 메타 인지적 문화 지능과 인지적 문화 지능이 모두 감소했다고 보고했다. 아이젠버그와 그 동료(Eisenberg et al., 2013, 실험 2)는 문화 간 관리와 관련된 학문적 내용 없이 3주간 집중적으로 다문화 팀워크에 참여한 학생 집단은 CQS의 모든 하위 차원이 향상되지 않았으며, 이는 상호문화 경험 자체가 문화 지능의 발달로 자동으로 이어지지 않는다는 것을 시사한다.

문헌에서 일관되지 않은 결과는 일부 성격 및/또는 상황 요인이 경험을 통한 학습의 효과에 영향을 미쳤을 수 있음을 시사한다. 피셔(Fischer, 2011)는 자신의 연구에서 교육이 동기적 문화 지능에 미치는 영향이 유의미하지 않은 것은 아마도 성격의 조절 효과 때문일 수 있으며, 개방성이 높은 사람들의 경우 교육 후 동기적 문화 지능이 더 높아졌다고 제안했다. 리와 그 동료(Li et al., 2013)는 경험 학습 스타일이 문화 지능 발달에 미치는 영향에 초점을 맞췄다. 이들은 구체적인 경험과 반성적 관찰을 강조하는 발산적 학습 스타일이 CQS의 네 가지 양상을 모두 발달시키는 데 도움이 되는 반면, 다른 학습 스타일(수용적, 동화적, 수렴적 스타일)은 CQS의 한두 가지 양상만 개선하는 데 강점이 있어 도움이 덜 된다고 주장했다. 연구팀은 중국과 아일랜드의 국제 임원 및 MBA 학생을 대상으로 표본을 추출한 결과, 국제 임원들이 다른 세 가지 유형의 학습 스타일이 아닌 발산적 학습 스타일을 가졌을 때 해외 경험과 CQS의 모든 하위 척도와 집합 CQS 간의 정적인 관계가 강화된다는 사실을 발견했다. 다른 연구자들(Holtbrugge & Engelhard, 2016)은 해외 진출 동기가 문화적 경계를 넘나드는 활동을 통해 문화 지능 발달에 어떤 영향을 미치는지를 연구했다. 자기 결정 이론에 근거하여 동기가 내재적이거나 자율적일 때(예: 외국어와 문화를 배우고, 대도시의 정취를 즐기고, 명성이 높은 대학에서 수업을 듣는 것) 학생들은 문화적 경계를 넘나드는 활동(예: 호스트 국가와 협력)에 참여할 가능성이 높으며, 이는 결과적으로 문화 지능 발달을 촉진한다고 주장했다. 반면, 동기가 외부적으로 통제된 경우(예: 친구나 배우자와 함께 가기, 이력서 향상 등)에는 학생들이 호스트 국가와 교류하는 데 시간을 할애할 가능성이 낮기 때문에 이러한 경험을 통해 새로운 문화적 관점을 배울 기회를 놓칠 수 있다. 해외에서 공부한 학생 집단을 대상으로 연구한 결과, 문화적 경계를 넘나드는 활동이 문화/지역 관련 동기 및 대학 관련 동기(본질적으로 자율적인 동기)와 CQS의 네 가지 하위 척도 사이의 정적인 관계를 매개한다는 증거를 발견했다.

사람들이 문화 간 상호작용에 참여하는 정도 및/또는 그들의 기대에 대한 부당성 입증을 경험하는 정도 역시 문화 지능의 발달에 영향을 미친다. 라이샤드와 그 동료(Reichard et al., 2015)는 문화적 계기 이벤트(cultural trigger events)에 참여하는 것이 문화 지능을 발달시키는 데 어떻게 도움이 되는지를 탐구했다. 연구진은 주제 분석(thematic analysis)을 통해 문화적 계기 이벤트에서 학습하는 과정을 묘사하는 이론적 모델을 개발했다. 근본적으로 다른 규범을 가진 문화적으로 새로운 상황은 개인의 관점을 넓혀주며, 이러한 효과는 개인의 참여 수준에 의해 매개된다. 단순한 관찰과 같은 낮은 수준의 행동에 비해 이벤트에서 통합과 변화와 같은 높은 수준의 행동에 참여하는 개인은 더 높은 수준의 문화적 역량을 개발한다. 사회적(예: 친구) 및 인지적(예: 언어 능력) 자원이 참여 수준을 결정하는 데, 더 많은 자원이 개인이 더 높은 수준의 행동에 참여하도록 돕기 때문이다. 연구진은 이론적 모델에 근거하여 직원을 위한 사회적·인지적 자원 훈련과 문화적 계기 이벤트 시뮬레이션을 결합한 훈련 프로그램을 개발했다. 이 훈련 프로그램은 성찰과 소집단 토론으로 구성되었다. 그 결과 메타 인지적 문화 지능, 행동적 문화 지능과 집합 CQS가 증가하고 자문화중심주의가 감소한 것으로 나타났다. 로젠블래트와 그 동료(Rosenblatt, Worthley & MacNab, 2013)은 사람들 간의 동등한 지위, 공동의 목표, 개인화된 접촉, 당국의 지원과 같은 최적의 조건을 갖춘 다문화 접촉이 문화 지능의 향상으로 자동적으로 이어지지는 않는다는 사실을 추가로 입증했다. 발달이 일어나기 위해서는 참가자들이 자신의 기대에 대한 불신을 경험하는 것이 중요했다. 연구진은 가설과 일관되게 최적의 문화적 접촉은 기대 불확증(expectancy disconfirmation)의 매개 효과를 통해 CQS의 네 가지 하위 척도 모두와 간접적으로만 관련이 있다는 사실을 발견했다.

상황 요인도 문화 지능의 발달을 촉진하거나 방해할 수 있다. 발레라와 개트린-왓츠(Varela & Gatlin-Watts, 2014)는 여행 전 메타 인지적 문화 지능 수준이 높았던 사람들의 경우 본국과 호스트 국가 간의 문화적 거리가 짧고 노출 시간이 짧을수록 메타 인지적 문화 지능 향상에 더 유리한 것으로 나타나는 등 문화적 거리와 체류 시간이 메타 인지적 문화 지능의 발달에 미치는 조절 역할을 발견했다. 에레즈와 그 동료(Erez et al., 2013)는 4주 동안 가상 다문화 팀에서 일한 후 참가자들의 집합 CQS의 변화를 보고했다. 이 팀 프로젝트는 협업적 경험 학습의 원칙에 따라 참가자들에게 문화적으로 다른 타인과 상호작용하는 구체적인 경험을 제공하고, 관찰과 학습을 성찰하고, 의미를 개념화하고 새로운 통찰을 도출하며, 프로젝트 과정에서 행동 변화를 실행할 수 있는 기회를 제공했다. 312개의 가상 다문화 팀을 대상으로 한 결과, 시간이 지남에 따라 집합 CQS와 글로벌 정체성이 크게 향상되었으며, 프로젝트 종료 후 6개월 동안 그 효과가 지속된 것으로 나타났다. 팀원들은 팀에 대한 신뢰도가 높을수록 집합 CQS와 글로벌 정체성이 더 크게 향상되었다고 응답했으며, 이는 안전한 팀 환경이 경험 학습 결과와 개인의 문화 지능 발달에 긍정적인 영향을 미친다는 것을 나타낸다. 이 결과는 다문화 팀에서 일한 경험이 항상 문화 지능을 높이는 것은 아니라는 것을 나타낸다. 팀원들 간의 상호작용을 통해 심리적으로 안전한 환경에서 구성원들이 자신의 경험을 성찰하고 배울 수 있는 기회를 제공했을 때만 긍정적인 효과가 관찰되었다.

5.5
요약

요약하면, 새로운 경험을 추구하고 복잡한 환경을 관리하도록 장려하는 이전의 국제 경험과 성격 특질, 기술은 문화 지능과 긍정적인 관련이 있다. 이러한 결과는 문화 간 역량에 관한 광범위한 문헌의 결과와 일치한다. 예를 들어, 윌슨과 그 동료(Wilson, Ward & Fischer, 2013)는 메타 분석을 통해 이전의 문화 간 경험, 거주 기간, 호스트 국가와의 접촉, 언어 숙달이 1장에서 검토한 사회문화적 적응 척도로 평가한 더 높은 문화 간 역량과 관련이 있음을 밝혀냈다. 사회문화적 적응은 모든 빅5 성격 특질과도 관련이 있었지만, 그 패턴은 문화 지능을 가진 사람들과는 다른 것으로 나타났다. 특히 신경증(반대로 정서적 안정감)은 문화 지능보다 사회문화적 적응과 더 큰 상관관계가 있는 것으로 나타났는데, 이는 신경증이 문화 간 역량의 행동적 측면과 더 관련이 있음을 시사할 수 있다. 이러한 경험적 결과에도 불구하고 성격 특질과 문화 간 역량, 특히 문화 지능 사이의 이론적 연관성은 더 많은 발전이 필요하다(Wilson et al., 2013). 개인과 환경 간의 상호작용을 설명하는 이론은 어느 정도 기초를 제공할 수 있다. 예를 들어, 일부 학자(Van der Zee & Van Oudenhoven, 2013)는 다문화 성격 특질을 스트레스 관련 특질과 사회 지각 특질로 분류했다. 전자의 특질은 위협 인식을 낮추고, 문화 충격으로부터 사람들을 보호하며, 자신의 문화에 집착하지 않도록 돕지만, 후자의 특질은 문화 학습과 새로운 문화에 대한 동일시 등 상호문화 상황에서의 도전에 대한 긍정적인 반응을 촉진하는 데 도움이 된다. 따라서 두 가지 특질은 모두 상호문화적인 성공을 증가시킨다. 비슷한 맥락에서, 향후 문화 지능 발달에 대한 이론적 연구는 문화적 학습에 도움이 되는 성격 특질에 관한 것이어야만 한다.

문화 지능 훈련 측면에서 공식 교육과 경험 학습 모두 몇 가지 예외를 제외하고는 긍정적인 효과를 보였으며, CQS의 네 가지 하위 차원에 미치는 영향은 일관되지 않았다. 연구 설계의 특성으로 인해 결과에서 명확한 결론을 도출하기가 더 어렵다. 첫째, 대부분 프로그램이 문화적 지식과 경험 학습 요소를 혼합했기 때문에 다양한 교육 모델의 효과를 부분적으로 구분하기 어려웠다. 둘째, 많은 연구에서 훈련 전후 CQ 설문조사를 실시했지만, 대조군이나 무작위 배정이 없는 유사 실험적 반복 측정 설계를 사용했기 때문에 훈련과 문화 지능 변화 사이의 인과 관계를 도출하는 데 한계가 있었다 (Raver & Van Dyne, 2018). 향후 연구에서는 이러한 방법론적 약점을 보완해야 한다.

학생들이 의미 있고 중요하다고 생각하는 프로그램에 포함된 문화 간 훈련에 대한 경험적 접근법은 학생들이 직면하고 있는 문화 간 상황에 맞는 전략과 다른 문화 간 환경에서 유용할 수 있는 메타 인지 전략을 개발하도록 하는 데 더 효과적인 것으로 보인다 (Mosakowski, Calic & Earley, 2013). 경험 교육에 참여하기 전에 평가된 참가자의 CQS가 이후 CQS 발달과 부적인 상관관계를 보인 경우도 있었는데, 이는 문화 간 훈련과 교육이 경험 평형 장치(experience equalizers) 역할을 하여 문화적으로 역량이 부족한 학생이 역량이 높은 동료를 따라잡을 수 있게 해줄 수 있음을 시사한다(Rosenblatt et al., 2013). 하지만 위에서 검토한 여러 연구에서 밝혀진 바와 같이,

현지 문화 활동에 깊이 참여하거나 그러한 활동과 선입견 그리고 기대에 대해 성찰해야만 문화 지능을 향상시킬 수 있는 것으로 밝혀진 것처럼 모든 문화 간 경험이 자동으로 문화 지능으로 이어지는 것은 아니다. 마찬가지로 다른 연구자들(Gertsen & Soderberg, 2010)도 주재원들의 상호문화 경험에서 중요한 사건들이 그들의 기존 이해에 도전하고 새로운 방식으로 문화적 만남을 성찰하고 대처하게 만든다고 지적했다. 일부 학자(Ng, Van Dyne & Ang, 2009)는 리더가 국제 업무 배정 경험을 글로벌 리더십 개발에 중요한 학습 성과로 전환하는 방법에 초점을 맞춘 프로세스 모델을 개발했다. 조절 변인으로서 문화 지능은 국제 업무를 수행하는 개인이 경험 학습의 4단계(경험, 성찰, 개념화, 실험)에 적극적으로 참여할 가능성을 높일 수 있으며, 피드백 루프를 통해 국제 업무에서 긍정적인 학습 결과를 얻은 개인은 이후 문화 지능을 강화할 가능성이 더 크다. 이론적 프레임워크와 경험적 결과는 모두 문화 지능을 개발하는 데 있어 적극적인 참여와 학습의 중요한 효과를 뒷받침한다. 이러한 연구들은 조절 변인, 즉 경험 학습에서 문화 지능 발달을 촉진하거나 방해하는 개인적 및/또는 상황적 요인을 조사하는 것이 유망한 방향이 될 것임을 시사한다.

Adair, W. L., Buchan, N. R., Chen, X.-P., & Liu, D. (2016). A model of communication context and measure of context dependence. *Academy of Management Discoveries*, 2, 198-217.

Ang, S., & Van Dyne, L. (2008). Concepualization of cultural intelligence: Definition, distinc-tiveness, and nomological network. In S. Ang & L. Van Dyne (Eds.), *Handbook of cultural intelligence: Theory, measurement, and applications* (pp. 3-15). Armonk, NY: ME Sharpe.

Ang, S., Van Dyne, L., & Koh, C. (2006). Personality correlates of the four-factor model of cultural intelligence. *Group and Organization Management*, 31, 100-123.

Baker, D. S., & Delpechitre, D. (2016). An innovative approach to teaching cultural intelligence in personal selling. *Journal for Advancement of Marketing Education*, 24, 78-87.

Black, J. S., & Mendenhall, M. (1990). Cross-cultural training effectiveness: A review and a theoretical framework for future research. *Academy of Management Review*, 15, 113-136.

Brislin, R. W. (1986). The wording and translation of research instruments. In W. J. Lonner & J. W. Berry (Eds.), *Field methods in cross-cultural research* (Vol. 8, pp. 137-164). Beverly Hills, CA: Sage.

Brislin, R. W., & Horvath, A.-M. (1997). Cross cultural training and multinational education. In M. H. Segall & C. Kagitgibasi (Eds.), *Handbook of cross cultural psychology (Vol. 3, Social and Behavioral Applications,* (pp. 427-369). Boston: MT: Allyn & Bacon.

Bucker, J., & Korzilius, H. (2015). Developing cultural intelligence: Assessing the effect of the Ecotonos cultural simulation game for international business students. *International Journal of Human Resource Management, 26*, 1995–2014.

Crowne, K. A. (2008). What leads to cultural intelligence? *Business Horizons, 51*, 391–399.

Crowne, K. A. (2012). Cultural exposure, emotional intelligence, and cultural intelligence: An exploratory study. *International Journal of Cross Cultural Management, 13*, 5–22.

Earley, P. C., & Mosakowski, E. (2004). *Cultural intelligence.* Harvard Business Review, October, 139–146.

Earley, P. C., & Peterson, R. S. (2004). The elusive cultural chameleon: Cultural intelligence as a new approach to intercultural training for the global manager. *Academy of Management Learning and Education, 3*, 100–115.

Eisenberg, J., Lee, H.-J., Bruck, F., Brenner, B., Claes, M., Mironski, J., et al. (2013). Can business schools make students culturally competent? Effects of cross-cultural management courses on cultural intelligence. *Academy of Management Learning & Education, 12*, 603–621.

Engle, R. L., & Crowne, K. A. (2014). The impact of international experience on cultural intelli-gence: An application of contact theory in a structured short-term programme. *Human Resource Development International, 17*, 30–46.

Engle, R. L., & Nehrt, C. C. (2012). Antecedents of cultural intelligence: The role of risk, control, and openness in France and the United States. *Journal of Management Policy and Practice, 13*, 35W.

Erez, M., Lisak, A., Harush, R., Glikson, E., Nouri, R., & Shokef, E. (2013). Going global: Developing management students' cultural intelligence and global identity in culturally diverse virtual teams. *Academy of Management Learning & Education, 12*, 303–355.

Fischer, R. (2011). Cross-cultural training effects on cultural essentialism beliefs and cultural intelligence. *International Journal of Intercultural Relations,*

35, 767–775.

Gertsen, M. C., & S0derberg, A.-M. (2010). Expatriate stories about cultural encounters–A narrative approach to cultural learning processes in multinational companies. *Scandinavian Journal of Management*, 26, 248–257.

Goodman, N. (2012). Training for cultural competence. *Industrial and Commercial Training*, 44, 47–50.

Gupta, B., Singh, D., Jandhyala, K., & Bhatt, S. (2013). Self-monitoring, cultural training and prior international work experience as predictors of cultural intelligence: A study of Indian expatriates. *Organizations and Markets in Emerging Economies*, 4, 56–71.

Hodges, N., Watchravesringkan, K., Karpova, E., Hegland, J., O'Neal, G., & Kadolph, S. (2011). Collaborative development of textile and apparel curriculum designed to foster students' global competence. *Family and Consumer Sciences Research Journal*, 39, 325–338.

Holtbrugge, D., & Engelhard, F. (2016). Study abroad programs: Individual motivations, cultural intelligence, and the mediating role of cultural boundary spanning. *Academy of Management Learning & Education*, 15, 435–455.

Kolb, D. A. (1984). *Experiential learning: Experience as a source of learning and development*. Englewood Cliffs, NJ: Prentice-Hall.

Lee, Y.-T., Masuda, A., Fu, X., & Reiche, S. (2018). Navigating between home, host, and global: Consequences of multicultural team members' identity configurations. *Academy of Management Discoveries*, 2, 180–201.

Li, M., Mobley, W. H., & Kelly, A. (2013). When do global leaders learn best to develop cultural intelligence? An investigation of the moderating role of experiential learning style. *Academy of Management Learning & Education*, 12, 32–50.

MacNab, B. R. (2012). An experiential approach to cultural intelligence education. *Journal of Management Education*, 36, 66-94.

MacNab, B. R., Brislin, R., & Worthley, R. (2012). Experiential cultural intelligence development: Context and individual attributes. *International Journal of Human Resource Management*, 23, 1320-1341.

MacNab, B. R., & Worthley, R. (2012). Individual characteristics as predictors of cultural intel-ligence development: The relevance of self-efficacy. *International Journal of Intercultural Relations*, 36, 62-71.

Moon, H. K., Choi, B. K., & Jung, J. S. (2012). Previous international experience, cross-cultural training, and expatriates' cross-cultural adjustment: Effects of cultural intelligence and goal orientation. *Human Resource Development Quarterly*, 23, 285-330.

Moon, H. K., Choi, B. K., & Jung, J. S. (2013). Comprehensive examination on antecedents of cultural intelligence: Case of South Korea. *Personnel Review, 42*, 440-465.

Mosakowski, E., Calic, G., & Earley, P. C. (2013). Cultures as learning laboratories: What makes some more effective than others? *Academy of Management Learning & Education*, 12, 512-526.

Ng, K. Y., & Earley, C. P. (2006). Culture + Intelligence: Old constructs, new frontiers. *Group and Organization Management*, 31, 4-19.

Ng, K. Y., Van Dyne, L., & Ang, S. (2009). From experience to experiential learning: Cultural intelligence as a learning capability for global leader development. *Academy of Management Learning & Education*, 8, 511-526.

Pless, N. M., Maak, T., & Stahl, G. K. (2011). Developing responsible global leaders through international service-learning programs: The Ulysses experience. *Academy of Management Learning & Education*, 10, 237-260.

Presbitero, A. (2016). Cultural intelligence (CQ) in virtual, cross-cultural interactions: General-izability of measure and links to personality dimensions and task performance. *International Journal of Intercultural Relations*, 50, 29-38.

Ramsey, J. R., & Lorenz, M. P. (2016). Exploring the impact of cross-cultural management education on cultural intelligence, student satisfaction, and commitment. *Academy of Management Learning & Education*, 15, 79-99.

Raver, J. L., & Van Dyne, L. (2018). Developing cultural intelligence. In K. G. Brown (Ed.), *The Cambridge handbook of workplace training and employee development* (pp. 407-440). New York, NY: Cambridge University Press.

Rehg, M. T., Gundlach, M. J., & Grigorian, R. A. (2012). Examining the influence of cross-cultural training on cultural intelligence and specific self-efficacy. *Cross Cultural Management*, 19, 215232.

Reichard, R. J., Dollwet, M., & Louw-Potgieter, J. (2014). Development of cross-cultural psy-chological capital and its relationship with cultural intelligence and ethnocentrism. *Journal of Leadership & Organizational Studies*, 21, 150-164.

Reichard, R. J., Serrano, S. A., Condren, M., Wilder, N., Dollwet, M., & Wang, W. (2015). Engagement in cultural trigger events in the development of cultural competence. *Academy of Management Learning and Education*, 14, 461-481.

Rosenblatt, V., Worthley, R., & MacNab, B. R. (2013). From contact to development in experiential cultural intelligence education: The mediating influence of expectancy disconfirmation. *Academy of Management Learning & Education*, 12, 356-379.

Shannon, L. M., & Begley, T. M. (2008). Antecedents of the four-factor model of cultural intelligence. In S. Ang & L. Van Dyne (Eds.), *Handbook of cultural intelligence: Theory, measurement, and applications* (pp. 41-55). Armonk, NY: ME Sharpe.

Shokef, E., & Erez, M. (2008). Cultural intelligence and global identity in multicultural teams. In S. Ang & L. Van Dyne (Eds.), *Handbook of cultural intelligence: Theory, measurement, and applications* (pp. 177-191). Armonk, NY: ME Sharpe.

Story, J. S. P., Barbuto, J. E., Jr., Luthans, F., & Bovaird, J. A. (2014). Meeting the challenges of effective international HRM: Analysis of the antecedents of global mindset. *Human Resource Management*, 53, 131-155.

Taras, V., Caprar, D. V., Rottig, D., Sarala, R. M., Zakaria, N., Zhao, F., et al. (2013). A global classroom? Evaluating the effectiveness of global virtual collaboration as a teaching tool in management education. *Academy of Management Learning & Education*, 12, 414-435.

Tarique, I., & Takeuchi, R. (2008). Developing cultural intelligence: The roles of international nonwork experience. In S. Ang & L. Van Dyne (Eds.), *Handbook of cultural intelligence: Theory, measurement, and applications* (pp. 56-70). Armonk, NY: ME Sharpe.

Tay, C., Westman, M., & Chia, A. (2008). Antecedents and consequences of cultural intelligence among short-term business travelers. In S. Ang & L. Van Dyne (Eds.), *Handbook of cultural intelligence: Theory, measurement, and applications* (pp. 126-144). Armonk, NY: ME Sharpe.

Thomas, D. C., Liao, Y., Aycan, Z., Cerdin, J.-L., Pekerti, A. A., Ravlin, E. C., et al. (2015). Cultural intelligence: A theory-based, short form measure. *Journal of International Business Studies*, 46, 1099-1118.

Triandis, H. C., & Bhawuk, D. P. S. (1997). Culture theory and the meaning of relatedness. In P. C. Earley & M. Erez (Eds.), *New perspectives on international industrial/organizational psychology* (pp. 13-52). New ork: Jossey-Bass.

Tuleja, E. A. (2014). Developing cultural intelligence for global leadership through mindfulness. *Journal of Teaching in International Business*, 25, 5-24.

Van der Zee, K., & Van Oudenhoven, J. P. (2013). The role of personality as a determinant of intercultural competence. *Journal of Cross-Cultural Psychology*, 44, 928-940.

Varela, O. E., & Gatlin-Watts, R. (2014). The development of the global manager: An empirical study on the role of academic international sojourns. *Academy of Management Learning & Education*, 13, 197-207.

Wilson, J., Ward, C., & Fischer, R. (2013). Beyond culture learning theory: What can personality tell us about cultural competence. *Journal of Cross-Cultural Psychology*, 44, 900-927.

Wood, E. D., & St. Peters, H. Y. Z. (2014). Short-term cross-cultural study tours: impact on cultural intelligence. *The International Journal of Human Resource Management*, 25, 558-570.

Yunlu, D. G., & Clapp-Smith, R. (2014). Metacognition cultural psychological capital and motivational cultural intelligence. *Cross Cultural Management*, 21, 386-399.

6장.
문화 지능의 개인적 · 대인관계적 결과

요약

문화 지능은 다양한 문화 간 또는 다문화 상황에 처한 사람들에게 유익한 것으로 알려져 있다. 이 장에서는 개인 및 대인관계 수준에서 문화 지능과 다양한 결과 사이의 관계를 조사한 연구를 검토한다. 개인 수준에서는 문화적 판단 및 의사 결정, 창의성, 해외 근무 의향, 문화 간 적응, 업무 성과, 글로벌 리더십에 대한 연구를 검토한다. 대인관계 수준에서는 신뢰와 사회적 수용, 창의적 협업, 지식 전이, 갈등과 협상에 관한 연구를 검토한다.

핵심어 판단과 의사결정, 창의성, 문화 간 적응, 직무 수행, 글로벌 리더십, 신뢰, 협업, 지식 전이, 갈등과 협상 문화 지능은 다양한 상호문화적 상황이나 다문화 상황에 처한 사람들에게 도움이 되는 것으로 알려져 있다. 이 장에서는 개인과 대인관계 수준에서 문화 지능과 다양한 결과 사이의 관계를 조사한 연구를 검토한다. 개인 수준에서는 문화적 판단과 의사 결정, 창의성, 해외 근무 의향, 문화 간 적응, 업무 성과, 글로벌 리더십에 대한 연구를 검토한다. 대인관계 수준에서는 신뢰와 사회적 수용, 창의적 협업, 지식 전이, 갈등과 협상에 관한 연구를 검토한다. 우리의 검토 시점에서 단축형 문화 지능 척도(SFCQ)를 사용한 연구는 거의 없었기 때문에 다음 부분에서는 주로 문화 지능 척도(CQS)를 사용한 결과에 초점을 맞춘다. 각 결과에 대해 집합 CQS와 그 네 가지 차원의 효과를 개별적으로 검토한다. 일부 연구는 집합 CQS를 4개나 3개의 1차 요인을 가진 2차 요인으로 취급했다는 사실에 주목하자.

6.1
개인 수준

6.1.1
문화적 판단과 의사 결정, 창의성

문화 지능 수준이 높은 개인은 다른 문화권 사람들의 가정과 행동을 더 정확하게 이해하는 것으로 여겨진다. 따라서 더 적절한 판단을 내리고 상호문화적 상호작용을 더 잘 분석할 수 있으며, 결과적으로 더 나은 결정을 내리고 더 창의적인 해결책을 도출할 수 있을 것이다. 이러한 결과를 조사한 연구에 대한 요약은 〈표 6.1〉에 나와 있다.

〈표 6.1〉 문화 지능, 문화적 판단과 의사결정, 창의성

저자	표본	DV	메타 인지적 문화 지능	인지적 문화 지능	동기적 문화 지능	행동적 문화 지능	집합 CQS	단축형 문화 지능 척도	비고
Ang et al. (2007)	미국 학생 (N=235)	5개의 문화적 의사결정 시나리오 분석	+	+	ns	ns			
	싱가포르 학생 (N=358)	문화 간 사례 분석	+	+	ns	ns			
	다양한 문화적 배경을 가진 국제 관리자(N=98)	문화 간 사례 분석	+	+	ns	ns			
Chua & Ng (2017)	다양한 문화적 배경을 가진 학생 (N=89)	동료가 평가한 창의성	+mar						메타 인지적 문화 지능과 인지적 문화 지능은 3명의 관찰자에 의해 평가되었음. DV에서 인지적 문화 지능과 메타 인지적 문화 지능 간의 중요한 상호작용이 있었음.
Thomas et al. (2015)	여러 나라의 일반인 표본(N=112)	문화 간 상호작용을 위한 인과적 귀인						+	

* 관계는 특별한 언급이 없는 한 회귀 계수를 나타낸다. 다양한 연구들이 다양한 인구통계학적 변수를 통제했다.
+는 정적으로 유의함(p<0.05). -는 부적으로 유의함(p<0.05). mar는 약간 유의함(p<0.10). ns는 유의하지 않음.
빈 칸은 원래 논문에서 관계가 검정되지 않았거나 보고되지 않았음을 나타낸다.

문화 지능과 문화적 판단, 의사 결정 사이의 관계를 조사한 두 가지 연구가 있다. 첫째, 인지적 영역에서 CQS의 두 가지 하위 차원은 문화 간 상호작용에 대한 판단 및 의사 결정과 관련이 있는 것으로 밝혀졌다. CQS를 검증한 초기 연구에서 미국과 싱가포르 학생과 국제 관리자들은 문화 간 상호작용을 설명하는 시나리오를 읽고 각각을 설명하는 최선의 답변을 선택하거나, 문화 간 도전과 관련된 사례를 분석하고 딜레마를 해결하기 위한 전략을 설명했다. 메타 인지적 문화 지능과 인지적 문화 지능이 높은 참가자는 이러한 시나리오를 분석할 때 더 정확한 판단과 결정을 내렸다(Ang et al., 2007, 실험 1과 2).

둘째, 토마스와 그 동료는 문화 지능이 높은 사람들이 문화적으로 다른 타인의 행동에 대해 더 정확한 인과적 귀인을 하는지를 연구했다(Thomas et al., 2015). 연구진은 참가자들에게 문화 간 상호작용을 보여주는 두 개의 비디오를 보여주고 주인공 중 한 사람의 행동에 대한 네 가지 가능한 원인 중 하나를 선택하도록 요청했으며, 참가자들의 단축형 문화 지능 척도(SFCQ) 점수가 정확한 원인을 예측한다는 사실을 발견했다.

문화 지능과 창의성 사이의 관계는 간단하지 않은 것 같다. 추아와 응(Chua & Ng, 2017)은 지나치게 많은 문화적 지식(인지적 문화 지능)은 인지적 과부하와 고착화 때문에 해로울 수 있다고 주장했다. 반면 메타 인지적 문화 지능은 정신적 과정을 더 잘 조절함으로써 이러한 인지적 과부하를 줄이고 문화적 지식과 가정의 한계를 인식하기 때문에 인지적 고착의 효과를 약화시킬 수 있을 것으로 기대된다. 연구팀은 문화 간 문제를 연구하는 학생 집단을 대상으로 메타 인지적 문화 지능이 낮은 개인의 경우에만 메타 인지적 문화 지능과 창의성 사이에 U자형 관계가 있다는 것을 발견했다. 메타 인지적 문화 지능이 높은 개인의 경우 문화적 지식은 창의성에 영향을 미치지 않았다.

6.1.2
해외 근무 의향

문화 지능이 높은 개인은 상호문화적 경험을 더 많이 즐기고 그러한 상황에서 더 자신감 있고 효과적일 것으로 생각된다. 따라서 이들은 해외에서 일할 의향이 더 높을 것으로 예상된다. 허프(Huff, 2013)는 일본에서 근무하는 주재원을 대상으로 연구한 결과 동기적 문화 지능만이 해외 근무를 수락하려는 욕구와 정적인 상관성이 있다는 사실을 발견했다. 렘호프와 그 동료(Remhof, Gunkel & Schlagel, 2013)는 독일 경제학 및 경영학 학부생들을 대상으로 졸업 연도에 해외 취업 의향을 파악하기 위해 설문조사를 실시한 결과, CQS의 네 가지 측면이 모두 해외 취업 의향과 긍정적인 관련이 있다는 것을 발견했다. 또한, 문화적 거리는 메타 인지적 문화 지능과 인지적 문화 지능, 해외 취업 의향 간의 관계를 역방향으로 조절하는 것으로 나타났다. 구체적으로, 메타 인지적 문화 지능과 해외 근무 의향 간의 정적 관계는 약했지만, 본국과 선호 대상 국가 간의 문화적 거리가 클수록 인지적 문화 지능과 해외 근무 의향 간의 정적 관계는 더 강해졌다. 잠재적 취업 대상 국가가 본국과 매우 다를 때 사람들은 더 큰 어려움을 예상하고, 이는 취업 의향에 영향을 미치는 것으로 보인다. 그러나 문화적 거리가 문화 지능의 인지적 영역의 두 가지 측면에 대해 정반대의 조절 효과를 보이는 이유는 명확하지 않다. 이 결과를 조사한 연구에 대한 요약은 〈표 6.2〉에 나와 있다.

〈표 6.2〉 문화 지능과 해외 근무 의도

저자	표본	DV	IV						비고
			메타 인지적 문화 지능	인지적 문화 지능	동기적 문화 지능	행동적 문화 지능	집합 CQS	단축형 문화 지능 척도	
Huff (2013)	일본 내 주재원	다른 나라에서 과업을 수용하려는 욕망	ns	ns	+	ns			
Remhof et al. (2013)	독일 학생 (N=518)	해외에서 근무하려는 의도	+	+	+	+			문화적 거리는 메타 인지적 문화 지능과 해외 근무 의도 간의 관계를 부적으로 조절하였고, 인지적 문화 지능과 해외 근무 의도 간의 관계를 정적으로 조절하였음.

* 관계는 특별한 언급이 없는 한 회귀 계수를 나타낸다. 다양한 연구들이 다양한 인구통계학적 변수를 통제했다.
+는 정적으로 유의함($p<0.05$). -는 부적으로 유의함($p<0.05$). mar는 약간 유의함($p<0.10$). ns는 유의하지 않음.
빈 칸은 원래 논문에서 관계가 검정되지 않았거나 보고되지 않았음을 나타낸다.

6.1.3
문화 간 적응

해외 주재원의 적응은 아마도 문화 지능에 관해 가장 널리 연구된 결과일 것이다. 주재국에 대한 지식을 갖추고, 그러한 지식을 주재국 국민을 이해하는 데 적용할 수 있으며, 주재국 국민과의 의사

문화 지능

소통에 자신감이 있고, 주재국의 요구에 따라 자신의 행동을 유연하게 바꿀 수 있는 주재원이 새로운 문화 환경에 더 쉽게 적응할 수 있다는 논리다. 경험적 증거는 일반적으로 주재원의 문화 지능과 문화 간 적응의 세 가지 영역인 일반적 적응, 상호작용적 적응, 업무적 적응 간의 긍정적인 관계를 뒷받침한다(Shaffer & Miller, 2008). 그러나 동기적 문화 지능만이 여러 연구와 표본에서 일관되게 적응과 관련이 있는 것으로 밝혀졌다. 호스트 문화에 대한 지식과 그러한 지식의 적용이 주재원의 호스트 문화 적응을 촉진해야 한다는 이론적 주장에도 불구하고, 경험 연구는 이를 뒷받침하는 근거가 약했다. 또한, CQS와 적응 간의 관계는 상황에 따라 다르며 여러 개인적, 조직적, 제도적 요인에 의해 조절된다. 이 결과를 조사한 연구에 대한 요약은 〈표 6.3〉에 나와 있다.

문화 간 적응과 가장 강력하고 일관되게 연관된 CQS의 양상은 동기적 문화 지능이다. 여러 연구에 따르면 동기적 문화 지능은 유학생, 주재원, 단기 비즈니스 출장자 표본에서 일반적 적응, 상호작용적 적응, 업무 적응, 심리적 웰빙, 해외 근무 적합성과 정적인 상관성이 있으며, 소진과 심리적 증상과는 부적인 상관성이 있는 것으로 나타났다(Ang et al, 2007; Chen, Kirkman, Kim, Farh, & Tangirala, 2010; Gud- mundsddttir, 2015; Huff, 2013; Huff, Song, & Gresch, 2014; Peng, Van Dyne, & Oh, 2015; Sri Ramalu, Che Rose, Kumar, & Uli, 2010; Tay, Westman, & Chia, 2008; Templer, Tay, & Chandrasekar, 2006; Ward, Wilson, & Fischer, 2011; Wu & Ang, 2011). 다른 문화 지능 양상의 결과는 엇갈리며, 대부분의 효과는 유의미하지 않다. 메타 인지적 문화 지능은 말레이시아 주재원 집단에서

〈표 6.3〉 문화 지능과 문화 간 적응

저자	표본	DV	메타 인지적 문화 지능	인지적 문화 지능	동기적 문화 지능
Ang et al.	미국 학생(N=235)	상호작용적인 적용	ns	ns	+
		웰빙	ns	ns	+
	싱가포르 학생(N=358)	상호작용적인 적용	ns	ns	+
		웰빙	ns	ns	+
	다양한 문화적 배경을 가진 외국 교수(N=103)	자기 평정 국제적 적응	ns	ns	+
		자기 평정 근로 적응	ns	ns	+
		자기 평정 일반적 적응	ns	ns	+
		자기 평정 웰빙	ns	ns	+
		감독자 평정 상호작용적인 적응	ns	ns	+
		감독자 평정 근로 적응	ns	ns	+
Bücker et al. (2014)	중국에서 외국 다국적 기업을 위해 근무하는 중국 관리자(N=225)	불안			
		의사소통			
Chen (2015)	타이완에서 일하는 필리핀 노동자(N=393)	직무 만족도			
		일반적인 적응			
		상호작용적인 적응			
		업무 적응			
Chen et al. (2014)	타이완 내 외국인 유학생 타이완 내 외국인 유학생	일반적인 적응			
		상호작용적인 적응			
Chen et al. (2010)	다양한 문화적 배경을 가진 주재원 (N=556)	업무 적응			+

문화 지능

IV					비고
		행동적 문화 지능	집합 CQS	단축형 문화 지능 척도	
		+			
		+			
		+			
		+			
		+			
		+			
		+			
		+			
		+			
		+			
			-		문화 지능은 4개의 1차 요인을 가진 2차 요인이었음.
			+		
			+		상호문화 훈련에 대한 지각된 효율성은 집합 CQS와 직무 적응 간의 관계를 정적으로 조절하였음.
			+		
			+		
			+		적극적 갈등 관리 스타일은 부적으로, 우호 적 갈등 관리 스타일은 정적으로 일반적인 적응과의 관계를 조절하였음.
			+		적극적 갈등 관리 스타일은 상호작용적인 적응과의 관계를 부적으로 조절하였음.
					보조 지원과 문화적 거리는 업무 적응과의 관계를 부적으로 조절하였음.

2부_6장. 문화 지능의 개인적

저자	표본	결과변수				
Huff (2013)	일본 내 주재원 (N=140)	일반적인 적응	ns	ns	+	
		상호작용적인 적응	ns	ns	+	
		업무 적응	ns	ns	+	
		일본에서 사는 것에 대한 만족도	ns	-	+	
		직무 만족도	+	ns	+	
Stoemer et al. (2018)	한국에 사는 주재원 (N=175)	직무 만족도				
Huff et al. (2014)	일본 내 주재원	일반적인 적응	ns	ns	+	
		상호작용적인 적응	ns	ns	+	
Güðmundsd Óyyir (2015)	미국 내 노르딕 주재원 (N=178)	일반적인 적응	+	ns	+	
		상호작용적인 적응	+	ns	+	
		업무 적응	+	ns	+	
Jyoti & Kour (2015)	인도의 은행 관리자 (N=219)	문화적 적응 (일반적, 상호작용적, 업무 적응)				
Klafehn, Li & Chiu (2013)	미국 내 외국 유학생 (N=50)	사회 문화적 적응	ns			
Konanahalli et al. (2014)	영국 주재원 (N=191)	전반적인 문화 간 적응				
Lee & Sukoco (2010)	타이완 주재원 (N=218) 타이완 주재원 (N=218)	문화적 적응				
		문화적 효율성				
Lee et al. (2014)	중국과 베트남에서 근무하는 타이완 주재원(N=256)	문화적 적응				
		문화적 효율성				
Lin et al. (2012)	타이완 내 외국 유학생 (N=295)	문화 간 적응				

ns			
ns			언어 능력은 인지적 문화 지능과 일반적인 적응과의 관계, 동기적 문화 지능과 상호작용적인 적응의 관계를 부적으로 조절하였음.
ns			
+			
-			
		+	문화적 기술이 직장 내 사회적 배제를 초과할 때 직무 만족도가 증가하였음.
ns			빅5 성격을 통제함.
ns			
ns			
ns			
ns			
	+		문화 지능은 4개의 1차 요인을 가진 2차 요인임.
	+		문화 지능과 문화 간 적응을 이차적인 요인으로 분석함.
	+		문화 지능은 인지적, 동기적, 행동적 양상을 가진 고차적인 요인이었음. 국제 업무경험과 여행 경험은 문화 지능, 문화적 적응, 문화적 효율성 간의 관계를 정적으로 조절하였음.
	+		
	+		
	ns		문화 지능은 인지적, 동기적, 행동적 양상을 가진 고차적인 요인이었음. 거래적인 심리적 접촉은 문화 지능과 문화적 적응 간의 관계를 부적으로 조절했고, 관계적인 심리적 접촉은 정적으로 조정했음.
	+		정서 지능은 문화 지능과 문화 간 적응을 정적으로 조절하였음.

163

연구	표본	변수				
Peng et al. (2015)	미국 학생(N=109)	문화적 웰빙			+	
		동료가 평가한 국외 업무 적합성			+	
Sri Ramalu et al. (2010)	말레이시아 주재원 (N=332)	집합 문화 간 적응				
		일반적인 적응	+	ns	+	
		업무 적응	+	+	+	
Tay et al. (2008)	단기 비즈니스 출장자 (N=491)	소진	-	ns	-	
		스케줄 자율성	+	+	+	
Templer et al. (2006)	싱가포르 국제 전문가 (N=157)	일반적인 적응			+	
		상호작용적인 적응			+	
		업무 적응			+	
Thomas et al. (2015)	호주 내 이민자 (N=162)	사회 문화적인 문화 변용				
	호주 내 외국인 유학생 (N=104)	사회문화적인 적응				
Ward et al. (2011)	외국 유학생 (N=104)	심리적 징후	ns	ns	-	
Wu & Ang (2011)	다양한 문화적 배경을 가진 주재원(N=169)	일반적인 적응	ns	ns	+	
		업무 적응	ns	ns	ns	
		상호작용적인 적응	ns	ns	ns	

* 관계는 특별한 언급이 없는 한 회귀 계수를 나타낸다. 다양한 연구들이 다양한 인구통계학적 변수를 통제했다.
+는 정적으로 유의함(p<0.05). -는 부적으로 유의함(p<0.05). mar는 약간 유의함(p<0.10). ns는 유의하지 않음.
빈 칸은 원래 논문에서 관계가 검정되지 않았거나 보고되지 않았음을 나타낸다.

				문화적 정체성은 문화 지능과 동료가 평가한 국외 업무 적합성을 정적으로 조절하였음.
	-			
	ns			
	-			
	+			CQS에서 비즈니스 출장자와 가장 관련이 많은 8가지 문항을 문화 지능에 사용함. 스케줄 자율성은 CQS 양상과 소진 간의 관계를 매개하였음.
			+	
			+	
	ns			4가지 CQS 양상으로 설명하는 분산의 양은 유의하지 않음.
	ns			
	ns			해외 지원 관행은 메타 인지적 문화 지능과 업무 적응 사이의 관계 및 인지적 문화 지능과 상호작용적인 적응 사이의 관계를 부정적으로 조절함.
	ns			

일반적 적응 및 상호작용적 적응과 정적인 상관관계가 있는 것으로 (Sri Ramalu et al., 2010), 일본 거주 주재원 집단에서 직장 만족도와는 정적인 상관관계가 있는 것으로 나타났지만(Huff, 2013), 소진과는 부적인 상관관계가 있는 것으로 밝혀졌다(Tay et al., 2008). 인지적 문화 지능은 말레이시아 주재원 표본에서 상호작용 적응과만 정적인 상관관계를 보였고(Sri Ramalu et al., 2010), 주재원들의 주재국 생활 만족도와는 예상외로 부적인 상관관계를 보였다(Huff, 2013). 행동적 문화 지능은 일부 연구(Ang et al., 2007; Huff, 2013; Tay et al., 2008)에서는 유익한 것으로 나타났지만, 다른 연구(Huff, 2013; Sri Ramalu et al., 2010)에서는 해로운 것으로 나타났다. 집합 CQS 점수는 주재원과 유학생의 문화적 적응 및 효과성과 정적인 상관성이 있었다(Chen, 2015; Chen, Wu, & Bian, 2014; Jyoti & Kour, 2015; Konanahalli et al, 2014; Lee & Sukoco, 2010; Lee, Veasna, & Sukoco, 2014; Lin, Chen, & Song, 2012; Sri Ramalu eta al., 2010). 또한, 집합 CQS 점수는 호스트 국가 국민들의 불안감 감소, 커뮤니케이션 효과성과 직무 만족도 증가(Bucker, Furrer, Poutsma, & Buyens, 2014)와 관련이 있는 것으로 나타났다.

일부 연구는 CQS로 문화 지능을 측정했지만 데이터 분석에서 4차원 구조를 따르지 않았다. 예를 들어, 일부 연구자(Malek & Budhwar, 2013)는 인지적 문화 지능과 메타 인지적 문화 지능을 결합하여 인식 문화 지능(Awareness CQ)이라는 구인을 만들고, 동기적 문화 지능과 행동적 문화 지능 측정을 결합하여 상호작용 문화 지능(Interaction CQ)이라는 구인을 만들었다. 연구 결과, 인식 문화 지능과 상호작용 문화 지능은 세 가지 적응 차원 모두와 긍정적인 관련이 있는 것으로 나타났다.

단축형 문화 지능 척도(SFCQ)의 결과는 제한적이다. 토마스와 그 동료(Thomas et al., 2015)는 호주에 거주하는 학생과 이민자의 사회문화적 문화 변용 및 적응과 SFCQ 점수가 정적인 상관관계가 있음을 발견했다. 다른 연구자들(Stoermer, Haslberger, Froese & Kraeh, 2018)은 개인-환경 적합성 이론을 사용하여 문화 간 적응을 연구한 결과, 주재원의 문화적 기술이 직장에서의 사회적 배제를 초과할 때 직무 만족도가 증가한다는 사실을 밝혀냈다.

개인적 조절 변수와 상황적 조절 변수는 이론적으로는 간단하지만 경험적으로 일관되지 않은 문화 지능과 문화 간 적응의 관계를 더 자세히 설명할 수 있다(Lee, 2010; Zhang, 2013). 다양한 조절 변수에 대한 조사가 이루어졌지만, 이러한 조절 변수들은 이전 국제 경험, 호스트 국가 언어 능력, 조직 지원, 문화적 거리 등 해외 주재원이 상호문화적인 도전을 처리하는 데 추가적인 자원을 제공(또는 감소)하는 것으로 보인다. 그러나 이러한 결과를 해석하는 것은 이러한 논리만큼 간단하지 않다. 한편으로는 낮은 수준의 호스트 국가 언어 숙달(Huff, 2013), 조직의 적은 지원(Chen et al., 2010; Wu & Ang, 2011), 문화 학습에 참여할 심리적 자원의 부재로 이끄는 강한 문화적 정체성(Peng et al., 2015) 등 어려운 상황에서 문화 지능이 적응을 더 강력하게 예측하는 것으로 나타나 문화 지능이 자원 부족을 보완할 수 있음을 시사하는 연구 결과도 있다. 반면, 일부 연구에서는 주재원이 이전에 해외 근무 및 여행 경험이 있거나(Lee & Sukoco, 2010), 효과적인 상호문화 훈련(Chen, 2015), 많은 사회적·정서적 지지와 관련된 낮은 거래적 또는 높은 관계적 심리적 계약과 같은 추가 자원이 있을 때, 또는 문화적 거리가 크지 않고 작아서 주재원에게 낯선 업무 요구가 덜한 환경(Chen et al., 2010)에서 문화 지능의 효과가 강화되는 것으로 나타났다. 일관되지 않은 경험적 연구 결과는 향후 연구에서 조절 효과에 대한 이론적 논거를 재검토할 필요가 있음을 시사한다.

마지막으로 일부 연구자(Cuadrado, Tabernero & Briones, 2014)는 문화 지능과 적응 스트레스 사이의 기제를 다른 관점에서 조사했다. 이들은 문화 지능 자체의 역할이 아니라 문화 지능이 고정적인지 가변적인지에 대한 사람들의 암묵적 이론을 조사했다. 스페인 원주민 청소년과 이민 청소년을 대상으로 한 종단 연구에서 연구진은 문화 지능이 경직되고 고정적이라고 믿는 청소년(고착된 암묵적 이론가)이 문화 지능을 개발할 수 있다고 믿는 청소년보다 적응 스트레스를 겪을 가능성이 더 크다는 사실을 발견했다. 이 효과는 문화적 정체성, 즉 문화적 집단 소속감을 통해 자신을 정의하는 정도에 의해 부분적으로 매개되었다.

6.1.4
업무 성과

주재원 적응과 마찬가지로 수행(성과), 고용 유지, 경력 성공과 같은 주재원 성공도 개인의 문화 지능과 관련하여 평가되었다(Shaffer & Miller, 2008). 이 결과를 조사한 연구에 대한 요약은 〈표 6.4〉에 나와 있다.

문화적 적응과 마찬가지로 문화 지능이 높은 사람은 다른 사람들이 업무를 수행하는 방식의 차이를 이해하고 그러한 차이에 직면했을 때 유연하고 적응력이 있어야 하기 때문에 다문화 환경에서 업무를 더 잘 수행할 수 있을 것으로 기대된다. 네 가지 CQS 양상 중 행동적 문화 지능은 직무 수행과 더 밀접한 관계가 있는 것으로 보인다. 여러 연구에서 행동적 문화 지능은 스스로 평가한 상황별 및 과제별 성과와 타인이 평가한 과제 성과와 정적인 상관관계가 있는 것으로 나타났다(Ang et al., 2007; Che Rose, Sri Ramalu, Uli, & Kumar, 2010; Chen et al., 2011; Duff, Tahbaz, & Chan, 2012; Presbitero, 2016). 흥미롭게도 인지적 문화 지능은 직무 성과와 관련이 없는 반면(예외 Presbitero, 2016), 메타 인지적 문화 지능과 동기적 문화 지능은 혼합적이고 결정적이지 않은 결과를 보여주었다. 맥락적 수행과 과제 수행과 같은 다양한 유형의 수행 측정이 문화 지능 양상과 다르게 관련되어 있는 것으로 보이지만, 이를 뒷받침할 이론적 주장이나 경험적 증거는 충분하지 않다.

이러한 결과 영역에 관한 조절 연구는 거의 없으며, 우리가 확인한 유일한 연구는 심각한 심리 측정 문제를 가지고 있다. 더프와 그 동료(Duff et al., 2012)는 개방성이 문화 지능과 성과 간의 관계를 어떻게 조절하는지를 조사했다. 연구진은 대학생들을 모집하여 문화 간 양자 관계(cross-cultural dyads)에서 스도쿠(Sudoku) 퍼즐을 풀도록 했다. 학생들은 나중에 과제에 대한 파트너의 기여도를 평가했다. 그 결과 행동적 문화 지능만이 인지된 성과를 예측하는 주요 효과가 있는 것으로 나타났다. 저자들은 새로운 문화에 더 개방적인 사람들은 다른 문화권의 파트너에게 받아들여지고 과제를 완수하기

저자	표본	DV	메타인지적 문화 지능	인지적 문화 지능	동기적 문화 지
Aslam, Ilyas, Imran & Rahman (2016)	파키스탄 관리자 (N=202)	자기 평가에 의한 관리 효율성			
		자기 평가에 의한 직업 성공			
Ang et al. (2007)	다양한 문화적 배경을 가진 국제 관리자(N=98)	자기 평가에 의한 업무 수행	+	ns	ns
	다양한 문화적 배경을 가진 외국 전문가(N=103)	감독자가 평가한 업무 수행	+	ns	ns
Che Rose et al. (2010)	말레이시아에서 근무하는 주재원(N=332)	자기 평가에 의한 직업 수행			
		자기 평가에 의한 업무 수행	ns	ns	ns
		자기 평가에 의한 맥락적 수행	+	ns	ns
		자기 평가에 의한 과업 특수적인 수행	ns	ns	ns
Chen (2015)	타이완에서 일하는 필리핀 근로자(N=393)	직업 관여			
Chen et al. (2011)	타이완에서 일하는 필리핀 근로자	자기 평가에 의한 역할 내 행동	+	+ 및 -	+
		문화적 충격	-	-	-
Chen et al. (2010)	다양한 문화적 배경을 가진 주재원(N=556)	기업이 평가한 직업 수행			+
Duff et al. (2012)	학생, N=102 학생, N=51 문화 간 양자 관계	동료가 평가한 과업 수행(과업에 대한 기여)	ns	ns	ns

행동적 문화 지능	집합 CQS	단축형 문화 지능 척도	비고
	ns		
	ns		
+			
+			
	+		
ns			
+			
+			
	+		
+	+		인지적 문화 지능은 CQS의 네 가지 양상이 회귀 방정식에 모두 동시에 들어갈 때는 직업 수행과 부적으로 관계되고, 회귀 방정식에 인지적 문화 지능만 들어갈 때는 직업 수행과 정적으로 관계됨.
-	-		문화적 충격은 집합 CQS와 직업 수행 간의 관계를 부분적으로 매개함.
			업무 적응이 이러한 관계를 매개함.
			개방성은 메타 인지적 문화 지능과 정적인 상호작용을, 인지적 문화 지능 및 동기적 문화 지능과 부적인 상호작용을 함.

FakhrEIDin (2011)	이집트 호텔 직원 (N=106)	기업이 평가한 전반적인 직원의 수행			
		기업이 평가한 리더십 역량	+	ns	+
		기업이 평가한 기업 가치 및 문화와의 일치도	ns	ns	n
Jyoti & Kour (2015)	인도의 은행 관리자 (N=219)	상사가 평가한 직무 수행			
Kanten (2014)	이스탄불의 호텔 직원	자기 평가에 의한 직업 역량			
		자기 평가에 의한 규정된 역할에 따른 고객 지향 서비스 행동			
		자기 평가에 의한 역할 이외의 고객 지향적 서비스 행동			
Lee & Sukoco (2010)	타이완 주재원 (N=218)	자기 평가에 의한 직업 수행(업무 수행과 맥락적 수행)			
Presbitero (2016)	필리핀의 콜센터 직원(N=223)	감독자가 평가한 전반기 수행	+	+	+
Thomas et al. (2015)	직장에서 문화적으로 다른 타인과 근무하는 직원	자기 평가에 의한 직업 수행			
Wu & Ang (2011)	다양한 문화적 배경을 가진 주재원 (N=169)	자기 평가에 의한 맥락적 수행	ns	+mar	+m
		자기 평가에 의한 업무 수행	ns	ns	+
		과업을 완수하려는 의도	ns	ns	+

* 관계는 특별한 언급이 없는 한 회귀 계수를 나타낸다. 다양한 연구들이 다양한 인구통계학적 변수를 통제했다. +는 정적으로 유의함(p<0.05). -는 부적으로 유의함(p<0.05). mar는 약간 유의함(p<0.10). ns는 유의하지 않음. 빈 칸은 원래 논문에서 관계가 검정되지 않았거나 보고되지 않았음을 나타낸다.

문화 지능

		ns		
	+	+		
	+	+		
		+		문화 지능은 4개의 1차적 요인을 가진 2차적 요인임. 이 관계는 문화적 적응에 의해 완전하게 매개됨.
		+		
		+		문화 지능은 4개의 양상을 가진 고차적인 요인임. 구인 간의 매우 높은 상관관계 때문에 결과를 주의 깊게 해석할 필요가 있음.
		+		
		+		문화 지능과 수행 간의 상관관계는 유의하지만, 회귀 상관계수는 문화적 적응과 효율성을 가진 전체 모델에서 유의하지 않음.
	+			가상적 소통 맥락에 적합하지 않기 때문에 행동적 지능에서 비언어적 소통과 얼굴 표현과 관련된 2문항을 배제함.
			+	
	ns			
	ns			
	ns			

위해 함께 일할 의지가 있는 것으로 인식될 가능성이 높기 때문에 개방성이 문화 지능과 성과 사이의 관계를 조절해야 한다고 주장했다. 연구 결과, 개방성이 메타 인지적 문화 지능과 성과 간의 관계를 강화한다는 사실이 확인되었다. 그러나 개방성은 예상치 못하게 인지적 문화 지능, 행동적 문화 지능과 성과 사이의 관계를 약화시켰다. 저자들은 개방성이 높은 사람들이 당면한 과제에 시간과 주의를 기울이기보다 문화 간 교류에 대해 생각하는 데 시간과 에너지를 소모하기 때문일 수 있다고 주장했다. 개방성과 CQS 간의 높은 상관관계(메타 인지적 문화 지능의 경우 r=0.80, 인지적 문화 지능의 경우 r=0.97, 동기적 문화 지능의 경우 r=0.47)를 고려할 때, 우리는 이 결과를 신중하게 해석할 필요가 있다.

집합 문화 지능은 해외 주재원(Che Rose et al., 2010; Chen, 2015; Chen et al., 2011; Lee & Sukoco, 2010)과 다문화 환경에 있는 것으로 여겨지는 인도 은행의 관리자들(Jyoti & Kour, 2015)과 같이 상호문화적 상호작용이 필요한 직장에서 직무 성과와 직무 몰입을 향상시키는 것으로 밝혀졌다. 또한, 국제 서비스업은 현지 직원들이 매일 다양한 문화권의 고객과 상호작용하는 산업 중 하나이다. 따라서 일선 직원은 진정성 있고 즐겁고 기억에 남는 환대 경험을 제공하기 위해 고객의 요구를 더 잘 이해하는 능력에 의존하기 때문에 일선 직원의 문화 지능은 이러한 문화 간 상호작용 중에 고객 경험을 향상시키는 데 중요한 역할을 할 수 있다(Bharwani & Jauhari, 2013). 이스탄불의 5성급 국제 호텔에서 근무하는 직원들은 집합 CQS에서 더 높은 수준의 경력 역량, 역할에 규정된 고객 서비스 행동, 역할 외 고객 서비스 행동을 스스로 보고했을 때 더 높은 점수를 받았다(Kanten, 2014). 그러나 각 구인 간의 높은 상관관계는 일반적인 방법 편향의 산물일 가능성이 크다(상관관계는 0.629~0.756). 마찬가지로 이집트의 한 국제 호텔에서 근무하는 직원들은 회사로부터 리더십 역량(예: 팀 중심, 행동 지향, 열정, 정통함)에서 더 좋은 평가를 받았지만, 집합 CQS가 높은 경우 전반적인 성과는 그렇지 않았다(FakhrElDin, 2011).

일부 연구에서는 문화 지능과 성과 간에 긍정적인 관계가 있음을 입증했지만, 다른 연구에서는 상호문화 기술이 필요하지 않은 직무의 경우 문화 지능의 예측력에 대한 증거가 거의 발견되지 않았다. 예를 들어, 아스람과 그 동료(Aslam et al., 2016)는 파키스탄의 한 보험회사에서 정서 지능, 사회 지능, 인지 지능을 문화 지능과 함께 고려했을 때(집합 CQS), 문화 지능은 관리 효율성이나 경력 성공과 관계가 없다고 보고했다. 이러한 유의미한 결과가 나오지 않은 이유는 참가자들이 매일 다른 문화권의 동료나 고객과 교류할 필요가 없었기 때문일 가능성이 크다. 이것은 단축형 문화 지능 척도(SFCQ)를 사용한 연구 결과와도 일치한다. 토마스와 그 동료(Thomas et al., 2015)의 연구에 따르면, 직장에서 문화적으로 다른 타인과 상당한 교류가 있는 참가자의 경우 SFCQ가 성실성과 정서 지능(EQ)의 효과 이상으로 직무 성과를 예측하는 것으로 나타났다.

문화 간 적응이 성과를 예측하는 데 중요한 역할을 할 수 있다는 점을 고려할 때(Thomas & Lazarova, 2006), 적응이 다문화 환경에서 일하는 현지인뿐만 아니라 주재원들 사이에서 문화 지능과 직무 성과(Lee & Sukoco, 2010), 직무 참여(Chen, 2015) 사이의 관계를 매개하는 것으로 밝혀진 것은 놀라운 일이 아니다(Jyoti & Kour, 2015). 또한, 문화 간 적응은 자기 주도적인 주재원들의 문화 지능과 경력 성공 간의 긍정적인 상관관계를 설명하기 위해 제안되었다(Cao, Hirschi & Deller, 2011).

6.1.5
글로벌 리더십

문화 지능과 글로벌 리더십의 관계에 대한 주장도 제기되고 있다. 문화 지능이 높은 글로벌 리더는 다양한 관행과 관습에 민감하고, 팀 갈등을 해결하고 팀 정체성을 유지하려는 동기가 있으며, 적절한 언어적·비언어적 행동을 보여줄 수 있고, 문화적 맥락을 지침으로 삼아 자신의 행동을 성찰할 수 있는 것으로 제안된다(Alon & Higgins, 2005; Mathews, 2016; Simpson, 2016; VanderPal, 2014). 이 결과를 조사한 연구에 대한 요약은 〈표 6.5〉에 나와 있다.

문화 지능과 글로벌 리더십의 관계는 많은 학자에 의해 제안되었지만(Deng & Gibson, 2008, 2009; Mannor, 2008; Ng, Van Dyne & Ang, 2009), 경험적 연구는 이 관계를 명확히 규명하는 데 미흡했다. 다문화 팀의 리더 출현을 평가하기 위해 리삭과 에레즈(Lisak & Erez, 2015)는 4주간의 팀 프로젝트를 수행한 MBA 및 대학원생으로 구성된 가상 다문화 팀을 연구한 결과, 집합 CQS, 글로벌 정체성, 문화 다양성에 대한 개방성에서 높은 점수를 받은 사람이 프로젝트 초기 단계에서 팀 리더로 선출될 가능성이 더 크다는 사실을 발견했다. 마찬가지로 리와 그 동료(Lee, Masuda, Fu & Reiche, 2018)는 석사 과정 학생들로 구성된 다문화 팀을 연구한 결과, 팀원들이 문화적으로 지능적이라고 인식하는 사람이 많을수록 리더로 간주될 가능성이 더 크다는 사실을 발견했다.

문화 지능이 업무 성과에 미치는 영향과 마찬가지로, 리더의 문화 지능은 상호문화적 상호작용이 중요한 상황에서 리더십 효과를 더욱 향상시킬 수 있다. 락스털과 그 동료(Rockstuhl, Seiler, Ang, Van Dyne & Annen, 2011)는 국내 및 국경을 넘나드는 리더십 책임을 맡은 군 장교를 대상으로 연구한 결과, 집합 CQS는 일반 지능이 있을 때 국경을 넘나드는 리더십 효과성과 긍정적인 관련이 있지만, 일반 지능 및 정서 지능과 관련된 국내 리더십 효과성과는 관련이 없다는 사실을 발견했다. 비슷한 맥락에서, 문화적 다양성이 높은 팀에서만 리더의 집합 CQS 점수가 리더십 성과 및 팀 성과에 대한 추종자의 인식과 정적인 상관관계를 보였다(Groves & Feyerherm, 2011).

6.2
대인관계 수준

6.2.1
신뢰와 사회적 수용성

문화 지능은 개인의 적응과 수용력뿐만 아니라 대인관계적 상호작용에서 정서 과정에도 영향을 미치는 것으로 생각된다. 대인관계 수준에서의 연구 결과에 대한 요약은 〈표 6.6〉에 나와 있다.

〈표 6.5〉 문화 지능과 리더십

저자	표본	DV	메타 인지적 문화 지능	인지적 문화 지능	동기적 문화 지능
Groves & Feyerherm (2011)	완전 고용의 MBA 학생(N=99)	팀 다양성이 높을 때 추종자가 평가한 리더의 수행			
		팀 다양성이 낮을 때 추종자가 평가한 리더의 수행			
		팀 다양성이 높을 때 추종자가 평가한 팀 수행			
		팀 다양성이 낮을 때 추종자가 평가한 팀 수행			
Lee et al. (2018)	다양한 문화적 배경을 가진 MBA 학생, N=172 학생, N=30 다문화 팀	동료가 평가한 리더십 지각			
Lisak & Erez (2015)	MBA 학생, N=317 학생, N=81 가상 다문화 팀	리더십 출현			
Rockstuhl et al. (2011)	군대 지휘관 (N=126)	동료가 평가한 경계 간 리더십 효율성			
		동료가 평가한 전반적인 리더십 효율성			

* 관계는 특별한 언급이 없는 한 회귀 계수를 나타낸다. 다양한 연구들이 다양한 인구통계학적 변수를 통제했다. +는 정적으로 유의함(p<0.05). -는 부적으로 유의함(p<0.05). mar는 약간 유의함(p<0.10). ns는 유의하지 않음. 빈 칸은 원래 논문에서 관계가 검정되지 않았거나 보고되지 않았음을 나타낸다.

문화 지능

IV		행동적 문화 지능	집합 CQS	단축형 문화 지능 척도	비고
			+		
			ns		
			+		
			ns		
			+		문화 지능은 9문항의 미니 문화 지능 척도(Ang & Van Dyne, 2008)에 의해 측정되었음. 집합 CQS는 동료 평가의 평균 값임.
			+		
			+		
			ns		

저자	표본	DV	메타 인지적 문화 지능	인지적 문화 지능	동기적 문화 지능

신뢰와 사회적 수용

저자	표본	DV	메타 인지적 문화 지능	인지적 문화 지능	동기적 문화 지능
Chua et al. (2012)	다양한 문화적 배경을 가진 관리자(N=60, N=1,170 양자 관계 관찰)	다양한 문화적 배경을 가진 사람들에 대한 정서 기반 신뢰	+		
		동일한 문화적 배경을 가진 사람들에 대한 정서 기반 신뢰	ns		
		다른 또는 동일한 문화적 배경을 가진 사람들에 대한 인지 기반 신뢰	ns		
	학생(N=236, N=118 양자 관계)	개인적 대화 조건에서 정서 기반 신뢰 (N=62 양자 관계)	+		
Tuan (2016)	베트남 내 합작 회사와 외국인 투자 회사의 중간 관리자(N=241)	지식 기반 신뢰	+	+	+
		정체성 기반 신뢰	+	+	+
		계산 기반 신뢰	-	-	-

사회적 수용

저자	표본	DV	메타 인지적 문화 지능	인지적 문화 지능	동기적 문화 지능
Flaherty (2008)	다문화 팀(N=6팀, N=51명)	신입회원에 대한 팀 수용과 통합 시간			+
		신입회원에 대한 팀 수용과 통합 시간			+
		팀이 자체 보고한 수용과 통합 시간			+
Froese et al. (2016)	한국 내 주재원 (N=148) 한국 내 주재원 (N=148)	이직 의도			-
		이직 의도			ns
Stoermer et al. (2017)	30개 호스트 국가의 주재원 (N=1,327)	조직의 착근성			
Thomas et al. (2015)	다양한 인구통계학적 배경을 가진 참가자를 13개의 표본으로 분류함(N=2,406).	다른 문화권의 친한 친구			

IV	행동적 문화 지능	집합 CQS	단축형 문화 지능 척 도	비고
	+			
	+			
	-			
				팀 수준 분석, n=6
				DV는 팀 수준에서 측정되었지만 개인 수준 변수로서 분석되었음.
				IV와 DV는 둘 모두 개인 수준임.
				IV: 지각된 조직의 동기적 문화 지능
				IV: 주재원의 동기적 문화 지능. 지각된 조직의 동기적 문화 지능과 주재원의 동기적 문화 지능 간의 상호작용은 약간 정적임.
			+	국가의 내집단 집단주의와 국가의 외국인 친화적 이민 정책은 문화 지능과 사회적 수용의 관계를 정적으로 조절함.
			+	

창의적인 협력

	다양한 문화적 배경을 가진 중간 관리자 (N=43)	다른 문화적 배경을 가진 사람들과 새로운 생각을 공유함.	+		
	다양한 문화적 배경을 가진 관리자 (N=60, N=1,170 양자 관계적 관찰)	동일한 문화적 배경을 가진 사람들과 새로운 생각을 공유함.	ns		
Chua et al. (2012)	학생 N=236, N=118쌍 학생	제삼자가 평가한 공동 창의성 수행	+		
		타인을 창의적인 업무를 위한 효율적인 파트너로 지각함.	ns		
		양자 관계에서 아이디어와 정보 공유	ns		
		개인적 대화 조건에서 제3자가 평가한 공동 창의성 수행(N=62쌍)	+		
		개인적 대화 조건에서 타인을 창의적인 업무를 위한 효율적인 파트너로 지각함.	+		
		개인적 대화 조건에서 두 사람이 아이디어와 정보 공유(N=62 쌍)	+		

지식 전이

Ismail et al. (2016)	말레이시아 내 주재원	지식 전이			
Stoermer et al. (2017)	30개 호스트 국가의 주재원 (N=1,327)	지식 공유			

					관찰자들은 모두 문화적으로 초점이 되는 관리자와 달랐음. 초점이 되는 관리자당 평균 4.37명의 관측자
					정서 기반 신뢰는 메타 인지적 문화 지능과 새로운 아이디어 공유 간의 관계를 매개했음.
					메타 인지적 문화 지능이 한 쌍에서 더 높은 메타 인지적 문화 지능이었던 양자관계 수준에서의 분석
					개인적 대화 조건에서 정서 기반 신뢰는 메타 인지적 문화 지능과 3가지 창의성 척도 간의 관계를 매개했음.
		ns			문화 지능을 9문항의 미니 CQS로 측정함. 집한 CQS와 지식 전이 간의 상관관계는 유의함.

갈등과 타협					
Chen et al. (2012)	미국 부동산 중개인 (N=305)	문화적 판매			+
Engle et al. (2013)	학생 N=106 미국, N=127 터키	문화 간 문제 해결 타협 지향	+		
Groves et al. (2015)	다양한 문화적 배경을 가진 MBA 학생	이익 기반 타협	+	+	
		협상 수행	ns	+	
Imai & Gelfand (2010)	다양한 문화적 배경을 가진 직원(N=236)	협력 동기	+	ns	+
		지적 동기	+	ns	+
	미국과 동아시아 학생 (N=124 학생, 62 상호문화적 양자 관계)	통합적 정보 행동의 보완적 계열성	ns	ns	+
		협동적 관계 관리 행동의 계열성	ns	ns	ns
Mor et al. (2013)	미국 MBA 학생 (N=200)	문화적으로 다양한 팀 성원들이 평가한 상호문화적인 협동	+	ns	ns

* 관계는 특별한 언급이 없는 한 회귀 계수를 나타낸다. 다양한 연구들이 다양한 인구통계학적 변수를 통제했다. +는 정적으로 유의함(p<0.05). -는 부적으로 유의함(p<0.05). mar는 약간 유의함(p<0.10). ns는 유의하지 않음. 빈 칸은 원래 논문에서 관계가 검정되지 않았거나 보고되지 않았음을 나타낸다.

				회사의 동기적 문화 지능과 회사의 다양성 풍토는 문화 지능과 문화적 판매 간의 관계를 조절하였음.
				전체 표본과 분리 표본에서 정적인 관계
	+			
	+			참가자들은 서로 다른 문화권에서 온 모의 실험에서 훈련된 대학원생들과 협상을 했음. 이익 기반 협상은 인지적 문화 지능, 행동적 문화 지능, 협상 수행 간의 관계를 매개함.
	ns	+		상관관계
	ns	+		상관관계
	ns	+		
	+	+		
	ns			문화적 관점채택은 메타 인지적 문화 지능과 동료가 평가한 상호문화적인 협동 간의 관계를 매개하였음.

문화 지능이 높은 사람일수록 문화적 맥락에 주의를 기울이고 문화 간 상호작용 중에 자신의 커뮤니케이션 스타일을 조정하는 능력이 더 뛰어나다는 논리가 성립한다. 따라서 상대방은 자신의 말을 듣고 이해한다고 느낄 가능성이 더 크며, 결과적으로 문화적으로 지능적인 파트너에 대해 정서에 기반을 둔 신뢰를 발전시킬 수 있다(Chua, Morris & Mor, 2012). 따라서 문화적으로 지능적인 사람들은 문화적으로 다른 타인과 더 쉽고 빠르게 신뢰를 형성할 것으로 예상된다. 예를 들어, 투안(Tuan, 2016)은 베트남에 있는 외국계 기업의 합작 투자 회사에서 근무하는 중간급 직원 표본을 대상으로 CQS의 네 가지 양상이 모두 지식 기반 및 정체성 기반 신뢰와 정적인 상관성이 있고 계산 기반 신뢰와 부적인 상관성이 있음을 발견했다. 추아와 그 동료(Chua et al., 2012, 실험 2)는 메타 인지적 문화 지능이 문화적 배경이 다른 동료의 경우에는 인지 기반 신뢰가 아닌 정서 기반 신뢰를 증가시키고, 동료가 같은 문화권 출신인 경우에는 신뢰에 영향을 미치지 않는다는 것을 발견했다. 문화적으로 다른 낯선 사람과 짝을 이루어 과제를 수행할 때, 메타 인지적 문화 지능이 높고 과제 전에 개인적인 대화를 나눌 기회가 있었던 사람들이 더 높은 수준의 정서 기반의 신뢰를 형성했다(Chua et. al., 2012, 실험 3).

문화 지능에 관한 또 다른 대인관계 연구에서는 문화 지능이 높은 외국인 신입 사원이 더 쉽게 적응하고 집단 정체성을 위협할 가능성이 적어 업무 집단에 받아들여질 가능성이 크다는 사실을 발견했다. 스토머와 그 동료(Stoermer, Davies & Froese, 2017)의 연구에 따르면, SFCQ로 측정한 외국인 신입사원의 문화 지능이 높을수록 조직 몰입도가 향상되는 것으로 나타났다. 조다와 그 동료(Joardar,

Kostova & Ravlin, 2007)는 시나리오 연구에서 문화 지능을 이전의 문화 간 경험과 이전 경험에서 호스트와의 관계 구축에 대한 평판으로 조작하였다. 이들은 외국에서 성공적으로 적응한 이민자의 평판이 해당 집단에 대한 관계 기반 수용을 예측한다는 사실을 발견했다. 그러나 신규 이민자의 이전 해외 근무 경험은 수용성을 예측하지 못했는데, 이는 문화 간 경험 자체가 반드시 문화 지능으로 이어지지는 않음을 나타낸다. 이와는 대조적으로 플래허티(Flaherty, 2008)는 3개 기업의 6개 다문화 팀을 대상으로 한 설문조사와 인터뷰를 통해 동기적 문화 지능이 다문화 팀의 팀원 수용과 통합에 부정적인 영향을 미친다는 의외의 결과를 보고했다. 개인과 팀 수준 모두에서 동기적 문화 지능은 해당 팀이 새로운 구성원을 팀에 받아들이고 통합하는 데 걸리는 시간 또는 구성원이 자신이 팀에 받아들여지고 통합되었다고 느끼는 시간과 정적인 상관관계가 있는 것으로 나타났다. 우리는 이러한 결과를 다소 신중하게 해석해야 한다. 표본 크기가 작을 뿐만 아니라 후속 인터뷰 결과 팀 수용과 통합에 영향을 미치는 많은 요인이 단순 상관관계 매트릭스에서 통제되지 않은 것으로 나타났다. 이러한 요인에는 팀원에 대한 사전 지식, 직무 역량이나 기술 역량, 팀 분산, 팀 역학 관계 등이 포함되었다.

대인관계 수준에서의 또 다른 연구 노선은 환경과 개인의 문화 지능이 사회 통합에 미치는 상호작용 가능성이다. 예를 들어, 프로우와 그 동료(Froese, Kim & Eng, 2016)는 사람들이 조직이 다른 문화적 배경을 가진 사람들을 이해하고, 그들과 더 높은 수준의 협력 동기를 가지며, 문화 간 장벽을 처리하고 극복하는 데 더 많은 노력을 기울이는 것으로 인식하는 정도를 나타내는 지각된 조직의 동기적 문화 지능(perceived organizational Motivational CQ)에 대해 연구했다. 이러한 인식은 주재원들이 공동체에 수용되고 소속감을 느끼게 하여 이직 의도를 낮추기 위해 제안되었다. 한국에서 근무하는 주재원의 경우, 지각된 조직의 동기적 문화 지능과 주재원의 이직 의도 간에 부적 상관관계가 있는 것으로 나타났다. 또한, 이 관계는 주재원의 동기적 문화 지능에 의해 조절되어 동기적 문화 지능 수준이 높은 주재원일수록 관계가 더 약했다. 이 결과는 문화 지능이 높은 개인이 문화 간 상황을 처리하는 데 있어 부족한 조직 역량을 보완한다는 것을 시사한다. 비슷한 맥락에서 스토머와 그 동료Stoermer et al, 2017)는 내집단 집단주의가 높은 국가일수록 주재원의 SFCQ와 조직 몰입도 간의 관계가 더 강하다는 사실을 발견했으며, 이는 호스트 국가 국민과 주재원 간의 단층선이 두드러질 때 문화 지능이 중요한 역할을 한다는 것을 시사한다. 또한, 외국인 친화적 이민 정책이 조직 내재화에 대한 SFCQ의 긍정적인 효과를 촉진하는 것으로 나타났는데, 이는 이러한 정책이 외국인들이 가족과 친구를 방문하거나 함께 체류할 수 있도록 허용하고 사회적 지원을 받으면 문화 지능이 활성화되어 호스트 국가에 더 잘 적응할 수 있기 때문일 수 있다. 이 연구에서는 도전적인 환경(높은 내집단 집단주의)과 유리한 환경(외국인 친화적 이민 정책)이 모두 문화 지능이 조직 몰입에 미치는 영향을 강화하는 것으로 나타나 환경의 조절 역할을 더 잘 이해하기 위한 이론적 연구가 더 필요함을 시사한다.

긍정적인 대인관계 발달에 대한 직접적인 검증에서 토마스와 그 동료(Thomas et al., 2015)는 다양한 문화적 배경을 가진 여러 표본

(N=2,406)을 대상으로 설문조사를 실시하여 참가자들에게 다른 문화권 출신의 친한 친구와 가장 친한 친구가 있는지를 물어보았다. 그 결과, SFCQ는 정서 지능과 빅5 성격 특질을 통제한 후 문화적으로 다른 타인과 장기적인 관계를 발전시키는 능력과 유의미한 연관성이 있는 것으로 나타났다.

6.2.2
창의적 협업

추아와 그 동료(Chua et al., 2012)는 문화적 가정(cultural assumptions)에 대한 사고(문화적 메타 인지)에 능숙한 관리자는 다른 문화권의 사람들과의 관계에서 정서에 기반을 둔 신뢰를 발전시켜 창의적인 협업을 가능하게 할 가능성이 다른 사람보다 높다고 주장했다. 세 가지 경험 연구를 통해 메타 인지적 문화 지능이 높은 관리자는 다른 문화권의 동료들로부터 문화 간 창의적 협업에서 더 효과적이라는 평가를 받고, 전문 네트워크의 상호문화적 유대 관계에서 새로운 아이디어를 더 기꺼이 공유하며, 다른 문화권의 낯선 사람과 함께 일할 때 아이디어를 더 많이 공유하고 창의적 성과를 거두는 것으로 나타났다. 메타 인지적 문화 지능과 창의적 협업의 관계는 정서 기반 신뢰에 의해 매개되었다. 더욱 흥미로운 점은 관리자가 같은 문화권의 사람들과 함께 일할 때 메타 인지적 문화 지능이 정서 기반 신뢰나 새로운 아이디어 공유에 영향을 미치지 않는 것으로 나타났는데, 이는 문화적 메타 인지가 단순히 개방성이나 창의성과 같은 일반적인 특성의 대리물이 아니라 문화 간 상호작용과 특별히 관련된 구인이라는 것을 의미한다.

6.2.3
지식 전이

일부 학자는 문화 지능이 문화 간 지식 전이에 중요한 역할을 할
수 있다고 주장했다(Gilbert & Cartwright, 2009). 예를 들어, 이스마일
과 그 동료(Ismail, 2015; Ismail, Sobri, Zulkifly, Hamzah & Yamato, 2016)는
문화 지능이 높은 사람들이 주재원과 호스트 국가 국민 간의 지식 전
이를 촉진하는 의미 있는 상호작용을 할 가능성이 더 크다고 주장했
다. 그러나 말레이시아에서 근무하는 90명의 주재원을 대상으로 한 이
들의 경험 연구에 따르면, 다른 변수(공유 비전, 신뢰, 피드백 추구 행동)
를 동시에 고려했을 때 집합 CQS와 지식 전이 간의 정적인 상관관
계는 사라졌다(Ismail et al., 2016). 이는 이러한 변수가 문화 지능과
지식 전이 사이의 매개 변수로 작용했음을 시사할 수 있다.

6.2.4
갈등과 협상

문화 간 비교 연구는 문화에 따라 협상의 가정과 스타일에 상당
한 차이가 있는 것을 밝혀냈다(Adair, Okumura & Brett, 2001; Gelfand
et al., 2001). 문화적으로 지능적인 협상가는 협상의 우선순위와 스
타일의 차이에 주의를 기울이고 성공을 위해 상대방에 맞게 자신의
행동을 조정할 가능성이 더 큰 것으로 생각된다. 예를 들어, 그로브
스와 그 동료(Groves, Feyerherm & Gu, 2015)는 양자 관계 수준에서

문화적 지능과 협상 결과 사이의 기제를 조사한 결과, 문화 지능은 문화적으로 다른 사람들의 입장과 이해관계를 이해하고, 창의적으로 해결책을 모색하며, 적극적으로 경청하고, 계몽된 공동의 이해관계를 창출하는 데 도움을 준다고 주장했다. 이러한 협력적 협상 행동, 즉 관심사 기반 협상은 결과적으로 더 나은 협상 결과로 이어졌다. 연구팀은 문화 간 협상 시뮬레이션을 실시한 결과 메타 인지적 문화 지능이 협력적 관심사 기반 협상을 향상시키지만 협상 결과와는 직접적인 관련이 없다는 것을 발견했다. 또한, 인지적 문화 지능과 행동적 문화 지능은 협상 성과에 긍정적으로 기여했으며, 이러한 효과는 관심사 기반 협상에 의해 매개되었다(Groves et al., 2015). 첸과 그 동료(Chen, Liu & Portnoy, 2012)는 동기적 문화 지능이 높은 부동산 중개인은 문화 간 적응력이 뛰어나고 효과적인 협상가가 될 수 있으며, 이는 결국 문화 판매(cultural sales)에서 성공으로 이어진다고 주장했다. 이들은 미국 부동산 중개인을 대상으로 한 연구에서 동기적 문화 지능은 문화 판매를 증가시켰지만, 총 판매를 증가시키지는 않았다는 사실을 발견했다. 이러한 관계는 기업의 동기적 문화 지능과 기업의 다양성 분위기에 의해 조절되었으며, 기업이 문화 간 상호작용에 관심을 기울이는 환경을 조성할 때 관계가 더 강해졌다.

또한, 문화 지능은 협력 동기와 통합 전략의 증가를 통해 상호문화적 협상을 위한 최적의 결과를 촉진할 수 있다. 터키와 미국 학생들을 대상으로 한 연구에서 메타 인지적 문화 지능은 문화 간 협업을 장려하는 문제 해결 협상 스타일을 채택할 가능성을 높이는 것으로 밝혀졌다(Engle, Elahee & Tatoglu, 2013). 모르와 그 동료(Mor, Morris & Joh, 2013)는 메타 인지적 문화 지능 수준이 높은 사람은 상대방의 문화적 관점에서 우선순위를 더 잘 이해하므로 상호문화적 협상이나 팀워크에서 더 기꺼이 협력할 수 있다고 주장했다. 그들은 다문화 팀에서 일하는 미국 MBA 학생들 사이에서 자기 보고 형식의 메타 인지적 문화 지능과 동료가 평가한 상호문화적 협력 간에 정적인 관계가 있음을 발견했다. 이 관계는 문화적 관점 채택에 의해 매개되었다(실험 1). 실험 연구(실험 3)에서 연구진은 메타 인지적 문화 지능이 낮은 사람들에게는 문화적 관점 채택 개입이 다가오는 국제 협상에서 문화적으로 다른 상대방의 협력에 대한 기대를 높였지만, 메타 인지적 문화 지능이 높은 사람들에게는 문화적 관점 채택 개입이 협력 기대에 변화를 주지 못한다는 사실을 발견했다. 이 연구 결과는 상호문화적 협상에서 문화 지능과 협력 사이의 인지적 기제로서 문화적 관점 채택을 제안했다. 이마이와 겔펀드(Imai & Gelfand, 2010)는 문화 지능이 개인에게 상호문화적 협상에 유리한 심리적 특성을 부여한다고 주장했으며, 실제로 집합 CQS 점수가 높은 개인일수록 협력 동기와 인식적 동기가 높은 경향이 있다는 사실을 발견했다. 이러한 심리적 특성은 협상가가 보다 통합적인 협상 전략을 채택하고 문화적으로 낯선 상대를 정확하게 이해하기 위해 더 많은 인지적 노력을 투자함으로써 상호문화적 협상 상황에 내재된 장애물을 극복할 수 있도록 한다. 그들은 집합 CQS 점수가 높은 양자 관계일수록 통합적 협상 행동의 순서를 더 안정적으로 유지하여 궁극적으로 집합 CQS 점수가 낮은 양자 관계보다 더 높은 공동 이익을 달성한다는 사실을 발견했다. 또한, 그들은 다양한 양상의 효과를 살펴본 결과, 통합적 정보 행동의 상호 보완적 연속성에 대한 집합 CQS의 효과는 주로 동기적 문화 지능에 의해 주도되는 반면, 협력적 관계 관리 행동의 연속성에 대한 집합 CQS의 효과는 주로 행동적 문화 지능에 의해 주도된다는 것을 발견했다.

마지막으로 터거즈와 그 동료(Tuguz, Samra & Almallah, 2015)는 요르단에서 다양한 문화적 배경을 가진 NGO나 유엔 기구 직원들이 선호하는 갈등 관리 스타일이 인지적 문화 지능, 신체적 문화 지능, 정서적/동기적 문화 지능(Earley & Mosakowski, 2004)과 관련이 있다는 사실을 발견했다. 그러나 이러한 연관성에 대한 이론적 이유는 명확하지 않다.

6.3
요약

문화 지능의 개별 결과 중 가장 많이 연구된 것은 당연히 적응이다. 그러나 더 흥미로운 것은 동기적 문화 지능을 위한 효과의 우세성이다. 문화 지능 구인에서 논쟁의 여지가 있는 이 구성 요소의 효과를 무시하면 적응과의 전반적인 관계는 다소 설득력이 떨어진다.

직무 성과와 리더십에 관한 대부분의 연구는 집합 CQS나 SFCQ로 측정한 총체적 문화 지능(total cultural intelligence) 구성요소에 의존한다. 관계의 논리가 항상 명확한 것은 아니지만, 경험적 결과는 일반적으로 높은 문화 지능의 긍정적인 효과를 뒷받침한다.

조절 연구에서는 두 가지 주요한 통찰을 발견했다. 첫째, 문화 지능은 개인이 다문화 환경에서 일할 때 성과를 촉진하며, 이러한 긍정적 효과는 문화적으로 동질적인 상황에서는 나타나지 않는다. 둘째, 상황이 어려운지 쉬운지는 문화 지능과 문화적 적응 및 성과 간의 관계에 일관된 영향을 미치지 않는다. 어떤 경우에는 문화 지능이 어려운 환경에 직면했을 때 자원 부족을 보완하는 것처럼 보인다. 다른 경우에는 문화 지능이 보다 지원적인 환경에서 성과에 더 강력한 영향을 미치는 것으로 나타났다.

문화 지능과 대인관계 사이의 관계가 다소 분명하지만, 이 분야에 대한 실증 연구는 예상보다 훨씬 적다. 특히 관계 개발 및 문화 간 협업과 관련하여 문화 지능에 대한 이해를 넓힐 수 있는 수많은 기회가 존재한다. 관리자는 여러 문화권에서 소통하고 협상하는 데 엄청난 시간을 소비한다(Thomas & Peterson, 2017). 물론 이러한 프로세스에 대한 문화 지능의 영향에 대해 더 많이 알아야 할 것이 있다.

Adair, W. L., Okumura, T., & Brett, J. M. (2001). Negotiation behavior when culture collides: The United States and Japan. *Journal of Applied Psychology*, 86, 371-385.

Alon, I., & Higgins, J. M. (2005). Global leadership success through emotional and cultural intelligences. *Business Horizons*, 48, 501-512.

Ang, S., & Van Dyne, L. (2008). Conceputalization of cultural intelligence: Definition, distinc-tiveness, and nomological network. In S. Ang & L. Van Dyne (Eds.), *Handbook of cultural intelligence: Theory, measurement, and applications* (pp. 3-15). Armonk, NY: ME Sharpe.

Ang, S., Van Dyne, L., Koh, C., Ng, K. Y., Templer, K. J., Tay, C., et al. (2007). Cultural intelligence: Its measurement and effects on cultural judgment and decision making, cultural adaptation and task performance. *Management and Organization Review*, 3, 335-371.

Aslam, U., Ilyas, M., Imran, M. K., & Rahman, U. U. (2016). Intelligence and its impact on managerial effectiveness and career success (evidence from insurance sector of Pakistan). *Journal of Management Development*, 35, 505-516.

Bharwani, S., & Jauhari, V. (2013). An exploratory study of competencies required to cocreate memorable customer experiences in the hospitality industry. *International Journal of Contemporary Hospitality Management*, 25, 823-843.

Bucker, J., Furrer, O., Poutsma, E., & Buyens, D. (2014). The impact of cultural intelligence on communication effectiveness, job satisfaction and anxiety for Chinese host country managers working for foreign multinationals. *International Journal of Human Resource Management*, 25, 2068-2087.

Cao, L., Hirschi, A., & Deller, J. (2011). Self-initiated expatriates and their career success. *Journal of Management Development*, 31, 159-172.

Che Rose, R., Sri Ramalu, S., Uli, J., & Kumar, N. (2010). Expatriate performance in international assignments: The role of cultural intelligence as dynamic intercultural competency. *International Journal of Business and Management*, 5, 76-85.

Chen, A. S. (2015). CQ at work and the impact of intercultural training: An empirical test among foreign laborers. *International Journal of Intercultural Relations*, 47, 101-112.

Chen, A. S., Lin, Y.-C., & Sawangpattanakul, A. (2011). The relationship between cultural intel-ligence and performance with the mediating effect of culture shock: A case from Philippine laborers in Taiwan. *International Journal of Intercultural Relations*, 35, 246-258.

Chen, A. S., Wu, I., & Bian, M. (2014). The moderating effects of active and agreeable conflict management styles on cultural intelligence and cross-cultural adjustment. *International Journal of Cross Cultural Management*, 14, 270-288.

Chen, G., Kirkman, B. L., Kim, K., Farh, C. I. C., & Tangirala, S. (2010). When does cross-cultural motivation enhance expatriate effectiveness? A multilevel investigation of the moderating roles of subsidiary support and cultural distance. *Academy of Management Journal*, 53, 1110-1130.

Chen, X.-P., Liu, D., & Portnoy, R. (2012). A multilevel investigation of motivational cultural intelligence, organizational diversity climate, and cultural sales: Evidence from U.S. real estate firms. *Journal of Applied Psychology*, 97, 93-106.

Chua, R. Y. J., Morris, M. W., & Mor, S. (2012). Collaborating across cultures: Cultural metacognition and affect-based trust in creative collaboration. *Organizational Behavior and Human Decision Processes*, 118, 116-131.

Chua, R. Y. J., & Ng, K. Y. (2017). Not just how much you know: Interactional effect of cultural knowledge and metacognition on creativity in a global context. *Management and Organization Review*, 13, 281-300.

Cuadrado, E., Tabernero, C., & Briones, E. (2014). Dispositional and psychosocial variables as longitudinal predictors of acculturative stress. *Applied Psychology: An international Review*, 63, 441-479.

Deng, L., & Gibson, P. (2008). A qualitative evaluation on the role of cultural intelligence in cross-cultural leadership effectiveness. *International Journal of Leadership Studies*, 3, 181-197.

Deng, L., & Gibson, P. (2009). Mapping and modeling the capacities that underlie effective cross- cultural leadership: An interpretive study with practical outcomes. *Cross Cultural Management*, 16, 347-366.

Duff, A. J., Tahbaz, A., & Chan, C. (2012). The interactive effect of cultural intelligence and openness on task performance. *Research and Practice in Human Resource Management*, 30, 1-12.

Earley, P. C., & Mosakowski, E. (2004). *Cultural intelligence*. Harvard Business Review, 139-146.

Engle, R. L., Elahee, M. N., & Tatoglu, E. (2013). Antecedents of problem-solving cross- cultural negotiation style: Some preliminary evidence. *Journal of Applied Management and Entrepreneurship*, 18, 83-101.

FakhrElDin, H. (2011). The effect of cultural intelligence on employee performance in international hospitality industries: A case from the hotel sector in Egypt. *International Journal of Business and Public Administration*, 8, 1-18.

Flaherty, J. E. (2008). The effects of cultural intelligence on team member acceptance and integration in multicultural teams. InS. Ang&L. Van Dyne (Eds.), *Handbook of cultural intelligence: Theory, measurement, and applications* (pp. 192-205). Armonk, NY: ME Sharpe.

Froese, F. J., Kim, K., & Eng, A. (2016). Language, cultural intelligence, and inpatriate turnover intentions: Leveraging values in multinational corporations through inpatriates. *Management International Review*, 56, 283-301.

Gelfand, M. J., Nishii, L. H., Holcombe, K. M., Dyer, N., Ohbuchi, K., & Fukuno, M. (2001). Cultural influences on cognitive representations of conflict: Interpretations of conflict episodes in the United States and Japan. *Journal of Applied Psychology*, 86, 1059-1074.

Gilbert, K., & Cartwright, S. (2009). Cross-cultural consultancy initiatives to develop Russian managers: An analysis of five western aid-funded programs. *Academy of Management Learning and Education*, 7, 504-518.

Groves, K. S., & Feyerherm, A. E. (2011). Leader cultural intelligence in context: Testing the moderating effects of team cultural diversity on leader and team performance. *Group and Organization Management*, 36, 535-566.

Groves, K. S., Feyerherm, A. E., &Gu, M. (2015). Examining cultural intelligence and cross-cultural negotiation effectiveness. *Journal of Management Education*, 39, 209-243.

Gudmundsd6ttir, S. (2015). Nordic expatriates in the US: The relationship between cultural intelligence and adjustment. *International Journal of Intercultural Relations*, 47, 175-186.

Huff, K. C. (2013). Language, cultural intelligence and expatriate success. *Management Research Review*, 36, 596-612.

Huff, K. C., Song, P., & Gresch, E. B. (2014). Cultural intelligence, personality, and cross-cultural adjustment: A study of expatriates in Japan. *International Journal of Intercultural Relations*, 38, 151-157.

Imai, L., & Gelfand, M. J. (2010). The culturally intelligent negotiator: The impact of cultural intelligence (CQ) on negotiation sequences and outcomes. *Organizational Behavior and Human Decision Processes*, 112, 83-98.

Ismail, M. (2015). Conceptualizing knowledge transfer between expatriates and host country nationals: The mediating effect of social capital. *Cogent*

Business and Management, 2, 1-16.

Ismail, M., Sobri, S. S., Zulkifly, N. A., Hamzah, S. R., & Yamato, E. (2016). Knowledge transfer between expatriates and host country nationals: Contribution of individual and social capital factors. *Organizations and Markets in Emerging Economies*, 7, 65-87.

Joardar, A., Kostova, T., & Ravlin, E. C. (2007). An experimental study of the acceptance of a foreign newcomer into a workgroup. *Journal of International Management*, 13, 513-537.

Jyoti, J., & Kour, S. (2015). Assessing the cultural intelligence and task performance equation: Mediating role of cultural adjustment. *Cross Cultural Management*, 22, 236-258.

Kanten, P. (2014). The effect of cultural intelligence on career competencies and customer-oriented service behaviors. *Istanbul University Journal of the School of Business*, 43, 100-119.

Klafehn, J., Li, C., & Chiu, C.-Y. (2013). To know or not to know, is that the question? Exploring the role and assessment of metacognition in cross-cultural contexts. *Journal of Cross-Cultural Psychology*, 44, 963-991.

Konanahalli, A., Oyedele, L. O., Spillane, J., Coates, R., von Meding, J., & Ebohon, J. (2014). Cross-cultural intelligence (CQ) It's impact on British expatriate adjustment on international construction projects. *International Journal of Managing Projects in Business*, 7, 423-448.

Lee, L.-Y. (2010). Multiple intelligences and the success of expatriation: The roles of contingency variables. *African Journal of Business Management*, 4, 3793-3804.

Lee, L.-Y., & Sukoco, B. M. (2010). The effects of cultural intelligence on expatriate performance: The moderating effects of international experience. *The International Journal of Human Resource Management*, 21, 963-981.

Lee, L.-Y., Veasna, S., & Sukoco, B. M. (2014). The antecedents of cultural effectiveness of expatriation: moderating effects of psychological contracts. *Asia Pacific Journal of Human Resources*, 52, 215-233.

Lee, Y.-T., Masuda, A., Fu, X., & Reiche, S. (2018). Navigating between home, host, and global: Consequences of multicultural team members' identity configurations. *Academy of Management Discoveries*, 2, 180-201.

Lin, Y.-C., Chen, A. S., & Song, Y.-C. (2012). Does your intelligence help to survive in a foreign jungle? The effects of cultural intelligence and emotional intelligence on cross-cultural adjustment. *International Journal of Intercultural Relations*, 36, 541-552.

Lisak, A., & Erez, M. (2015). Leadership emergence in multicultural teams: The power of global characteristics. *Journal of World Business*, 50, 3-14.

Malek, M. A., & Budhwar, P. (2013). Cultural intelligence as a predictor of expatriate adjustment and performance in Malaysia. *Journal of World Business*, 48, 222-231.

Mannor, M. J. (2008). Top executives and global leadership: At the intersection of cultural intelligence and strategic leadership theory. In S. Ang & L. Van Dyne (Eds.), *Handbook of cultural intelligence: Theory, measurement, and applications* (pp. 91-106). Armonk, NY: ME Sharpe.

Mathews, J. (2016). Toward a conceptual model of global leadership. *The IUP Journal of Organizational Behavior*, 15, 38-55.

Mor, S., Morris, M. W., & Joh, J. (2013). Identifying and training adaptive cross-cultural management skills: The crucial role of cultural metacognition. *Academy of Management Learning and Education*, 12, 453-475.

Ng, K. Y., Van Dyne, L., & Ang, S. (2009). Developing global leaders: The role of international experience and cultural intelligence. *Advances in Global Leadership*, 5, 225-250.

Peng, A. C., Van Dyne, L., & Oh, K. (2015). The influence of motivational cultural intelligence on cultural effectiveness based on study abroad: The moderating role of participant's cultural identity. *Journal of Management*

Education, 39, 572-596.

Presbitero, A. (2016). Cultural intelligence (CQ) in virtual, cross-cultural interactions: General-izability of measure and links to personality dimensions and task performance. *International Journal of Intercultural Relations, 50,* 29-38.

Remhof, S., Gunkel, M., & Schldgel, C. (2013). Working in the "global village": The influence of cultural intelligence on the intention to work abroad. *German Journal of Research in Human Resource Management, 27,* 224-250.

Rockstuhl, T., Seiler, S., Ang, S., Van Dyne, L., & Annen, H. (2011). Beyond general intelligence (IQ) and emotional intelligence (EQ): The role of cultural intelligence (CQ) on cross-border leadership effectiveness in a globalized world. *Journal of Social Issues, 67,* 825-840.

Shaffer, M., & Miller, G. (2008). Cultural intelligence: A key success factor for expatriates. In S. Ang & L. Van Dyne (Eds.), *Handbook of cultural intelligence: Theory, measurement, and applications* (pp. 107-125). Armonk, NY: ME Sharpe.

Simpson, D. (2016). Cultural intelligence as an important attribute of global managers. *International Business and Global Economy, 35,* 295-308.

Sri Ramalu, S., Che Rose, R., Kumar, N., & Uli, J. (2010). Doing business in global arena: An examination of the relationship between cultural intelligence and cross-cultural adjustment. *Asian Academy of Management Journal, 15,* 79-97.

Stoermer, S., Davies, S., & Froese, F. J. (2017). Expatriates' cultural intelligence, embeddedness and knowledge sharing: A multilevel analysis. *Academy of Management Proceedings.* https:// doi.org/10.5465/AMBPP.2017.155.

Stoermer, S., Haslberger, A., Froese, F. J., & Kraeh, A. L. (2018). Person-environment fit and expatriate job satisfaction. *Thunderbird International Business Review, 60,* 851-860.

Tay, C., Westman, M., & Chia, A. (2008). Antecedents and consequences of cultural intelligence among short-term business travelers. In S. Ang & L. Van Dyne (Eds.), *Handbook of cultural intelligence: Theory, measurement, and applications* (pp. 126-144). Armonk, NY: ME Sharpe.

Templer, K., Tay, C., & Chandrasekar, N. A. (2006). Motivational cultural intelligence, realistic job preview, realistic living conditions preview, and cross-cultural adjustment. *Group and Organization Management*, 31, 154-173.

Thomas, D. C., & Lazarova, M. B. (2006). Expatriate adjustment and performance: A critical review. In G. H. Stahl & I. Bjorkman (Eds.), *Handbook of research in international human resource management* (pp. 247-264). Cheltenham, UK: Edward Elgar.

Thomas, D. C., Liao, Y., Aycan, Z., Cerdin, J.-L., Pekerti, A. A., Ravlin, E. C., et al. (2015). Cultural intelligence: A theory-based, short form measure. *Journal of International Business Studies*, 46, 1099-1118.

Thomas, D. C., & Peterson, M. F. (2017). *Cross-cultural management: Essential concepts* (4th ed.). Thousand Oaks, CA: Sage.

Tuan, L. T. (2016). From cultural intelligence to supply chain performance. *The International Journal of Logistics Management*, 27, 95-121.

Tuguz, K., Samra, R. A., & Almallah, I. (2015). An exploratory study of the impact of cultural intelligence on conflict management styles: Evidence from Jordan. *Middle East Journal of Business*, 10, 25W.

VanderPal, G. (2014). Global leadership, IQ and global quotient. *Journal of Management Policy and Practice*, 15, 120-134.

Ward, C., Wilson, J., & Fischer, R. (2011). Assessing the predictive validity of cultural intelligence over time. *Personality and Individual Differences*, 51, 138-142.

Wu, P.-C., & Ang, S. H. (2011). The impact of expatriate supporting practices and cultural intelligence on cross-cultural adjustment and performance of expatriates in Singapore. *The International Journal of Human Resource*

Management, 22, 2683-2702.

Zhang, Y. (2013). Expatriate development for cross-cultural adjustment: Effects of cultural distance and cultural intelligence. *Human Resource Development Review, 12*, 177-199.

7장.
문화 지능
– 매개 변수, 조절 변수, 상위 수준

요약

문화 지능에 관한 연구는 문화 지능의 선행 요인이나 결과에 대한 연구에만 국한되지 않았다. 문화 지능을 매개 변수나 조절 변수로 간주하는 논리는 다른 개인차 구인이 흔히 구상하는 방식과 일치한다. 그러나 이와 관련한 이론 개발은 우리의 사고에서 큰 진전을 이루지 못했다. 문화 지능이 매개 변수로 제안된 경우, 일반적으로 이전 장에서 검토한 선행 요인과 결과를 단순히 연결하는 데 그쳤다. 문화 지능이 조절 변수로 제안되었을 때 대부분의 연구는 문화 지능과 문화적 다양성, 리더십 행동과의 상호작용 효과에 초점을 맞추었다. 대부분의 이론적·경험적 연구는 개인 수준에서 이루어졌지만, 일부 연구는 문화 지능의 의미와 기능을 더 높은 수준에서 이해하는 관점을 취했다. 문화 지능을 개인 수준에서 더 높은 수준의 분석으로 변환하는 것은 단순히 개인 수준의 점수를 합산하는 것보다 덜 간단하며 문화 지능을 완전히 다른 방식으로 개념화하는 것을 의미할 수 있다. 이 장에서는 먼저 매개 변수나 조절 변수로서 문화 지능을 조사한 연구를 검토한 다음, 더 높은 수준의 팀 분석과 조직 분석에서 문화 지능이 갖는 함의에 대해 논의한다.

> **핵심어** 문화 지능, 매개 변수, 조절 변수, 문화 간 적응, 주재원 효과성, 대인관계적 신뢰, 협상, 팀 수준, 다문화 팀, 조직 수준

문화 지능에 관한 연구는 문화 지능의 선행 요인이나 결과에 대한 연구에만 국한되지 않았다. 문화 지능을 매개 변수나 조절 변수로 간주하는 논리는 다른 개인차 구인이 흔히 구상하는 방식과 일치한다. 그러나 이와 관련한 이론 개발은 우리의 사고에서 큰 진전을 이루지 못했다. 문화 지능이 매개 변수로 제안된 경우, 일반적으로 이전 장에서 검토한 선행 요인과 결과를 단순히 연결하는 데 그쳤다. 문화 지능이 조절변수로 제안되었을 때 대부분의 연구는 문화 지능과 문화적 다양성, 리더십 행동과의 상호작용 효과에 초점을 맞추었다.

대부분의 이론적·경험적 연구는 개인 수준에서 이루어졌지만, 일부 연구는 문화 지능의 의미와 기능을 더 높은 수준에서 이해하는 관점을 취했다. 문화 지능을 개인 수준에서 더 높은 수준의 분석으로 변환하는 것은 단순히 개인 수준의 점수를 합산하는 것보다 덜 간단하며 문화 지능을 완전히 다른 방식으로 개념화하는 것을 의미할 수 있다. 이 장에서는 먼저 매개 변수나 조절 변수로서 문화 지능을 조사한 연구를 검토한 다음, 더 높은 수준의 팀 분석과 조직 분석에서 문화 지능이 갖는 함의에 대해 논의한다.

7.1
매개 변수로서 문화 지능

앞서 검토한 것처럼 국제 경험, 언어 기술, 새로운 경험에 대한 개방성, 외향성과 같은 성격 특질이 문화 지능의 발달을 촉진한다는 것은 측정 문제와 관계없이 상당히 분명해 보인다. 문화 지능이 적응과 조정과 같은 다양한 결과에 영향을 미칠 것으로 예측되어 왔음을 감안할 때, 문화 지능이 이러한 선행 요인과 결과를 매개할 것으로 예상되어 온 것은 놀라운 일이 아니다. 다시 한 번 강조하지만, 일부 연구에서는 문화 지능 척도(CQS)의 네 가지 양상의 역할을 개별적으로 조사한 반면, 다른 연구에서는 집합 CQS의 효과를 검증했다. 여기서 검토하는 대부분의 결과 변수는 문화 간 조정과 적응에 관련된 것이다. CQS를 사용하여 문화 지능의 매개 효과를 조사한 연구에 대한 요약은 〈표 7.1〉에 나와 있다.

여러 연구에 따르면, 국제적인 경험은 문화 지능의 발달을 촉진하여 외국의 문화 상황에서 적응과 성과를 향상시킨다. 셰퍼와 밀러(Shaffer & Miller, 2008)는 자기 효능감 이론을 활용하여 문화 지능이 이전의 해외 경험과 언어 능력이 주재원 효과성에 미치는 영향을 매개한다는 논리를 설명했다. 문과 그 동료(Moon, Choi & Jung, 2013)는 한국인 주재원을 대상으로 연구한 결과, 문화 지능은 사전 해외 경험과 출국 전 문화 간 훈련이 문화 간 적응에 미치는 영향을 매개하지만, CQS의 각 양상이 매개 변수로서 서로 다른 역할을 한다는 사실을 발견했다. 킴과 밴다인(Kim & Van Dyne, 2012)은 집합 CQS가 사전 상호문화적 접촉이 국제 리더십 잠재력에 미치는 영향을 매개하며, 이러한 매개 효과는 다수자 집단에는 존재하지만 소수자 집단에는 존재하지 않는다는 것을 발견했다. 그들은 이러한 효과가 새로운 문화적 경험이 다수자 집단에는 더 두드러진 학습 기회인 반면, 소수자 집단에게는 성장 과정에서 그러한 기회가 많지 않았기 때문이라고 주장했다. 코질리우스와 그 동료(Korzilius, Bucker & Beerlage, 2017)는 다문화 경험 지표(스스로 확인한 다문화주의)와 혁신적인 업무 행동 사이의 관계에 대한 문화 지능의 매개 효과를 평가했다. 다양한 문화적 배경을 가진 직원을 대상으로 한 연구 결과, 이 연구의 결과는 집합 CQS뿐만 아니라 CQS의 네 가지 모든 양상의 매개 효과를 지지하는 것으로 나타났다. 렘호프와 그 동료(Remhof, Gunkel & Schlagel, 2013)는 독일 경제학과 경영학 학부생을 대상으로 졸업 연도에 문화 지능이 해외 취업 의향에 어떤 영향을 미치는지 알아보기 위해 설문조사를 실시했다. 그 결과, CQS의 네 가지 모든 양상이 해외 경험(잠재적 취업 대상 국가에 대한 일반적인 경험 및 특정 경험)과 잠재적 취업 대상 국가의 사회적 네트워크가 해외 취업 의도에 미치는 영향을 매개하는 것으로 나타났다. 또한, 문화 지능은 성격 특질과 새로운 환경에 대한 적응 사이의 관계를 매개하는 것으로 제안되었다. 워드와 피셔(Ward & Fischer, 2008)는 동기적 문화 지능은 다문화적 성격 요인(사회적 주도성, 개방성, 유연성, 문화적 공감)이 일반적인 적응에 미치는 영향을 설명할 수 있다고 제안했다. 뉴질랜드 유학생 집단을 대상으로 한 연구에서 그들은 동기적 문화 지능의 기제를 통해 유연성만이 일반적인 적응에 간접적인 영향을 미친다는 사실을 발견했다. 바부토와 그 동료(Barbuto, Beenen & Tran, 2015)는 동기적 문화 지능이 핵심 자기평가와 자문화중심주의가 유학 성공에 미치는 영향을 매개하여 핵심 자기평가가 높고 자문화중심주의가 낮은 사람들이 상호문화적인 상호작용을 즐기고 자신감을 가질 가능성이 높으며, 이는 결국 해외 경험의 즐거움과 지각된 성공으로 이어질 수 있다고 주장했다. 최근 해외 유학 프로그램을 마친 대학생을 대상으로 한 연구에서는 동기적 문화 지능이 핵심 자기평가, 자문화중심주의, 지각된 성공과 상관관계가 있는 것으로 나타났지만, 매개 검증에서는 동기적 문화 지능의 매개 역할을 뒷받침하지 못했다.

저자	표본	DV	IV	메타 인지적 문화 지능	인지[적] 문화 지[능]
Barbuto et al. (2015)	다양한 문화적 배경을 가진 학생(N=183)	성공적인 해외 유학 경험	핵심 자기 평가		
			자문화중심주의		
Kim & Van Dyne (2012)	다양한 문화적 배경을 가진 성인 근로자(82% 미국 출생, N=181 초점이 되는 직원, N=708 관찰자)	국제 리더십 잠재력	국제 경험 (적어도 6개월 이상 살아본 나라 수)		
Korzilius et al. (2017)	다양한 문화적 배경을 가진 직원(N=157)	혁신적인 업무 행동	다문화주의	+	+
Moon et al. (2013)	한국인 주재원 (N=190)	일반적인 적응	업무 외 국제 경험	ns	ns
			국제 업무 경험	ns	ns
			출국 전 문화 간 훈련 기간	ns	ns
			출국 전 문화 간 훈련의 포괄성	ns	ns
		업무 적응	업무 외 국제 경험	ns	+
			국제 업무 경험	ns	+
Remhof et al. (2013)	독일 학생(N=518)	해외 근무 의도	국제 경험 (외국에서 산 기간 및 잠재적인 취업 희망 국가)	+	+
			해외 네트워크 (잠재적인 취업 희망 국가에 사는 친척이나 친구의 수)	+	+
Ward & Fischer (2008)	다양한 문화적 배경을 가진 학생(N=346)	일반적인 적응	유연성		

* 관계는 특별한 언급이 없는 한 회귀 계수를 나타낸다. 다양한 연구들이 다양한 인구통계학적 변수를 통제했다.
+는 정적으로 유의함(p<0.05). -는 부적으로 유의함(p<0.05). mar는 약간 유의함(p<0.10). ns는 유의하지 않음.
빈 칸은 원래 논문에서 관계가 검정되지 않았거나 보고되지 않았음을 나타낸다.

매개자				비고
동기적 문화 지능	행동적 문화 지능	집합 CQS	단축형 문화 지능 척도	
ns				원본 논문은 부분 매개라고 결론을 내렸지만, 부트스트래핑 테스트(bootstrapping test)는 유의하지 않은 간접 효과를 나타냈음.
ns				
		+		문화 지능은 무작위로 선택한 1~3명의 관찰자에 의해 평가되었고 초점이 되는 직원 수준에서 집계되었음. 매개는 다수자에게만 유의할 뿐 소수자에게는 유의하지 않음.
+	+	+		
+	ns			
ns	ns			
ns	ns			4개의 IV와 4개의 매개자가 각 DV에 대해 하나의 방정식에서 함께 검정되었음. 각 IV와 매개자에 대해 다중 소벨 테스트 (Sobel test)를 수행하였음.
+	ns			
+	+			
ns	ns			
+	+			두 개의 IV와 4개의 매개자를 하나의 방정식에서 검정하였음.
+	+			
+				

저자들은 부분적인 매개 역할을 주장했지만, 논문에 보고된 부트스트래핑 결과(bootstrapping results)는 유의미한 간접 효과가 없는 것으로 나타났다.[16] 전체 문화 지능의 효과를 연구한 다른 학자들(Oolders, Chernyshenko & Stark, 2008)은 뉴질랜드 학부생들의 경험에 대한 개방성과 새로운 대학 환경에 대한 적응 사이의 관계를 집합 CQS가 매개한다는 사실을 발견했다.

7.2
조절 변수로서 문화 지능

문화 지능의 조절 효과는 적응, 대인관계 신뢰, 협상 등 다양한 영역에서 조사되었다. CQS를 사용하여 문화 지능의 조절 효과를 조사한 연구에 대한 요약은 〈표 7.2〉에 나와 있다.

7.2.1
경험 학습과 사고방식(Mindset)

이전 연구들은 외국 문화에 대한 경험 학습이 문화 지능을 높인다고 제안했다. 새로운 관점을 취한 응과 그 동료(Ng, Van Dyne & Ang, 2009)는 문화 지능이 국제 업무 과제 경험을 글로벌 리더십 개발에 중요한 학습 성과로 전환하는 데 어떻게 도움이 되는지에 초

16 　역주 　부트스트래핑은 통계의 표본 분포를 추정하고 모집단 패러미터에 대한 추론을 수행하기 위해 통계에서 사용되는 재표본화 기법이다. 전통적인 패러미터 통계 검정의 가정이 충족되지 않거나 데이터가 제한된 경우 특히 유용하다.

점을 맞춘 개념적 과정 모델을 개발했다. 조절 변수로서 문화 지능은 국제 과제를 수행하는 개인이 경험 학습의 4단계(경험, 성찰, 개념화, 실험)에 적극적으로 참여하여 글로벌 리더십 자기 효능감, 타문화에 대한 통합적 태도, 문화 간 리더십에 대한 정확한 정신 모델, 리더십 스타일의 유연성으로 이어질 가능성을 높이기 위해 제안되었다. 구체적으로 메타 인지적 문화 지능과 인지적 문화 지능은 개인이 타문화 경험을 성찰하고 유형을 감지하여 그러한 경험에 대한 개념적 일반화를 발전시킬 가능성을 높이고, 동기적 문화 지능과 행동적 문화 지능은 개인이 국제 직무 배정 중에 구체적인 문화 간 경험을 추구할 가능성을 높이는 것으로 여겨지며, 문화 지능의 네 가지 차원은 모두 개인이 국제 직무 배정 중에 문화 간 상호작용에서 개념적 일반화를 구현하고 검증할 가능성을 높이는 것으로 제안된다. 비슷한 맥락에서 러본과 첸(Lovvorn & Chen, 2011)은 국제 경험의 변화에서 문화 지능의 역할을 설명하는 개념적 모델을 개발했다. 이 모델에 따르면 주재원의 문화 지능은 국제 업무 경험이 글로벌 마인드 개발에 미치는 긍정적인 효과를 증폭시킨다.

7.2.2
문화 간 적응과 주재원 효과성

문화 지능은 특히 문화적 거리가 멀고 조직의 지원이 부족한 것 등 더욱 까다로운 문화적 환경에 직면할 때 적응을 촉진하고 행동을 유도하는 데 더욱 유용할 것으로 기대된다. 세퍼와 밀러(Shaffer & Miller, 2008)는 개인적 요인, 직무 요인, 문화적 요인과 주재원 효

저자	표본	DV	IV	메타 인지적 문화 지능	인지적 문화 지능
적응					
Lee et al. (2013)	타이완 주재원	주재원 적응	변혁적 리더십		
		주재원 수행	변혁적 리더십		
Ramsey et al. (2011)	국제 여행자 (N=841)	여행 긴장	제도적 거리-규제적		
			제도적 거리-규범적		
			제도적 거리-문화 인지적		
		직업 스트레스	제도적 거리-규제적		
			제도적 거리-규범적		
			제도적 거리-문화 인지적		
Wu & Ang (2011)	다양한 문화적 배경을 가진 주재원 (N=169)	일반적인 적응	주재원 지원 관행	ns	ns
		업무 적응	주재원 지원 관행	-	ns
		상호작용적인 적응	주재원 지원 관행	ns	-
신뢰					
Rockstuhl & Ng (2008)	다양한 문화적 배경을 가진 학생 (40팀에서 259명 학생, N=623쌍)	대인관계적인 신뢰	양자관계 문화적 다양성(1=다른 민족 배경, 0=동일한 민족 배경)	+	+mar
타협					
Salmon et al. (2013)	미국-터키 양자관계 학생(N=32쌍)	공동의 경제적 결과	조작적인 매개		
		만족도	조작적인 매개		

* 관계는 특별한 언급이 없는 한 회귀 계수를 나타낸다. 다양한 연구들이 다양한 인구통계학적 변수를 통제했다. +는 정적으로 유의함(p<0.05). -는 부적으로 유의함(p<0.05). mar는 약간 유의함(p<0.10). ns는 유의하지 않음. 빈 칸은 원래 논문에서 관계가 검정되지 않았거나 보고되지 않았음을 나타낸다.

조절자					비고
동기적 문화 지능		행동적 문화 지능	집합 CQS	단축형 문화 지능 척도	
			+		
			+		
			ns		
			-		
			+		
			-		
			ns		
			+		
ns		ns			
ns		ns			
ns		ns			
ns		+mar			메타 인지적 문화 지능과 동기적 문화 지능은 초점이 되는 사람의 문화 지능이고, 행동적 문화 지 능은 파트너의 문화 지능임.
-					동기적 문화 지능음 평균 점수를 가진 양자관계 수준에서 집계됨.
ns					

과성 간의 관계에 대한 문화 지능의 조절 역할을 이론화했다. 그들은 문화 지능이 빅5 성격 특질과 적응, 성과, 유지, 경력 성공이라는 주재원 효과성 기준 간의 정적인 상관관계를 강화한다고 제안했다. 또한, 그들은 문화 지능은 역할 명확성, 역할 재량, 효과성 간의 정적 상관관계를 강화하고 역할 참신성, 역할 갈등, 효과성 간의 부적 상관관계를 약화시킬 것으로 예상했다. 또한, 그들은 문화 지능이 문화적 참신성과 모든 효과성 기준 간의 부적인 관계를 약화시키는 것으로 이론화하였다. 리와 그 동료(Lee, Veasna & Wu, 2013)는 문화 지능이 변혁적 리더십이 주재원의 적응과 성과에 미치는 영향을 조절하며, 주재원의 문화 지능이 높을 때 그 관계가 더 강해진다고 주장했다. 그들은 문화 지능이 높은 주재원은 호스트 국가가 수용하는 리더십 스타일에 적응할 가능성이 높으며, 따라서 더 높은 수준의 적응과 성과를 달성할 가능성이 높다고 제안했다. 그들은 중국에서 활동하는 대만 다국적 기업의 주재원을 표본 추출하여 집합 CQS가 적응과 성과 모두에 미치는 조절 효과를 지지하는 결과를 발견했다. 부와 앵(Wu & Ang, 2011)은 싱가포르에 거주하는 외국인을 대상으로 연구한 결과, 메타 인지적 문화 지능이 문화 간 적응에 대한 조직 지원의 효과를 조절한다는 사실을 발견했다. 구체적으로 메타 인지적 문화 지능은 주재원 지원 관행과 업무 적응 간의 정적 관계를 감소시켰으며, 인지적 문화 지능은 주재원 지원 관행과 상호작용적 적응 간의 정적 관계를 감소시켰다. 이 결과는 주재원의 문화 지능이 조직의 지원 부족을 보완할 수 있음을 시사한다. 램지와 그 동료(Ramsey, Leonel, Gomes & Monteiro, 2011)는 해외 단기 비즈니스 및 레저 여행의 맥락에서 문화 지능이 여행자의 스트레스에 미치는 영향을 연구했다. 그들은 문화 지능이 여행자가 제도적 거리감으로 인한 긴장에 대처하는 능력에 영향을 미친다는 가설을 세웠다. 구체적으로 문화 지능은 규제 및 규범적 거리가 여행과 업무 부담에 미치는 부정적인 영향을 약화시키는 것으로 제안되었다. 그러나 이러한 직관과는 달리, 연구진은 문화 지능이 높을수록 새로운 문화적 환경에서 더 많은 차이와 도전을 예상하기 때문에 문화 지능이 문화적−인지적 거리가 스트레스에 미치는 부정적인 영향을 강화할 것이라는 가설을 세웠다. 상파울루 공항에서 출발하는 해외 여행객 표본을 대상으로 조사한 결과, 연구진은 가설을 부분적으로 지지하는 결과를 발견했다. 즉, 집합 CQS는 규범적 거리와 규제적 거리가 각각 여행 부담과 직무 스트레스에 미치는 영향을 약화시키고, 문화적·인지적 거리가 여행 부담과 직무 스트레스에 미치는 영향을 강화시키는 것으로 나타났다.

7.2.3
대인관계 신뢰

문화 지능은 대인관계 신뢰에 대한 양자 관계의 문화적 다양성의 영향을 완화하는 것으로 제안되었다(Rockstuhl & Ng, 2008). 일반적으로 사람들이 같은 문화적 배경을 공유하는 경우보다 다른 문화적 배경을 가진 경우 파트너에 대한 신뢰 수준이 낮아지는 경향이 있지만, 문화 지능은 이러한 해로운 효과를 약화시키는 것으로 제안된다. 문화 지능이 높은 사람은 문화적 차이를 더 잘 이해하고, 인종에 따른 피상적인 판단을 보류할 가능성이 높으며(Brislin, Worthley

& MacNab, 2006), 문화적으로 다른 사람들에 대한 강한 외집단 편견을 유지할 가능성이 낮기 때문에 다른 문화적 배경을 가진 파트너를 신뢰할 가능성이 더 높다는 논리가 성립한다. 또한, 상대방에게 맞춰 자신의 행동을 유연하게 조정하는 경우, 관계에서 인지되는 친숙함과 유사성이 높아져 상대방을 신뢰하게 될 가능성이 높아진다. 40개 다문화 프로젝트 팀의 623쌍의 표본을 대상으로 한 연구에서 락스툴과 응(Rockstuhl & Ng, 2008)은 초점이 되는 개인의 메타 인지적 문화 지능과 인지적 문화 지능 그리고 파트너의 행동적 문화 지능이 양자 관계의 문화적 다양성이 대인관계 신뢰에 미치는 부정적인 영향을 감소시킨다는 사실을 발견했다. 또한, 연구진은 단일 문화권 양자 관계의 신뢰에는 CQS 양상이 영향을 미치지 않는 것으로 나타나, CQS 양상이 문화적으로 다양한 환경과 상호작용을 표적으로 삼는 독특한 영향력을 갖는다는 점을 시사했다.

7.2.4
협상

동기적 문화 지능은 상호문화적 분쟁에 대한 중재 스타일의 영향을 완화하기 위해 제안되었다. 새먼과 그 동료(Salmon et al., 2013)는 55쌍의 양자 관계로 구성된 미국 학생과 터키 학생을 각자의 나라에 있는 가상 실험실을 통해 연결하여 협상 과제를 수행했다. 연구 결과, 조작적 중재는 더 어려운 분쟁 요소(낮은 동기 부여, 낮은 중재 개방성, 낮은 신뢰, 낮은 양보 의지)를 가진 다문화 양자 관계에 더 높은 공동 경제적 결과를 가져왔지만, 더 유리한 분쟁 요소(높은 동기

부여, 높은 중재 개방성, 높은 신뢰, 높은 양보 의지)를 가진 다문화 양자 관계에는 더 낮은 공동 경제적 결과를 가져온 것으로 밝혀졌다. 전반적으로 중재 테스트의 결과는 문화 지능이 까다롭거나 자원이 부족한 상황을 보완할 수 있음을 시사하는 것으로 수렴된다.

7.3
팀 차원과 조직 차원의 문화 지능

문화 지능은 원래 이론적으로(Earley & Ang, 2003; Thomas & Inkson, 2003) 개인이 다른 문화권의 사람들과 문화적으로 어려운 상황에서 더 효과적으로 기능할 수 있도록 하는 개인 수준의 구인이다. 이러한 개인차가 팀 수준이나 조직 수준에서 구인을 형성하고 상호작용하는 과정에 대해서는 알려진 바가 거의 없다. 이것은 문화 지능이 집단적 행동과 결과에 영향을 미치기 위해 어떻게든 여러 단계를 거쳐야 하는 본질적으로 다단계적인 과정이다. 다단계 연결 기제에 대한 이론이 부족함에도, 일부 연구는 문화 지능의 팀 수준과 조직 수준에서의 결과에 초점을 맞추었다. 일부 연구는 개인 수준의 문화 지능을 경험적으로 통합하여 더 높은 수준의 구인을 형성하고, 다른 연구에서는 더 높은 수준에서 개념화를 변경해야 한다고 제안한다. 팀 수준과 조직 수준에서 문화 지능의 효과를 조사한 연구에 대한 자세한 요약은 〈표 7.3〉에 나와 있다.

〈표 7.3〉 고차 수준에서의 문화 지능

저자	표본	DV	IV/조절자		
			메타 인지적 문화 지능	인지적 문화 지능	동기적 문화 지능
팀 수준					
Adair et al. (2013)	다양한 문화적 배경을 가진 학생(N=25 동질적인 팀, N=25이질적인 팀)	공유된 팀의 가치	-	ns	-
Chen & Lin (2013)	거대 다국적 하이테크 기업의 팀 리더(N=298)	지식 공유	+	+	+
		지각된 팀 효율성	+	ns	ns
Crotty & Brett (2012)	다양한 문화적 배경을 가진 직원(N=246 구성원, N=37팀)	창의성	+mod		
		융합 팀워크	+mod		
Groves & Feyerherm (2011)	다양한 문화적 배경을 가진 업무 단위 리더와 그들의 직접적인 보고(N=99 리더, N=321 직접적인 보고)	리더의 수행			
		팀의 수행			
Magnusson et al. (2014)	다양한 문화적 배경을 가진 학생(N=1,006 학생, N=145 팀)	팀 노력			+mod
Moon (2013)	다양한 문화적 배경을 가진 학생(N=327 학생, N=73 팀)	팀의 최초 수행			
		팀 수행 추세			
Rosenauer et al. (2016)	다양한 문화적 배경을 가진 독일 기업의 직원 (N=410, N=63팀)	다양성 풍토			
		팀 수행			

행동적 문화 지능	집합 CQS	단축형 문화 지능 척도	비고
ns			팀 다양성 유형(0=동질적, 1=이질적)은 CQS 양상과 공유된 팀의 가치를 정적으로 조절했음.
ns			CQS 문항은 팀의 문화 지능에 대한 리더의 지각을 측정하기 위해 수정되었음.
+			메타 인지적 문화 지능과 행동적 문화 지능은 지각된 팀 효율성을 통해 지식 공유에 간접적으로 정적인 영향을 주었음.
			팀 수준의 문화적 메타 지능은 팀 구성원의 메타 인지적 문화 지능의 평균값임. 팀 수준의 메타 인지적 문화 지능은 팀 구성원의 메타 인지적 문화 지능과 2개의 DV 간의 관계를 조절함.
	+		4개 CQS 하위 척도의 평균을 계산하고, 집합 CQS 평균을 산출하기 위해 평균하였음. 효과는 팀 다양성이 높을 때만 발견됨.
	+		
			팀 수준의 동기적 문화 지능은 팀 구성원의 동기적 문화 지능의 평균값임. 템의 동기적 문화 지능은 도전에 대한 기대와 팀 노력 간의 관계를 조절함.
+ +mod			팀의 집합 CQS는 팀의 문화적 다양성과 2개의 DV 간의 관계를 조절함.
+ +mod			
+mod			팀 리더의 집합 CQS를 11문항의 CQS로 측정함.
+mod			2개의 DV에서 국적, 과업 독립성, 팀 리더의 집합 CQS 간의 3원적인 상호작용

조직 수준

연구	대상	변수			
Charoensuk mongkol (2015)	태국 기업가 (N=129)	외국 고객과의 관계			
		외국 경쟁사와의 관계			
		외국 공급자와의 관계			
Charoensuk mongkol (2016)	태국 기업가 (N=129)	수출 성과			
		국제 지식 습득 능력			
		적응적인 자본			
		수출 성과			
De la Garza Carranza & Egri (2010)	캐나다 중소기업의 임원진 (N=122)	지각된 회사의 평판			+mar
		지각된 직원의 헌신			+
		재정 성과			ns
elenkov & Manev (2009)	다양한 문화적 배경을 가진 주재원 관리와 부하 직원(N=153 주재원, N=695 부하직원)	제춤-시장 혁신			
		조직 혁신			
Magnusson et al. (2013)	수출 관리자 (N=245) 수출 관리자 (N=245)	마케팅 적응			+mod
		수출 성과	+mod		
Van Driel & Gabrenya (2013)	미국 군사 조직의 직원 (N=5,475 직원, N=76 조직)	응집력		ns	+
		적대적 업무 환경		ns	-
		과업 집단 효율성		ns	+

* 관계는 특별한 언급이 없는 한 회귀 계수를 나타낸다. 다양한 연구들이 다양한 인구통계학적 변수를 통제했다. +는 정적으로 유의함(p<0.05). -는 부적으로 유의함(p<0.05). mar는 약간 유의함(p<0.10). ns는 유의하지 않음. mod는 조절을 의미함.
빈 칸은 원래 논문에서 관계가 검정되지 않았거나 보고되지 않았음을 나타낸다.

		+		
		+		외국 고객 및 공급자와의 관계는 집합 CQS 와 수출 성과 간의 관계를 조절함.
		+		
		+		
		+		Charoensuk mongkol(2015)의 동일 데이터를 사용함. 국제 지식 습득 능력은 집합 CQS와 수출 성과 간의 관계를 매개함.
		ns		
		+		
		+		집합 CQS는 조직 혁신에 대한 비전이 있는 변혁적 리더십의 효과를 정적으로 조절했지만, 제품-시장 혁신에는 영향을 주지 않음.
		ns mod		
		+		
		+mod		
				동기적 문화 지능을 3문항으로만 측정함. 동기적 문화 지능은 마케팅 혼합 적응에 대한 환경적 차이의 영향을 조절함.
				메타 인지적 문화 지능을 3문항으로만 측정함. 메타 인지적 문화 지능은 수출 성과에 대한 마케팅 혼합 적응의 효과를 조절함.
	+			
	-			문화 지능 구성 요소는 개인 수준 데이터의 집계임. 메타 인지적 문화 지능은 집계된 분석 수준에서 나타나지 않음.
	+			

221

7.3.1
다문화 팀(Multicultural Teams)

이전 장에서 우리는 개인 수준에 분석의 초점을 맞춘 팀에서 문화 지능에 대한 연구를 검토했지만, 이 장에서는 팀 수준까지 CQS 점수를 집계하거나 팀 리더의 영향력을 조사한 연구를 검토한다.

팀 수준 CQS

개인 수준의 문화 지능이 팀 수준에서 어떻게 나타나는지에 대한 구체적인 방법은 거의 밝혀지지 않았으며, 대부분의 연구는 팀 내의 문화 지능이 높을수록 더 좋다는 가정 하에 개인의 점수를 단순히 합산하는 방식을 취하고 있다. 또한, 문화 지능의 영향력에 대한 정확한 기제가 일반적으로 모호하게 명시되어 있다.

다음은 팀에서 문화 지능에 대한 예측의 예시이다. 모이너핸과 그 동료(Moynihan, Peterson & Earley, 2006)는 문화적으로 지능적인 팀은 팀 내에서 집단적 낙관주의, 효능감, 동일시 등을 발달시켜 팀 성과를 촉진하는 동시에 다양한 인력을 관리해야 하는 어려움을 극복할 수 있다고 제안한다. 즉, 문화 지능이 높은 팀은 다양한 상호작용을 모니터링하고 지배적인 팀 정체성을 구축할 가능성이 높으며, 이를 통해 팀원들이 상호작용하고 궁극적으로 팀 성과를 향상시킬 수 있다(Earley & Gardner, 2005). 또한, 문화 지능은 팀원들의 지위, 팀 프로세스, 역할 기대치, 의사소통 방식에 대한 공유된 이해를 촉진하는 동시에 많은 갈등과 오해와 같은 다문화 팀의 부정적 요소를 제거한다고 제안되었다(Ang, Van Dyne & Koh, 2006; Ang et al.,

2007; Earley & Ang, 2003). 이러한 아이디어 중 극히 일부만이 경험적 검증을 거쳤다. 모이니한과 그 동료(Moynihan et al., 2006)는 문화 지능 발달과 다문화 팀 효과성에 대해 연구한 결과, 팀 구성 시 측정한 다문화 팀의 집합 문화 지능 평균이 3개월 후 내집단 신뢰, 응집력, 팀 성과 수준과 정적인 상관관계가 있다는 것을 발견했다. 매그너슨과 그 동료(Magnusson et al., 2014)는 팀의 동기적 문화 지능이 다문화 팀의 팀 시도에 영향을 미칠 것으로 예상했다. 그들은 동기적 문화 지능이 높은 팀은 문화적 차이와 관련된 문제를 해결하는 데 특별한 관심을 가져야 하며, 따라서 동기적 문화 지능이 높은 팀은 이러한 문제를 극복하기 위해 더욱 강력한 헌신과 노력으로 더 큰 도전에 대응할 것이라고 주장했다. 20개국의 학부생과 대학원생으로 구성된 글로벌 가상 팀을 대상으로 코스 프로젝트를 수행한 결과, 팀의 동기적 문화 지능 평균은 도전에 대한 기대와 팀 시도(즉, 학습 맥락에서의 커뮤니케이션 강도) 간의 긍정적인 관계를 강화하는 것으로 나타났다.

또한, 팀 문화 지능은 다문화 팀에서 지식 공유와 창의성 작업을 촉진할 수 있다. 크로티와 브렛(Crotty & Brett, 2012)은 다문화 팀의 메타 인지적 문화 지능 평균 수준이 팀원의 메타 인지적 문화 지능과 창의성 및 융합 팀워크 사이의 관계를 촉진한다고 보고했다. 첸과 린(Chen & Lin, 2013)은 메타 인지적 문화 지능과 행동적 문화 지능이 지식 공유에 직접적인 영향을 미칠 뿐만 아니라 리더의 팀 효능감의 매개를 통해 간접적인 영향을 미친다는 사실을 발견했다. 또한, 그들은 팀 수준의 인지적 문화 지능과 동기적 문화 지능이 지식 공유에 직접적인 영향을 미친다고 보고했다.

그러나 팀 수준의 문화 지능의 긍정적인 효과는 문화적 다양성이 큰 팀에만 국한될 수 있다. 즉, 문화적으로 이질적인 팀만이 구성원들의 문화 지능의 이점을 활용할 수 있다. 문화적으로 동질적인 팀이라면 문화적으로 지능적인 구성원을 보유하는 것이 오히려팀 성과를 저해할 수 있다. 아데어와 그 동료(Adair, Hideg & Spence, 2013)는 개인이 문화적 차이에 더 세심하게 주의를 기울이고 적응하기 때문에 문화 지능이 문화적으로 이질적인 팀에서 공유 가치를향상시켜야 한다고 주장했다. 그러나 문화 지능은 문화적으로 동질적인 팀에는 해로운 영향을 미칠 수 있다. 문화적으로 지능적인 개인은 다른 문화에 대해 더 개방적이며 더 폭넓고 다양한 사고를 할수 있기 때문에 동질적인 팀의 강력한 단일 문화 정체성을 위협하여 공유된 팀 가치를 발전시키는 데 방해가 될 수 있다는 논리다. 연구팀은 12주 동안 다양한 팀 과제를 수행한 두 가지 유형의 팀을 대상으로 팀워크 초기 단계에서 공유된 팀 가치를 조사했다. 연구 결과, 문화적으로 이질적인 팀은 팀의 메타 인지적 문화 지능과행동적 문화 지능이 높을 때 공유 가치를 발전시킬 가능성이 더 높은 반면, 문화적으로 동질적인 팀은 팀의 메타 인지적 문화 지능과동기적 문화 지능이 높을 때 공유 가치를 발전시킬 가능성이 더 낮은 것으로 나타났다. 문(Moon, 2013)은 15주 동안 세 가지 프로젝트에 참여한 학생들의 다문화 팀을 연구한 결과, 집합 CQS에서 높은점수를 받은 다문화 팀이 첫 번째 프로젝트에서 더 나은 성과를 보였으며 낮은 점수를 받은 다문화 팀보다 더 빨리 향상되었다는 사실을 발견했다. 또한, 팀의 집합 CQS는 문화적 다양성이 첫 번째 프로젝트에서 팀 성과에 미치는 부정적인 영향을 완화하였고, 그 결과 높은 수준의 집합 CQS를 보인 다문화 팀은 팀워크의 초기에 문화적 다양성으로 인한 어려움을 덜 겪었고 15주 동안 성과 개선 속도가 빨라지는 것으로 나타났다.

팀 수준에서 대부분의 연구는 개인 수준의 CQS 점수를 합산하여 팀 수준의 문화 지능을 측정했다. 즉, 팀이 문화적으로 지능적인지 여부는 팀이 문화적으로 지능적인 개인으로 구성되어 있는지에 따라 달라진다. 문화 지능이 팀 수준에서 어떻게 작용하는지에 대한 보다 명확한 이론적 관점이 필요한 것으로 보인다. 예를 들어, 얀센스와 브렛(Janssens & Brett, 2006)은 글로벌 팀의 맥락에서 문화 지능에 대한 구조적 관점을 취했다. 처음에는 문화 지능을 필요에 따라 완전히 새로운 행동을 개발할 수 있는 개인의 능력으로 정의했지만(Earley & Ang, 2003; Earley & Peter-son, 2004), 그들의 접근 방식은 문화적으로 지능적인 팀원을 한 명 이상 보유하거나 모든 팀원이 문화적으로 민감하도록 교육하는데 의존하지 않는다. 대신, 그들은 문화 지능, 즉 집단의 과정을 변화시키는 능력을 가진 구조적인 개입, 또는 융합이라는 이름의 팀 협업 모델을 그것의 원리에 구축할 것을 제안한다. 글로벌 팀원들은 융합 협업 모델을 사용하는 글로벌 팀에서 경험을 쌓은 결과 문화적으로 더 지능적이 될 가능성이 크다. 팀원들이 개인적 차이를 팀 이익에 종속시켜 합의를 추구하고 상위 팀 원칙을 만들어내는 통합 모델과 달리, 융합 모델의 팀원들은 의미 있는 참여를 통해 대화를 나누며 문화적 인식의 양립성을 모색하고 여러 기준에 초점을 맞추기 때문에 서로 다른 원칙이 공존할 수 있다.

팀장(team leader)

일부 연구에 따르면 팀장의 문화 지능은 문화적으로 다양한 팀과 조직에서 팀의 성과를 촉진한다(Groves & Feyerherm, 2011). 다문화 팀에서 높은 문화 지능을 가진 리더는 신뢰와 다양한 관점에 대한 개방성을 기반으로 한 팀 분위기를 조성하고 지식 교환과 아이디어 공유를 장려하는 팀 구조를 만들 수 있다고 제안되었다(Mumford, Scott, Gaddis, & Strange, 2002; Stewart & Johnson, 2009). 다른 연구자들(Groves & Feyerherm, 2011)은 다양한 인종과 국적 배경을 가지고 있는 리더와 그들의 추종자들을 모집하여 리더의 문화 지능(CQS)과 성과의 관계를 조사했다. 결과는 리더의 집합 CQS 점수가 민족과 국적 다양성이 높은 팀에서만 리더의 성과에 대한 추종자의 인식과 팀 성과가 정적인 상관관계가 있음을 나타냈다. 이 효과는 리더의 정서 지능 및 기타 리더십 역량을 넘어선 것이다. 팀이 문화적으로 동질적이면(낮은 다양성) 리더의 집합 CQS 점수는 성과 인식과 관련이 없었다.

로제나우어와 그 동료(Rosenauer et al., 2016)는 문화적으로 지능적인 리더는 적절한 팀 프로세스를 촉진할 수 있는 기술을 보유하고 있으므로 다양성의 이점을 얻을 수 있지만, 다양성이 팀의 결과에 중요한 영향을 미칠 가능성이 있을 때만, 즉 높은 작업 상호의존성일 때만 그럴 수 있다고 주장했다. 그들은 다양한 수준의 국적 다양성과 작업 상호 의존성을 가진 다문화 팀을 표본 추출했으며, 리더의 집합 CQS 점수가 6개월 후 다양성 분위기 및 팀 성과와 정적인 상관관계가 있음을 발견했다. 단, 그것은 국적 다양성과 작업 상호 의존성이 모두 높을 때만 해당된다. 그들의 연구 결과는 문화적

으로 이질적인 팀 대 동질적인 팀에서 팀 수준의 문화 지능의 효과
와 일치한다.

7.3.2
조직 수준

기업의 문화적 맥락에 대한 적응 능력은 다국적 환경에서 핵심
성공 요인일 수 있다(Aycan, 2000). 지금까지 문화 지능(개인 수준의 구
인)이 조직 수준에서 나타나 조직 결과에 영향을 미치는 방식에 관
해서는 거의 연구되지 않았다(Ang & Inkpen, 2008; Moon, 2010; Van
Driel & Gabrenya, 2013). 매우 작은 연구 자료에서 연구자들은 조직
수준의 문화 지능에 세 가지 관점으로 접근하였다. 그것은 바로 핵
심 인물의 문화 지능, 개인 수준의 문화 지능에서 집계된 창발적인
조직 수준의 구인, 상호문화적 성공으로 이어지는 조직의 속성·구
조·기능이다. 첫 번째 접근 방식은 가장 많은 경험적 관심을 받았으
며 일반적으로 한 개인의 문화 지능이 조직 결과에 미치는 영향을
조사했다. 팀과 마찬가지로 이 영향의 정확한 기제는 거의 명확하게
설명되지 않는다.

중소기업 성과

중소기업 소유주의 문화 지능은 기업이 국제 비즈니스를 수행할
때 기업 성과에 긍정적인 영향을 미칠 수 있다고 제안되었다. 연구진
(de la Garza Carranza & Egri, 2010)은 캐나다 중소기업의 임원들을 대
상으로 설문 조사를 실시한 결과, 기업가적 지향을 통제했을 때 임

227

원들의 동기적 문화 지능이 기업 평판에 대한 인식 및 직원 헌신과 정적인 상관관계가 있지만 재무 성과와는 관련이 없음을 발견했다. 그들의 가설과는 달리, 이러한 관계는 기업이 국제 시장에서만 사업을 하는지, 국내 시장에서만 사업을 하는지, 또는 국제적인 사업 범위인지와는 관련이 없었다.

다른 연구자(Charoensukmongkol, 2015; 2016)는 기업가의 문화 지능이 기업의 국제 시장 성과에 미치는 영향을 탐색했다. 그는 태국의 중소 제조업체를 대상으로 설문 조사를 실시한 결과, 집합 CQS 점수가 높은 기업가는 외국 고객, 공급업체, 경쟁업체와 더 높은 품질의 관계를 유지했고, 외국 고객 및 공급업체와의 더 나은 관계는 기업의 수출 성과에 크게 기여했다는 사실을 밝혀냈다(Charoensukmongkol, 2015). 동일한 데이터를 분석하여 그는 기업 소유주의 집합 CQS 점수와 기업 수출 성과에 대한 인식 간의 정적인 상관관계가 기업의 국제 지식 습득에 의해 매개되었지만 기업의 적응 역량에 의해 매개되지 않음을 발견했다(Charoensukmongkol, 2016).

조직 혁신

엘렌코프와 마네프(Elenkov & Manev, 2009)는 높은 문화 지능을 가진 외국인 리더가 추종자들과 더 잘 연결되고 혁신을 위해 그들을 동원할 수 있을 것이라고 주장했다. 그들은 27개 유럽 연합 국가에서 외국인 관리가 이끄는 사업 단위를 표본 추출했으며, 고위 외국인 임원의 상상력이 있는 변혁적 리더십이 조직의 혁신 채택 속도를 높인다는 것을 밝혔다. 고위 외국인 임원의 집합 CQS 점수는 리더십과 조직 혁신(예: 인사 관리를 위한 새로운 프로그램, 새로운 계획 시스템) 사이의 관계를 조절했지만 제품─시장 혁신(예: 새로운 제품, 새로운 유통 방식)에는 영향을 미치지 않았다.

수출 성과

매그너슨과 그 동료(Magnusson, Westjohn, Semenov, Randrianasolo & Zdravkovic, 2013)는 문화 환경의 차이에 직면할 때 수출 관리자의 문화 지능이 시장 적응과 수출 성과에 어떻게 영향을 미치는지를 연구했다. 동기적 문화 지능은 환경 차이와 마케팅 혼합 적응(marketing─mix adaptations)의 관계를 조절하는 것으로 제안되었다. 동기적 문화 지능이 높은 관리자는 환경 변화에 대한 내재적 관심이 더 높기 때문이다. 반면에 메타 인지적 문화 지능은 마케팅 혼합 적응과 수출 성과의 관계를 조절하는 것으로 제안되었다. 메타 인지적 문화 지능이 높은 관리자는 표적이 되는 시장에서 문화적 표현을 해석할 준비가 더 잘 되어 있고 특정 문화 환경과 고객의 요구와 욕구를 더 잘 이해하기 때문이다. 미국 수출업자를 대상으로 한 그들의 경험 연구는 두 가지 조절 효과를 모두 뒷받침했다.

우리는 이러한 연구를 조직 수준의 연구로 분류한다. 왜냐하면 그들의 결과는 기업 성과와 같은 기업 수준의 구인이기 때문이다. 그러나 문화 지능은 핵심 의사 결정자의 문화 지능으로 조작화 되었으며, 이는 문화 지능의 의미나 정의를 바꾸지 않았다. 즉, 이러한 기업을 경쟁력 있고 성공적으로 만든 것은 핵심 의사 결정자가 새로운 시장을 위해 전략을 조정하고 소규모 기업이나 사업 단위에서 전략을 실행하는 능력이었다. 핵심 인물의 문화 지능은 기업 성과에 강한 영향을 미칠 수 있지만 여전히 개인의 역량이며 더 높은 수준에서 정의된 조직의 문화 지능과는 개념적으로 다르다. 두 번째와 세 번째 접근 방식은 얼리와 앵(Earley & Ang, 2003)의 개인 문화 지능 관점과 근본적으로 다르게 조직의 문화 지능을 취급한다.

두 번째 접근 방식은 조직의 문화 지능을 개인의 집합에서 발생하는 고차원 구인으로 보고, 따라서 조직의 문화 지능을 개인 수준 문화 지능으로부터의 집합으로 간주한다(Van Driel & Gabrenya, 2013). 이것은 팀 수준에서 일반적으로 행해지는 관행과 유사하다. 팀 수준의 문화 지능은 개별 수준의 CQS 점수를 집계하여 측정되었다. 이 접근 방식에는 이론적 우려와 경험적 우려가 따른다. 이론적으로, 그 구인의 의미는 분석 수준에 따라 다를 수 있다(Fontaine, 2008; Kozlowski & Klein, 2000). 예를 들어, 성과는 개인 및 조직 수준에서 서로 관련이 있지만 다른 개념을 나타낸다(DeNisi, 2000). 조직의 문화 지능이 직원의 개별 문화 지능의 경험적 집계라면 그것은 개념적으로 무엇을 나타내는가? 경험적으로, 현상의 유형에 따라 합계 또는 평균, 분산, 최소 또는 최대 점수, 비율과 같은 여러 가지 방법으로 개별 수준 데이터를 고차원 분석으로 집계할 수 있다(Kozlowski & Klein, 2000). 조직의 문화 지능을 직원의 개별 문화 지능의 평균 점수나 분산으로 계산한다는 것은 조직의 문화 지능에 대한 서로 다른 이론과 개념화를 의미한다. 우리는 이 접근 방식을 취하는 단 한 편의 논문을 확인했다. 밴 드리엘과 개브린너(Van Driel & Gabrenya, 2013)는 CQS를 사용하여 4차원 요인 구조가 여전히 조직의 분석 수준에서 유지되는지 검증하여 혼합적인 결과를 발견했다. 개별 수준의 동기적 문화 지능, 행동적 문화 지능, 인지적 문화 지능

문화 지능

을 반영하는 세 가지 구성 요소만 조직 수준에서 나타났다. 집계 통계는 혼합되어 있어 세 가지 구성 요소를 집계하는 적절성을 더욱 약화시켰다. 또한, 집계 수준의 동기적 문화 지능과 행동적 문화 지능만 응집력, 적대적인 직장 환경 및 작업 집단 효과성과 같은 단위(unit) 수준 개념과 관련이 있었다. 그들의 결과는 개별 수준의 문화 지능을 조직 수준의 분석으로 집계하는 부분적인 지원을 발견했으며 메타 인지적 문화 지능은 개인 수준만의 구인일 수 있음을 나타낸다.

세 번째 접근 방식은 조직 수준의 문화 지능을 조직의 속성, 구조, 기능 측면에서 정의한다. 앵과 잉크펜(Ang & Inkpen, 2008)은 기업의 자원 기반 관점을 사용하고 기업의 상호문화 역량의 세 가지 차원을 정의했다. 그것은 바로 관리 차원, 경쟁 차원, 구조 차원이다. 관리형 기업의 문화 지능은 해외 사업에 직접적으로 관여하는 최고 경영진 팀과 프로젝트 관리자의 개별 문화 지능의 4요인 모델을 의미한다. 경쟁형 기업의 문화 지능은 해외 프로젝트와 관련된 위험을 식별, 보정 및 관리하는 기업 역량을 의미한다. 구조형 기업의 문화 지능은 상호 조직 간 인터페이스와 관련된 잠재적인 문화적 단층선을 규제하는 공식 및 비공식 구조 규범을 모두 의미한다. 문(Moon, 2010)은 역동적 역량 프레임워크를 바탕으로 조직 문화 지능을 "조직이 문화적으로 다양한 환경에서 효과적으로 기능하고 관리할 수 있는 역량을 재구성할 수 있는 조직의 역량"으로 정의했다. 이 프레임워크는 서로 상호작용하는 과정, 위치 및 경로 역량으로 구성된다. 과정 역량에는 문화 간 조정/통합, 학습 및 재구성이 포함된다. 위치 역량에는 앵과 잉크펜(Ang & Inkpen, 2008)의 연구에서 나온 문화 간 관리, 경쟁, 구조 차원이 포함된다. 경로 역량은 경로 종속성을 고려하고 문화 간 개시, 경험 및 자원 가변성을 포함한다.

밴 드리얼과 개브린너(Van Driel & Gabrenya, 2013)는 두 가지 접근 방식을 제안하고 조직의 문화 지능에 상응하는 척도를 개발했다. 민족지학적 접근 방식(ethnographic approach)은 조직의 문화 지능을 조직 구성원들이 보고할 수 있는, 문화 간 활동에서 성공하는 조직의 명백한 특성 및 공유 표현으로 이해한다. 그들은 개인 수준의 문화 지능과 유사한 네 가지 구성 요소를 설명했다. 그것은 바로 조직의 문화적 지식(인지적 문화 지능, 조직의 문화적 지식을 모니터링하기 위한 전략(메타 인지적 문화 지능), 문화적 지식을 습득하고 구현하기 위한 동기(동기적 문화 지능), 계획된 행동을 실행하는 것(행동적 문화 지능)이다. 그들은 또한 네 가지 구성 요소 모델을 포착하기 위해 새로운 척도를 개발했지만 데이터 분석은 집계 수준에서 두 가지 구성 요소만 나타났다. 첫 번째 구성 요소는 지식 항목(조직의 지식)으로 구성되었으며, 두 번째 구성 요소는 조직이 문화 지식을 습득, 관리, 적용하기 위해 취한 조치를 반영했다(조직의 행동). 흥미롭게도, 동기적 문화 지능과 관련된 문항은 조직의 분석 수준에서 나타나지 않았다. 후속 분석에 따르면 조직의 지식만이 단위 수준의 응집력과 적대적인 직장 환경과 관련이 있었지만 조직 행동은 관련이 없었다.

성과 접근 방식은 조직의 가시적인 문화 간 기능과 성과에 초점을 맞추고 상호문화적 맥락에서 성공적인 조직 운영에 기여하는 효과적인 조치를 식별한다. 그들의 질적 연구는 문화 지식의 습득과 사용, 단위의 문화적 도전 극복을 위한 적응, 통역의 사용과 관리,

호스트 문화의 구성원과 관계 구축과 같은 주제들을 밝혀냈다. 질적 데이터를 바탕으로 그들은 집계 수준에서 단일 요인 구조를 나타내는 10개 문항으로 구성된 척도를 개발했다. 이 구인은 단위 수준의 응집력, 적대적인 직장 환경, 작업 집단 효과성과 관련이 있었다.

이러한 네 가지 조직의 문화 지능 모델에 대한 후속하는 이론적 발전과 경험적 검증이 부족하지만, 이러한 논문들은 조직 수준에서 문화 지능의 개념화의 중요성을 지적하고 이 분야의 미래 연구를 위한 기반을 마련했다.

7.4
요약

고차적 수준에서 문화 지능은 개념화와 조작화 모두에서 추가 연구가 필요하다. 팀 수준에서 연구자들은 팀 구성원의 집계 점수로 팀 문화 지능을 조작화하거나 팀 리더의 문화 지능이 팀 결과에 미치는 영향을 연구했다. 마찬가지로, 조직 수준에서 문화 지능은 앵과 잉크펜(Ang & Inkpen, 2008), 문(Moon, 2010)의 연구를 제외하고는 대부분 최고 관리자의 문화 지능으로 연구되었다. 그러나 문화적으로 지능적인 팀이나 조직은 팀이나 조직 내의 개별 행위자의 집합체를 지칭하며, 팀이나 조직의 외부 환경에 대한 행동은 팀이나 조직의 결과를 생성한다. 간단히 말해서, 개별 점수를 집계하거나 리더의 CQS 점수를 사용하면 내부 또는 외부 상호작용과 프로세스를 나타내지 않는다. 고차적 수준에서 문화 지능에 대한 법칙적 관계망 (nomological network)을 조사하기 전에 문화적으로 지능적인 팀이나 조직의 구성과 과정이 더 발전되어야 한다.

집계 문제에도 불구하고, 문화 지능을 매개 변수, 조절 변수, 고차원 분석으로 검토한 결과 주요 요점이 강조되었다. 상호 문화적 또는 다문화 환경에서만 문화 지능이 효과가 있다는 수렴적인 증거가 있다. 국내 또는 동질적인 문화 환경에서 문화 지능은 대인관계 과정과 성과에 부정적인 영향을 미칠 수 있다. 이 아이디어는 훨씬 더 많은 탐색이 필요하다.

Adair, W. L., Hideg, I., & Spence, J. R. (2013). The culturally intelligent team: The impact of team cultural intelligence and cultural heterogeneity on team shared values. *Journal of Cross-Cultural Psychology*, 44(6), 941-962.

Ang, S., & Inkpen, A. C. (2008). Cultural intelligence and offshore outsourcing success: A framework of firm-level intercultural capability. *Decision Sciences*, 39, 337-358.

Ang, S., Van Dyne, L., & Koh, C. (2006). Personality correlates of the four-factor model of cultural intelligence. *Group and Organization Management*, 31, 100-123.

Ang, S., Van Dyne, L., Koh, C., Ng, K. Y., Templer, K. J., Tay, C., et al. (2007). Cultural intelligence: Its measurement and effects on cultural judgment and decision making, cultural adaptation and task performance. *Management and Organization Review*, 3, 335-371.

Aycan, Z. (2000). Cross-cultural industrial and organizational psychology: Contributions, past developments, and future directions. *Journal of Cross-Cultural Psychology*, 31, 110-129.

Barbuto, J. E., Jr., Beenen, G., & Tran, H. (2015). The role of core self-evaluation, ethnocentrism, and cultural intelligence in study abroad success. *The International Journal of Management Education*, 13, 268-277.

Brislin, R. W., Worthley, R., & MacNab, B. (2006). Cultural intelligence: Understanding behaviors that serve people's goals. *Group and Organization Management*, 31, 40-55.

Charoensukmongkol, P. (2015). Cultural intelligence of entrepreneurs and international network ties: The case of small and medium manufacturing firms in Thailand. *Management Research Review*, 4, 421-436.

Charoensukmongkol, P. (2016). Cultural intelligence and export performance of small and medium enterprises in Thailand: Mediating roles of organizational capabilities. *International Small Business Journal*, 34, 105-122.

Chen, M.-L., & Lin, C.-P. (2013). Assessing the effects of cultural intelligence on team knowledge sharing from a socio-cognitive perspective. *Human Resource Management*, 52, 675-695.

Crotty, S. K., & Brett, J. M. (2012). Fusing creativity: Cultural metacognition and teamwork in multicultural teams. *Negotiation and Conflict Management Research*, 5, 210-234.

de la Garza Carranza, M. T., & Egri, C. P. (2010). Managerial cultural intelligence and small business in Canada. *Management Revue*, 21, 353-371.

DeNisi, A. S. (2000). Performance appraisal and control systems: A multilevel approach. InK. Klein & S. Kozlowski (Eds.), *Multilevel theory, research, and methods in organizations* (pp. 121-156). San Francisco, CA: Jossey-Bass.

Earley, P. C., & Ang, S. (2003). *Cultural intelligence: Individual interactions across cultures*. Stanford, CA: Stanford University Press.

Earley, P. C., & Gardner, H. K. (2005). Internal dynamics and cultural intelligence in multinational teams. In D. L. Shapiro, M. A. Von Glinow, & J. L. C. Cheng (Eds.), *Managing multinational teams: Global perspectives* (Advances in international management) (Vol. 18, pp. 3-31): Emerald Group Publishing Limited.

Earley, P. C., & Peterson, R. S. (2004). The elusive cultural chameleon: Cultural intelligence as a new approach to intercultural training for the global manager. *Academy of Management Learning and Education*, 3, 100-115.

Elenkov, D. S., & Manev, I. M. (2009). Senior expatriate leadership's effects on innovation and the role of cultural intelligence. *Journal of World Business*,

문화 지능

44, 357-369.

Fontaine, J. (2008). Traditional and multilevel approaches in cross-cultural research: An integration of methodological frameworks. In F. J. R. van de Vijver, D. A. van Hemert, & Y. H. Poortinga (Eds.), *Multilevel analysis of individuals and cultures* (pp. 65-92). New York: Taylor Francis.

Groves, K. S., & Feyerherm, A. E. (2011). Leader cultural intelligence in context: Testing the moderating effects of team cultural diversity on leader and team performance. *Group and Organization Management*, 36, 535-566.

Janssens, M., & Brett, J. M. (2006). Cultural intelligence in global teams: A fusion model of collaboration. *Group and Organization Management*, 31, 124-153.

Kim, Y. J., & Van Dyne, L. (2012). Cultural intelligence and international leadership potential: The importance of contact for members of the majority. *Applied Psychology: An international Review*, 61, 272-294.

Korzilius, H., Bucker, J. J. L.E.,& Beerlage, S. (2017). Multiculturalism and innovative workbehavior: The mediating role of cultural intelligence. *International Journal of Intercultural Relations*, 56, 13-24.

Kozlowski, S. W. J., & Klein, K. J. (2000). A multilevel approach to theory and research in organizations: Contextual, temporal and emergent processes. In K. J. Klein & S. W. J. Kozlowski (Eds.), *Multi-level theory research and methods in organizations* (pp. 3-90). San Francisco: Jossey-Bass.

Lee, L.-Y., Veasna, S., & Wu, W.-Y. (2013). The effects of social support and transformational leadership on expatriate adjustment and performance: The moderating roles of socialization experience and cultural intelligence. *Career Development International*, 18, 377-415.

Lovvorn, A. S., & Chen, J.-S. (2011). Developing a global mindset: The relationship between an international assignment and cultural intelligence. *International Journal of Business and Social Science*, 2, 275-283.

Magnusson, P., Schuster, A.,& Taras, V. (2014). A process-based explanation of the psychic distance paradox: Evidence from global virtual teams. *Management International Review,* 54, 283-306.

Magnusson, P., Westjohn, S. A., Semenov, A. V., Randrianasolo, A. A., & Zdravkovic, S. (2013). The role of cultural intelligence in marketing adaptation and export performance. *Journal of International Marketing,* 21, 44-61.

Moon, H. K., Choi, B. K., & Jung, J. S. (2013). Comprehensive examination on antecedents of cultural intelligence: Case of South Korea. *Personnel Review,* 42, 440-465.

Moon, T. (2010). Organizational cultural intelligence: Dynamic capability perspective. *Group and Organization Management,* 35, 456-493.

Moon, T. (2013). The effects of cultural intelligence on performance in multicultural teams. *Journal of Applied Social Psychology,* 43, 2414-2425.

Moynihan, L. M., Peterson, R. S., & Earley, P. C. (2006). Cultural intelligence and the multina-tional team experience: Does the experience of working in a multinational team improve cultural intelligence? In Y.-R. Chen (Ed.), *National culture and groups* (Research on managing groups and teams) (Vol. 9, pp. 299-323): Emerald Group Publishing Limited.

Mumford, M., Scott, G., Gaddis, B., & Strange, J. (2002). *Leading creative people: Orchestrating expertise and relationships. Leadership Quarterly,* 14, 163-171.

Ng, K. Y., Van Dyne, L., & Ang, S. (2009). From experience to experiential learning: Cultural intelligence as a learning capability for global leader development. *Academy of Management Learning and Education,* 8, 511-526.

Oolders, T., Chernyshenko, O. S., & Stark, S. (2008). Cultural intelligence as a mediator of rela-tionships between openness to experience and adaptive performance. In S. Ang & L. Van Dyne (Eds.), *Handbook of cultural intelligence: Theory, measurement, and applications.* ME Sharpe: Armonk,

NY.

Ramsey, J. R., Leonel, J. N., Gomes, G. Z., & Monteiro, P. R. R. (2011). Cultural intelligence's influence on international business travelers' stress. *Cross Cultural Management: An International Journal*, 18, 21-37.

Remhof, S., Gunkel, M., & Schlagel, C. (2013). Working in the "global village": The influence of cultural intelligence on the intention to work abroad. *German Journal of Research in Human Resource Management*, 27, 224-250.

Rockstuhl, T., & Ng, K.-Y. (2008). The effects of cultural intelligence on interpersonal trust in multicultural teams. In S. Ang & L. Van Dyne (Eds.), *Handbook of cultural intelligence: theory, measurement, and applications* (pp. 206-220). New York, NY: M. E. Sharpe Inc.

Rosenauer, D., Homan, A. C., Horstmeier, C. A. L., & Voelpel, S. C. (2016). Managing nationality diversity: The interactive effect of leaders' cultural intelligence and task interdependence. *British Journal of Management*, 27, 628-645.

Salmon, E. D., Gelfand, M. J., Qelik, A., Kraus, S., Wilkfenfeld, J., & Inman, M. (2013). Cultural contingencies of mediation: Effectiveness of mediator styles in intercultural disputes. *Journal of Organizational Behavior*, 34, 887-909.

Shaffer, M., & Miller, G. (2008). Cultural intelligence: A key success factor for expatriates. In S. Ang & L. Van Dyne (Eds.), *Handbook of cultural intelligence: Theory, measurement, and applications* (pp. 107-125). Armonk, NY: ME Sharpe.

Stewart, M., & Johnson, O. (2009). Leader-member exchange as a moderator of the relationship between work group diversity and team performance. *Group and Organization Management*, 34, 507-535.

Thomas, D. C., & Inkson, K. (2003). *Cultural intelligence: People skills for global business*. San Francisco, CA: Berrett-Koehler.

Van Driel, M., & Gabrenya, W. K., Jr. (2013). Organizational cross-cultural competence: Approaches to measurement. *Journal of Cross-Cultural Psychology*, 44, 874-899.

Ward, C., & Fischer, R. (2008). Personality, cultural intelligence and cross-cultural adaptation: A test of the mediation hypothesis. In S. Ang & L. Van Dyne (Eds.), *Handbook of cultural intelligence: Theory, measurement, and applications* (pp. 159-176). Armonk, NY: ME Sharpe.

Wu, P.-C., & Ang, S. H. (2011). The impact of expatriate supporting practices and cultural intelligence on cross-cultural adjustment and performance of expatriates in Singapore. *The International Journal of Human Resource Management*, 22, 2683-2702.

문화 지능

8장.
미래의 연구

요약

직장 환경의 세계화는 문화적 차이가 경영 행동에 미치는 영향을 이해하려는 관심이 당분간 줄어들지 않을 것임을 시사한다. 이 노력의 중요한 측면은 개인이 자신이 속한 환경의 문화적 측면을 효과적으로 처리할 수 있는 능력의 개인차를 이해하는 것이다. 문화 지능 구인은 바로 이러한 필요성을 충족하려는 것이다. 그러나 이 구인이 도입된 지 15년이 지난 지금, 우리는 이 개인차에 대해 우리가 진정 알고 있는 것이 무엇인지를 당연히 질문할 수 있다. 이 장에서 우리는 문화 지능 구인의 현재 상태에 대한 우리의 견해를 요약하고, 대안적인 행동 방침을 평가하며, 해결해야 할 몇 가지 이슈를 제안하고, 미래 연구를 위한 몇 가지 방향을 제시한다.

핵심어 문화적 메타 인지, 행동적 접근, 척도 타당화, 다문화 경험, 훈련, 개인차, 분석 수준, 다문화 개인

241

직장 환경의 세계화는 문화적 차이가 경영 행동에 미치는 영향을 이해하려는 관심이 당분간 줄어들지 않을 것임을 시사한다. 이 노력의 중요한 측면은 개인이 자신이 속한 환경의 문화적 측면을 효과적으로 처리할 수 있는 능력의 개인차를 이해하는 것이다. 문화 지능 구인은 바로 이러한 필요성을 충족하려는 것이다. 그러나 이 구인이 도입된 지 15년이 지난 지금, 우리는 이 개인차에 대해 우리가 진정 알고 있는 것이 무엇인지를 당연히 질문할 수 있다. 이 장에서 우리는 문화 지능 구인의 현재 상태에 대한 우리의 견해를 요약하고, 대안적인 행동 방침을 평가하며, 해결해야 할 몇 가지 이슈를 제안하고, 미래 연구를 위한 몇 가지 방향을 제시한다.

8.1
현재 상황

문화 지능 구인은 문화적으로 다른 그리고 다른 문화적 맥락에 있는 사람들과 효과적으로 상호작용할 수 있는 개인차를 설명하기 위해 개발된 많은 문화 간 역량 조사로부터 새로운 출발을 나타낸다. 문화 지능 구인은 문화에 대한 역동적인 구성주의 관점(Hong, Morris, Chiu, & Benet-Martinez, 2000)을 취한다는 점에서 나름의 독특성을 갖고 있다. 문화에 대한 역동적 구성주의 관점은 행동을 유발하는 인지 구조의 차이가 다른 시간에서 현저하게 나타난다고 인식한다. 이 인식은 문화 간 효과에 영향을 미치는 보다 일반적인 인지 구조와 프로세스를 개발할 수 있다는 가능성을 제기했다. 문화 지능 구인이 도입된 이후(Earley, 2002), 문화 지능의 개념적 발전은 두 가지 경로를 따랐다. 두 접근 방식 모두 문화 지능을 문화에 독립적인 다차원적 관념, 즉 필요한 인지 발달이 특정 문화와 결합되지 않은 것으로 제시하지만, 그 차원의 수와 특성, 그리고 그것들이 전체 구인과 관련되는 방법에 있어서는 서로 다르다. 얼리와 앵(Earley & Ang, 2003)은 네 가지 차원이 결합하여 집합(Ang & Van Dyne, 2008) 구인을 형성한다고 정의한다. 그러나 이 집계 방법은 명시되어 있지 않다. 최근 논문에서는 이론을 발전시키고 일반 문화 지능 요인과 네 가지 특정 요인을 설명하기 위해 이중 요인 모델을 제안했다(Rockstuhl & Van Dyne, 2018). 그러나 이중 요인 구조의 개념을 명확히 하기 위해서는 더 많은 연구가 필요하다. 특히 문화 지능 개념과 대조적으로 네 가지 특정 요인이 무엇을 나타내는지 측면에서 말이다. 토마스와 그 동료(Thomas et al., 2008)는 문화 지능을 세 개의 하위 차원의 상호작용에서 나타나는 잠재적 구인으로 정의한다. 이 두 가지 개념화는 두 가지 다른 측정 도구를 낳았다. 지금까지 단연 가장 인기 있는 측정 도구는 앵과 밴 다인(Ang & Van Dyne, 2008)이 만든 20개 문항의 문화 지능 척도(CQS)이다. 이 책에 보고된 바와 같이 많은 연구에서 이 척도를 사용했으며 그 중 하나 또는 다른 네 가지 하위 차원이 상호문화적 효과성의 측면과 관련이 있음을 발견했다. 그러나 저자들은 종종 하나의 차원의 이론적 근거에 의존하여 전체 문화 지능을 언급하거나 연구의 특정 선행 요인이나 결과에 따라 한 차원의 이론적 근거를 사용한다(Lorenz et al., 2017). 이 도구에 대한 독립적인 검토에서는 여러 가지 문제점이 제기되었다. 워드와 그 동료(Ward, Fischer, Lam & Hall, 2009)는 CQS의 부가적 타당도(incremental validity)에 대해 의문을 제기했다. 개브린너와 그 동료(Gabrenya et al., 2011, p. 15)는 다음과 같이 결론을 내린다.

CQS는 기존의 측정 도구에 비해 예측 가치가 거의 없고 예측 가치가 종종 제3의 변수로 설명되기 때문에 '잘 작동하지만 잘못된 이유로 작동한다.'라고 말할 수 있는가? 이론적인 관점에서 볼 때, 이러한 측정 상황은 용납할 수 없으며 CQS는 이론적인 연구에 사용되어서는 안 되지만 일부 적용 설정에서는 20개 문항의 문화 지능 측정 도구가 편리할 수 있다. 그럼에도 불구하고, CQS를 적용 상황에서 사용하는 것은 그것이 실패할 때 오직 우리의 전체 모델에 표시된 결과를 고려할 때만 이해할 수 있는 이유로 인해 해석할 수 없는 결과를 초래할 수 있다.

CQS는 문화 지능 이외의 구인을 측정하는 것처럼 보이고, 그것은 이전 연구에서 문화 지능 양상과 다른 변수 간의 관계를 설명할 수 있다. 그들의 연구에서 CQS 양상은 성격, 태도, 자기 효능감, 문화 경험이 전체 모델에서 고려되었을 때 조정(adjustment)을 예측하지 못했다. 몇 가지 최근 분석(Lorenz et al., 2017; Ott & Michailova, 2016; Schlaegel, Richte & Taras, 2017)에서 표현된 의견은 일반적으로 CQS를 상위 요인 구인을 측정하는 도구로 취급하는 것이 아니라 하위 차원에만 집중하는 것이 적절하다는 것이다.

토마스와 그 동료(Thomas et al., 2015)의 단축형 문화 지능 척도(SFCQ)는 엄격한 개발 과정과 광범위한 검증 절차를 거쳤다. 그것은 CQS에서 발견된 많은 단점을 극복하도록 설계되었다. 그러나 동일한 수준의 독립적인 검사를 받지 못했다. 두 도구 모두 참가자의 자기 보고에 의존하므로(앞서 언급한 CQS 관찰자 버전의 경우는 제외함.), 그러한 기법에 대한 비판에 노출될 수 밖에 없다. 요약하자면, 문화에 영향을 받지 않는 개인차 구인 개념이 상호문화적 효과성을 설명하고 예측할 수 있다는 약속을 실현하기 전에 개념적 문제와 측정 문제가 반드시 해결되어야 한다.

8.1.1
문화 지능에 대한 대안

문화 지능 구인의 대안으로 두 가지가 즉시 나타난다. 첫 번째는 이 책에서 논의된 대부분의 문화 간 역량 측정의 초점인 행동적 접근 방식으로의 복귀이다. 이러한 구인의 추가 개발이 그 한계를 해결하면 더 유용한 측정 도구를 생산할 수 있을 것이다. 하나의 사례는 윌슨과 그 동료(Wilson, Ward, Fetvadjiev & Bethel, 2017)가 개발한 수정된 사회 문화 적응 척도(SCAS-R)이다. SCAS-R의 추가적인 개발은 확실히 환영할 만한 발전이다. 그러나 개념 정의상, 그것은 문화 간 역량의 영역을 포괄하지 않고 '문화 간 변용 기간 동안 방문객과 신규 이민자가 습득한 문화적 역량'에 초점을 맞춘다(Wilson et al., 2017, p. 1476). 또한, 기존 도구의 심리 측정 속성을 개선하는 것 외에도 개념의 이론적 근거에 주의를 기울여야 한다. 이러한 이론적 발전이 일어날 수 있다는 가정 하에, 행동에 기반을 둔 문화적 역량 평가는 문화 지능 측정에 의존하는 인지 과정의 자기 보고와는 공유하지 않는 많은 이점을 가질 수 있다.

역량 목록으로의 복귀에 대한 대안은 문화 지능의 두 가지 개념화 모두에서 중심 위치를 차지하는 구인인 문화적 메타 인지에 초점을 맞추는 것이다. 문화적 메타 인지는 더 일반적인 메타 인지 개념(Flavell, 1979)에 기반한다. 문화적 메타 인지란 특정 문화 경험과 전략의 영역에서 자신의 사고와 학습 활동에 대한 지식과 통제이다. 그것은 인지를 조절하는 것, 특정 경험에서 얻은 지식을 더 광범위한 원리로 전환하는 것, 인지적 자원에 집중하는 것, 문화적 지식이나 기술에 대한 개인적 단점을 보상하는 것(Thomas et al., 2008)을 통해 작동한다. 모든 연구자가 메타 인지의 모든 측면에 동의하는 것은 아니다. 그러나 메타 인지가 자신의 인지적, 정서적 상태를 의식적으로 의도적으로 모니터링하고, 이러한 상태를 목표나 목적에 따라 조절할 수 있는 능력이라는 것에는 일반적인 합의가 있는 것 같다. 문화 지능의 이러한 측면은 스턴버그(Sternberg, 1985)가 환경적 맥락을 초월하는 핵심 인지 과정으로 제안한 것과 관련이 있다. 이 프로세스의 구성 요소는 다음과 같다. (a) 문제나 과제의 인식 또는 인지, (b) 문제에 대한 정보 분석, 문제 해결을 위한 정신 자원 할당 및 문제 해결 모니터링, 마지막으로 (c) 맥락에 구애받지 않는 문제에 대한 해결과 과정 평가. 인지의 경험적 구인 타당도는 유사한 맥락 독립적인 요소를 뒷받침했다(Allen & Armour-Thomas, 1993).

최근 여러 연구의 초점은 상호문화적 상호작용에서 문화적 메타 인지의 역할에 맞추어져 있다. 추아와 그 동료(Chua, Morris & Mor, 2012)는 세 가지 연구에서 문화적 메타 인지에 능숙한 관리자는 서로 다른 문화권의 사람들과의 관계에서 신뢰를 더 쌓을 가능성이 높고, 이는 창의적인 협력을 촉진한다는 것을 발견했다. 그들의 주장은 문화 간 상호작용에는 창의적인 잠재력이 있지만, 이 잠재력은 종종 지식과 통찰력이 공유되지 않기 때문에 실현되지 못한다는 생각에 근거한다. 그들의 연구에서 문화적 메타 인지가 정서적 신뢰를 통해 작동하는 이유는 명확하지 않다. 문화적 메타 인지의 구분은 이론적 정당화보다 CQS로 측정되는 문화 지능의 다양한 양상에 대한 여러 경험적 결과에 더 많이 의존하는 것 같다. 이 논문에서 제안된 관계는 SFCQ에 포함된 문화 지능의 개념화에도 쉽게 적용될 수 있다. 모르와 그 동료(Mor, Morris & Joh, 2013)는 특정한 메타 인지 전략인 문화적 관점채택이 문화 간 조정과 협력을 촉진한다고 제안한다. 그들은 다섯 가지 연구에서 문화적 관점채택이 문화 간 협력을 촉진한다는 것을 발견했다. 이것은 문화 지능이 작용하는 기제를 이해하는 것과 관련하여 중요한 발견이다. 그러나 그들의 발견 중 중요한 것은 CQS 하위 차원인 메타 인지적 문화 지능뿐만 아니라, 인지적 문화 지능과 관련이 없다는 것이다. 그들은 SFCQ에 제시된 문화 지능의 개념화와 일관되게, 문화적으로 특정한 규범을 정확하게 감지하려면 외국 문화 지식과 함께 메타 인지 활동이 필요하다고 결론지었다.

이와 유사하게, 추아와 응(Chua & Ng, 2017)은 CQS의 메타 인지적 문화 지능과 인지적 문화 지능 차원 간의 상호작용이 창의성에 영향을 미치는 것을 발견했다. 이 결과는 그 자체로 흥미롭지만, 문화적 메타 인지 하위 차원과의 상호작용의 발견은 토마스와 그 동료(Thomas et al., 2008)의 문화 지능을 창발적 구성으로 개념화하는 것과 매우 일치한다. 그들은 "문화 지능은 특정 문화(상호문화) 맥락에서 개발된 지식과 기술로 구성되지만, 문화적으로 지능적인 행동을 생성하기 위해 문화적 메타 인지라는 문화 일반 과정에 의존한다." 라고 주장한다(Thomas et al., 2015, p. 1101).

일부 연구에서는 CQS의 자기보고 하위 척도에 의존하지 않고 문화적 메타 인지의 효과를 평가했다. 다른 연구자들(Leung, Lee & Chiu, 2013)은 메타 인지의 행동 척도를 개발했다. 일련의 연구에서 그들은 개인이 다른 문화의 메타 지식을 적절하게 적용하여 다른 청중을 위해 메시지를 작성한다는 것을 보여준다. 그리고, 또 다른 연구자들(Sieck, Smith & Rasmussen, 2013)은 의미 파악의 차이를 측정하고 전문가가 문화 간 상황에서 더 정교한 메타 인지 기술을 사용한다는 것을 보여준다.

락스털과 그 동료(Rockstuhl, Ang, Ng, Lievens & Van Dyne, 2015)는 일곱 가지 멀티미디어 비주얼을 개발하여 전형적인 상호문화적 대인관계 상호작용을 묘사하여 참가자의 상황 판단을 소리 내어 생각하기 기법을 사용하여 평가했다. 각 비디오를 본 후 참가자들은 비디오에 있는 사람들의 생각, 감정, 의도를 구두로 보고했다. 구두 보고는 문화적 지식을 사용하여 상호문화적 상호작용을 분석하는 그들의 메타 인지 과정으로 볼 수 있으며, 따라서 그들의 보고의 정확성은 메타 인지적 문화 지능의 수준을 반영할 수 있다. 문화적 메타 인지에 초점을 맞추는 것의 함의는 두 가지이다. 첫째, 그것은 문화 지능이 작용하는 과정을 설명하는 데 도움이 될 것을 약속한다. 둘째, 그것은 상호작용하는 요소의 개념을 강화하여 구인 생성으로 귀결한다.

8.2
필요한 발전

문화 지능을 발전시키기 위해서는 개념화와 측정 모두에서 추가적인 발전이 필요하다. 또한, 그 효과를 평가하는 데 사용되는 연구 방법은 문화 간 연구의 최고 표준을 준수해야 한다.

첫째, 문화 지능의 개념화와 측정의 근간이 되는 이론을 재검토할 때가 되었다. 일부 연구자(Ott & Michailova, 2016)가 지적했듯이, "이론 논문은 적지만 경험 논문이 많을 때 해당 분야는 추가적인 통합을 필요로 할 수 있다."(Cropanzano, 2009, p. 1305). 척도 개발 노력을 안내하는 이론적 발전은 다음을 명확히 할 필요가 있다. (a) 구인에 포함된 것과 포함되지 않은 것, (b) 이러한 양상이 개인에게 발달하는 과정, (c) 이러한 기본 양상이 고차원의 문화 지능 구인을 형성하는 방법, (d) 구인이 상호문화적 효과성에 영향을 미치는 과정. 이론과 내용 타당성의 초점은 척도 개발에 대한 현대적 사고와 일치하며, 일부 비판을 받은 기계적인 방법론적 절차를 사용하는 것과 대조된다(Diamantopoulos, 2005; Rossiter, 2002). 이 책에서 제시된 두 가지 문화 지능 개념화에는 필요한 통합의 기반을 형성할 수 있을 만큼의 공통점이 있을 수 있다. 2장에서 언급했듯이, 두 가지 개념화 모두 조직에 매우 관련이 있는 현재의 맥락에서 효과를 설명하고 예측할 수 있는 개인차 구인을 식별하려고 한다. 둘째, 두 가지 개념화는 문화에 독립적인 개념으로서 인지 발달을 설명한다. 인지 발달은 특정 문화적 맥락에 구속되지 않는다. 셋째, 이들은 모두 다차원적 구인이다. 그러나 많은 공통점이 있음에도 불구하고 그 구인의 개념화에는 중요한 차이가 있다. 이론적 차이 중 가장 중요한 것은 문화 지능이 잠재 요인인지 집합 요인인지 여부다. 잠재 요인은 차원과 마찬가지로 더 높은 수준의 분석에서 존재하는 반면, 집합 요인은 차원과 동일한 수준에서 존재하며 차원의 대수적 조합으로 형성된다(Law, Wong & Mobley, 1998). 차원과 동일한 수준에서 존재하지만 결합할 수 없는 구인은 프로파일(예: 성격 프로파일)이라고 한다. 이 문제의 해결은 문화 지능 개념을 발전시키는 데 필수적이다.

이론적 문제 해결에 이어, 측정과 도구의 검증에 주목할 수 있다. 최근 이 구인에 관한 여러 검토에서 문화 지능 측정과 관련된 많은 문제가 제기되었다. 그러나 아마도 가장 근본적인 것은 이 구인을 평가하기 위해 자기 보고에 의존해야 하는지 여부일 것이다. 많은 학자는 더 행동 지향적인 평가 접근 방식이 필요하다고 제안했다 (Gabrenya et al., 2011; Gelfand, Imai & Fehr, 2008). 그러나 이러한 측정 도구를 개발하려는 시도는 관리 및 평가가 매우 복잡하여 수용 및 유용성을 심각하게 제한했다(Thomas et al., 2012). 자기 보고를 연구 도구로 옹호하는 학자들은(Lance, Hoffman, Gentry & Baranik, 2008; Leung, Ang & Tan, 2014) 도구의 예측 타당성이 측정 접근 방식의 주요 기준이 되어야 한다고 제안한다. 구인 타당성이 없으면 캐플란 (Kaplan, 1964)이 '설명이 없는 예측'이라고 불렀던 위험에 처한다. 즉, 우리가 무엇을 측정하고 있는지 확실하지 않다면 어떤 결과를 예측 하더라도 무의미하다. 또한, 문화 지능 측정의 예측 타당도에 대한 사회적 욕구의 영향을 거의 알지 못한다(Podsakoff & Organ, 1986). 자기보고 측정이 측정 접근 방식의 지배적인 접근 방식으로 자리 잡을 경우, 이러한 도구는 내용, 구인, 예측, 부가적 타당성을 설정하는 등 엄격한 검증 절차를 거쳐야 한다(Gabrenya et al., 2011).

측정 문제와 관련된 것은 문화 지능 구인을 포함하는 연구의 수행이다. 문헌 검토에 따르면, 많은 연구에서 문화 지능의 효과에 대한 이론적 근거를 문화 지능이 측정된 방식과 일관되게 설명하지 못했다. 집계된 도구와의 관계를 검증하면서 종종 CQS의 한 차원에 대한 논리적 주장이 이루어졌다. 또한, 관찰된 결과에 대한 이론적 근거는 때때로 CQS의 가장 편리한 양상에 느슨하게 기반을 두었다. 문화 지능과 결과 사이의 논리적 관계를 명확히 하는 것 외에도 (Thomas, Cuervo-Cazurra & Brannen, 2011), 연구는 문화 간 동등성 문제에 주의를 기울여야 한다. 이러한 동등성은 연구의 모든 측면, 즉 구성, 방법, 측정에서 확립되어야 한다. 즉, 연구는 각 경우 구인의 적절성, 관리 프로세스 및 구인의 조작화(van de Vijver & Leung, 1997)를 평가해야 한다. 문화 간 동등성을 가정할 수 없으므로 연구자는 여러 문화가 포함된 각 연구에서 그것을 설정하고 보고해야 한다.

8.3
미래

문화 지능에 관한 경험적 문헌의 최근 검토에서 CQS를 통한 측정과 관련된 여러 가지 문제가 제기되었지만, 그것이 문화 지능 구인에 반드시 해가 되는 것은 아니다. 여기에서 제시된 문제들이 해결될 수 있다면(그리고 그것들이 해결될 수 없는 이유가 없다면), 문화 지능을 포함하는 미래 연구의 수많은 길이 열린다. 문화 지능 구인의 정확한 본질을 구체화하기 위해 필요한 추가적인 이론적 발전 외에도, 우리는 미래 연구의 다섯 가지 영역을 식별했다. 이들은 개인 내에서 문화 지능이 어떻게 발달하는지에 대한 추가 연구, 성격과 같은 다른 개인차 특성이 문화 지능과 어떻게 상호작용하는지에 대한 추가 연구, 문화 지능의 개인차 관념이 어떻게 집단과 조직으로 넘어갈 수 있는지, 문화 지능이 특정 맥락에서 어떻게 작동하는지, 그리고 마지막으로 문화 지능을 여러 다른 결과에 적용하는 것에 대한 연구이다.

8.3.1
문화 지능의 발달

문화 지능에 관한 많은 문헌에서 가정하는 바는 그것이 상호문화적 경험을 통해 대규모로 발달한다는 것이다. 그리고 많은 연구가 이 가정을 뒷받침하는 관계의 증거를 제공했다. 예를 들어, 토마스와 그 동료(Thomas et al., 2015)는 거주한 국가 수, 방문한 국가 수와 SFCQ 사이에 정적인 상관관계를 발견했다. 그리고 에레즈와 그 동료(Erez et al., 2013)는 다문화 가상 팀에 참여하는 개인에게 긍정적인 발달 효과를 발견했다. 그러나 발견된 관계가 특정 상호문화적 경험의 특정 측면이 더 높은 문화 지능의 발달을 유발하는 이유나 방법을 설명하는 이론에 의해 뒷받침된 경우는 거의 없다. 문화 지능에 대한 경험의 효과에 대한 이론적 근거를 제공하는 명백한 후보는 사회 학습 이론(Bandura, 1977)이다. 문화 지능의 발달에 적용되는 경우, 사회 학습은 문화 간 상황에 대한 관심, 상황으로부터 얻은 지식의 보유, 관찰된 행동의 재현, 그리고 마지막으로 이 새로운 맥락에서 적응된 행동의 효과에 대한 강화(피드백)를 포함한다(Thomas & Inkson, 2017). 대안적으로 콜브(Kolb, 1984)의 학습 스타일 이론은 구체적인 경험, 반성적 관찰, 추상적 개념화, 그리고 적극적 실험으로 구성되어 있으며 유사한 이론적 기반을 제공한다. 문화 지능의 발달에 적용될 수 있는 세 번째 이론적 관점은 두 번째 문화에 대한 노출이 인지 발달에 미치는 영향이다(Tadmor & Tetlock, 2006). 개인은 자신의 문화와 다른 문화에 기반한 의미 체계에 직면할 때 이러한 차이를 의식적으로 해결해야 한다. 이러한 문화적 차이의 해결은 통합 복잡성(integrative complexity)이라고 불리는(Tadmor & Tetlock, 2006) 더 복잡한 사고방식으로 이어진다. 이는 동일한 문제에 대한 경쟁하는 관점의 정당성을 인정하고(차별화) 이러한 관점들 사이의 개념적 연결을 형성하는 능력과 의지(통합)를 의미한다(Suedfeld, Tetlock & Streufert, 1992). 이 과정은 문화 지능의 발달과 밀접하게 병행하는 결과와 관련이 있다(Tadmor, Galinksy & Maddux, 2012). 이 아이디어와 관련하여, 상호문화적 접촉의 유형(강도)뿐만 아니라 지속 시간도 문화 지능의 발달에 중요한 요소이다(Earley & Peterson, 2004). 경험이 문화 지능을 발달시킬 수 있지만 모든 경험이 똑같이 발달을 촉진하는 것은 아니다(Dewey, 1938). 이러한 이론들의 유사점은 문화 영역에서 인지 발달과 메타 인지 발달이다. 밴두라(Bandura)의 사회 학습 이론과 콜브(Kolb)의 학습 스타일 이론은 모두 직접적이든 간접적이든 상호작용을 통해 새로운 지식을 얻고 새로운 상황에서 지식을 적용하는 것을 포함하며, 태드모어(Tadmor)와 그 동료의 연구는 분석과 상충하는 관점의 통합을 포함하는 메타 인지 과정에 중점을 둔다. 문화 지능의 행동적 또는 기술적 구성 요소는 밴두라의 사회 학습 이론과 콜브의 학습 스타일 이론에 의해 설명될 수도 있다. 왜냐하면 둘 다 새로운 방식으로 일하는 실험과 실천을 포함하기 때문이다. 그러나 문화 지능의 동기적 또는 정서적 구성 요소는 이러한 이론에 의해 직접 설명될 수 없으며 따라서 동기적 문화 지능에 유익한 경험의 종류에 대한 질문을 남긴다. 또는 동기적 문화 지능을 다른 문화에 대한 태도로 취급해야 하며, 이는 다른 유형의 이론에 의해 설명될 것이다.

또 다른 잠재적인 문화 지능 발달 방법은 문화 간 훈련 프로그램이다. 문화 간 훈련의 효과에 대한 방대한 문헌이 존재한다(Thomas & Peterson, 2017). 그러나 이 프로그램의 효과는 문화적 지식, 문화적 가치, 일률적인 접근법에 초점을 맞추기 때문에 비판을 받아 왔다(Earley & Peterson, 2004). 몇몇 연구에서는 CQS로 측정된 문화 지능의 발달에 대한 공식 교육 프로그램의 효과를 평가했지만 (Eisenberg et al., 2013; Fischer, 2011; MacNab, 2012) 다소 혼합된 결과를 보고했다. 이 프로그램과 다양한 문화적 역량 관련 결과 사이에는 몇 가지 긍정적인 관계가 보고되었지만, 이 연구들은 효과를 설명할 수 있는 일관된 이론이 부족한 문제에 시달리고 있다. 또한, 많은 프로그램에는 경험적 요소가 상당했다(Fischer, 2011). 이는 이전에 언급한 경험적 효과에 대한 문제를 제기한다. 여기서 필요한 것은 문화 간 경험의 효과뿐만 아니라 다문화 팀에서 일하는 것과 같은 다양한 유형의 개입의 효과에 대한 일관된 이론적 기반이다.

8.3.2
개인차와 문화 지능

이 책에서 논의된 두 가지 문화 지능 개념은 문화 지능과 성격의 관계를 다루었다. 둘 다 빅5로 측정되는 성격은 문화 지능과 관련이 있지만 구별된다고 주장한다. 구체적으로, 토마스와 그 동료(Thomas et al., 2015)는 SFCQ를 사용하여 외향성, 성실성, 개방성은 유의미하게 정적으로 관련되고, 신경증은 유의미하게 부적으로 관련됨을 발견했다. 앵과 그 동료(Ang, Van Dyne & Koh, 2006)는 CQS를 사용하여 성실성은 메타 인지적 문화 지능과 동기적 문화 지능 양상에만 관련되어 있었고, 정서 안정성(신경증의 반대)은 CQS의 동기적 문화 지능 양상에만 관련되어 있음을 밝혔다. CQS의 다양한 양상과 다른 결과는 앞서 논의된 CQS 측정 문제와 일치한다. 그러나 두 경우 모두 외향성과 개방성이 문화 지능과 가장 강한 관련이 있는 것으로 나타났기 때문에 이러한 개인차가 문화 지능의 발달에 중요한 역할을 담당함을 시사한다(Fischer, 2011; Sahin, Gurbuz & Koksal, 2014). 이는 일부 성격 특질이 문화 간 역량의 발달에 더 중요하다는 광범위한 문헌의 결과와 일치한다(Van der Zee & Van Oudenhoven, 2013; Wilson, Ward & Fischer, 2013). 토마스와 그 동료(Thomas et al., 2015)는 SFCQ의 예측 타당도를 검증할 때 성격을 통제했지만, 다른 연구자들(Ott & Michailova, 2016)이 제안한 것처럼 문화 지능과 결과 사이의 관계에서 일부 성격 차원이 조절 역할을 할 가능성을 배제하지는 않는다. 문화 지능과 결과 사이의 관계에서 조절 요인으로 제안될 수 있는 다른 개인차로는 자기 효능감(MacNab & Worthley, 2012)이 있다. 문화 지능과 다른 유형의 지능, 즉 일반 지능, 정서 지능, 사회 지능 간의 가능한 상호작용에 관한 연구도 또 다른 연구 방향이다(Crowne, 2013).

8.3.3
문화 지능의 여러 수준

문화 지능은 상호문화적 상호작용에서의 효과성과 관련된 개인차 구인으로 정의된다. 그러나 작업 집단과 조직에 문화적으로 지능적인 개인이 존재하는 것에는 많은 의미가 있다(Groves & Feyerherm, 2011). 세계화 시대에 팀이나 조직이 다양한 문화권의 외부 요인뿐만 아니라 내부 구성원 간의 차이에 어떻게 대처하느냐가 주요 성공 요인이 될 수 있다. 문헌에는 문화 지능이 작업 집단이나 조직 수준에서 존재할 수 있다는 제안이 있다. 그러나 개념을 여러 수준으로 이동하려면 단순히 개별 수준의 약정을 더 높은 수준으로 집계하는 것(Crotty & Brett, 2012; Magnusson, Schuster & Taras, 2014; Moon, 2013; Van Driel & Gabrenya, 2013) 또는 문화 지능이라는 이름표를 기존의 조직 특성에 적용하는 것(Ang & Inkpen, 2008; Chen, Liu & Portnoy, 2012; Moon, 2010; Van Driel & Gabrenya, 2013) 이상이 필요하다. 이 책에서 검토한 모든 집합 연구는 팀 또는 조직 구성원들의 CQS 점수를 평균하여 상위 수준의 CQS를 계산했다. 이러한 집계 방식은 팀 구성원 간의 상호작용을 가릴 수 있으므로 집단적 산물로서의 팀과 조직에서 문화 지능의 본질과 수준을 반영하지 못한다. 일부 연구자(Kozlowski & Klein, 2000)가 설명한 바와 같이, 적절한 집계 방법은 두 수준에서의 개념화와 하위 수준에서 상위 수준으로 부상하는 프로세스에 따라 다르다. 따라서 개별 수준의 개념이 여러 수준으로 이동하는 과정은 먼저 이론적으로 신중하게 설명되어야 한다(Chan, 1998; Klein, Dansereau, & Hall, 1994; Rousseau, 1985). 이러한 수준의 분석을 이해하기 위한 프로세스의 예는 스테와트와 그 동료(Stewart, Fulmer, 및 Barrick, 2005)의 연구에 나와 있다.

8.3.4
문화 지능의 맥락

앞서 언급했듯이, 문화 지능에 필요한 주요 발전 중 하나는 문화 지능이 결과에 어떤 영향을 미치는지를 체적으로 밝히는 것이다. 이 아이디어와 관련하여 이러한 효과의 경계 조건과 관계가 유지되는 맥락을 구체화할 필요가 있다. 문화 지능은 문화 일반 개념으로 제시되지만, 여전히 관심 있는 결과와의 관계에 영향을 미치는 상호문화적 맥락이 있을 수 있다. 일반적으로 상호문화적 역량 모델은 맥락별 역량의 존재를 인정한다(Lievens, Harris, Van Keer & Bisqueret, 2003). 토마스와 그 동료(Thomas et al., 2015)는 문화 지능의 구조가 여러 문화 샘플에서 일반화된다는 것을 발견했다. 그러나 문화 지능이 작동하는 방식에는 문화 간 차이가 있을 수 있다. 예를 들어, 저맥락 국가에서는 문화 간 기술이 맥락에서 암묵적인 의미를 읽고 해석하는 능력을 포함할 수 있다. 그러나 이 능력이 일반적으로 잘 발달되어 있는 고맥락 국가에서는 그것이 문화 지능의 필수적인 부분이 아닐 수 있다. 상호문화적 효과성의 고유한 특성의 잠재력은 문화적 맥락, 특히 문화적 거리의 개념을 고려하는 미래 연구를 요구한다(Ott & Michailova, 2016). 락스털과 밴 다인(Rockstuhl & Van Dyne, 2018)이 제안한 문화 지능의 2요인 모델은 가능한 해결책을 제시한다. 2요인 모델은 단일 일반 요인과 여러 비상관적인 집단 요인을 제안하는 잠재 구조 모델이다. 토마스와 그 동료(Thomas et al., 2012)의 잠재 모델에 근거한 재개념화와 맥락별 집단 요인으로 결합하면 문화 지능 아이디어에 제기된 많은 비판에 대한 개념화가 될 수 있다.

8.3.5
연구를 위한 다른 방법들

이전에 언급한 기회에 덧붙여 문화 지능의 영향력을 조사하기 위한 몇 가지 다른 방법이 있다. 상호문화적 효과성에 대한 연구의 창립 동기 중 하나로 돌아가면, 문화 지능이 해외 파견의 효능에 영향을 미칠 수 있는 기회가 있다. 지금까지 연구는 주로 파견 근로자의 문화 지능에 초점을 맞추었다. 그러나 일반적으로 주재원 문헌에서와 마찬가지로(Dabic, Gonzalez-Loureiro & Harvey, 2015), 배우자와 가족 구성원의 문화 지능, 그리고 본국 귀환과 관련하여 연구 기회가 있다.

초기 상호문화적 효과성 연구의 상당 부분을 촉발한 체류자 적응 개념과 관련하여 이민자가 새로운 사회에 적응하는 것이다. 이민자의 적응을 이해할 실질적인 필요가 있음에도 불구하고(Dumont & Lemaitre, 2005), 이 논의에서 문화 지능 개념이 누락된 것 같다. 이 책에서 검토한 거의 모든 연구는 몇 달 또는 몇 년 동안 국제 파견을 수행한 학생이나 파견 근로자를 모집했다. 반면에 이민자들은 외국에서 훨씬 더 오랜 시간 동안 거주하며 호스트 국가의 모든 사회생활 측면에 더 깊이 뿌리를 내리고 있다. 이주에 관한 문화 지능 연구와 많은 유사점이 있을 수 있지만, 이 현상의 맥락은 매우 다르며 많은 연구 기회를 제공하는 것 같다.

마지막으로, 문화 지능의 발달에 기여하는 것으로 제안된 유형의 경험은 다문화 개인의 선행 요인과 많은 특징을 공유한다. 다문화인은 하나 이상의 문화의 가치, 신념, 적절한 행동 규범을 동일시하고 내면화한 개인이다. 다문화인에 대한 연구에 따르면 그들은 통합 복잡성(Tadmor & Tetlock, 2006)과 문화적 메타 인지(Fitzsimmons, Liao, & Thomas, 2017; Thomas, Brannen & Garcia, 2010)와 같은 고차원적 인지 기술을 개발했다. 이 두 문헌을 통합하면 문화 지능이 어떻게 발달하는지에 대한 더 깊은 이해를 제공할 수 있을 것이다 (Thomas, 2016). 또한, 다문화 경험이 다문화인의 발달에 영향을 미치고 창의성과 직업에서의 성공으로 이어지는 것으로 나타났기 때문에(Tadmor et al., 2012), 문화 지능의 추가 결과에 대한 질문이 제기된다.

8.4
요약

문화 지능 구인은 존재하는 많은 상호문화적 효과성 목록과 관련이 있지만 개념적으로 다르다. 문화 지능 구인이 계속 발전하려면 이 개념적 특수성이 측정 방법에 반영되어야 한다. 이를 위해서는 개념의 이론적 근거가 측정에 반영되어야 한다. 여기에는 측정 항목에 포함될 내용, 이러한 개념이 개발되는 방법, 개념들이 서로 어떻게 관련되는지에 대한 이해가 포함된다. 그렇지 않으면 연구는 문화 지능의 대안인 상호문화적 효과성 목록이나 문화적 메타 인지와 같은 중요한 하위 차원에 대한 집중으로 제한될 것이다. 문화 지능의 개념적 특수성이 재확인될 수 있다고 가정하면, 측정 및 검증 문제에 주목할 수 있다. 이를 위해서는 문화 간 연구를 수행하는 최선의 관행을 따라야 한다.

　이론적 문제와 측정 문제를 해결할 수 있다고 가정하면, 문화 지능 구인이 적용될 수 있는 많은 영역이 있다. 첫 번째는 다문화 경험이 문화 지능의 발달에 어떻게 영향을 미치고 그것이 문화 간 훈련 프로그램과의 관계를 어떻게 형성하는지에 대한 더 명시적인 설명이다. 두 번째 경로는 성격, 자기 효능감, 일반 지능 등과 같은 개인차가 문화 지능과 어떻게 관련되는지를 더 잘 이해하는 것이다. 세 번째 미래 연구 방향은 문화 지능이 작업 집단과 조직과 같은 더 높은 분석 수준에서 존재할 수 있다는 아이디어의 개발이다. 여기에는 개념이 여러 수준에서 어떻게 나타나는지에 대한 명확한 진술이 포함된다. 마지막으로, 문화 지능이 귀환, 이민자 적응, 문화 지능과 다문화 개인 간의 관계에 어떻게 영향을 미치는지를 이해하는 것과 같은 문화 지능을 사용한 많은 다른 연구 경로가 있다. 문화 지능이 문헌에 소개되면서 상호문화적 효과성을 설명하는 데 엄청난 잠재력이 생겼다. 그 잠재력은 이제 막 실현되기 시작했다.

Allen, B. A., & Armour-Thomas, E. (1993). Construct validation of metacognition. *Journal of Psychology*, 127, 203-211.

Ang, S., & Inkpen, A. C. (2008). Cultural intelligence and offshore outsourcing success: A framework of firm-level intercultural capability. *Decision Sciences*, 39, 337-358.

Ang, S., & Van Dyne, L. (2008). Conceputalization of cultural intelligence: Definition, distinc-tiveness, and nomological network. In S. Ang & L. Van Dyne (Eds.), *Handbook of cultural intelligence: Theory, measurement, and applications* (pp. 3-15). Armonk, NY: ME Sharpe.

Ang, S., Van Dyne, L., & Koh, C. (2006). Personality correlates of the four-factor model of cultural intelligence. *Group and Organization Management,* 31, 100-123.

Bandura, A. (1977). Social learning theory. Englewood Cliffs, NJ: Prentice-Hall.

Chan, D. (1998). Functional relations among constructs in the same content domain at different levels of analysis: A typology of composition models. *Journal of Applied Psychology,* 83, 234-246.

Chen, X.-P., Liu, D., & Portnoy, R. (2012). A multilevel investigation of motivational cultural intelligence, organizational diversity climate, and cultural sales: Evidence from U.S. real estate firms. *Journal of Applied Psychology*, 97, 93-106.

Chua, R. Y. J., Morris, M. W., & Mor, S. (2012). Collaborating across cultures: Cultural metacognition and affect-based trust in creative collaboration. *Organizational Behavior and Human Decision Processes*, 118, 116-131.

Chua, R. Y. J., & Ng, K. Y. (2017). Not just how much you know: Interactional effect of cultural knowledge and metacognition on creativity in a global context. *Management and Organization Review*, 13, 281-300.

Cropanzano, R. (2009). Writing nonempirical articles for Journal of Management: General thoughts and suggestions. *Journal of Management*, 35, 1304-1311.

Crotty, S. K., & Brett, J. M. (2012). Fusing creativity: Cultural metacognition and teamwork in multicultural teams. *Negotiation and Conflict Management Research*, 5, 210-234.

Crowne, K. A. (2013). An empirical analysis of three intelligences. *Canadian Journal of Behavioural Science/Revue canadienne des sciences du comportement*, 45(2), 105-114.

Dabic, M., Gonzalez-Loureiro, M., & Harvey, M. C. (2015). Evolving research on expatriates: What is 'known' after four decades (1970-2012). *International Journal of Human Resource Management*, 26(3), 316-337.

Dewey, J. (1938). *Experience and education: The Kappa Delta Pi lecture series*. New York, NY: Kappa Delta Pi.

Diamantopoulos, A. (2005). The C-OAR-SE procedure for scale development in marketing: A comment. *International Journal of Research in Marketing*, 22(1), 1-9.

Dumont, J.-C., & Lemaitre, G. (2005). Counting immigrants and expatriates in OECD countries: A new perspective. In *OECD social, employment and migration working papers* (Vol. 25). Paris: OECD Publishing.

Earley, P. C. (2002). Redefining interactions across cultures and organizations: Moving forward with cultural intelligence. *Research in Organizational Behavior*, 24, 271-299.

Earley, P. C., & Ang, S. (2003). *Cultural intelligence: Individual interactions across cultures. Stanford*, CA: Stanford University Press.

Earley, P. C., & Peterson, R. S. (2004). The elusive cultural chameleon: Cultural intelligence as a new approach to intercultural training for the global manager. *Academy of Management Learning and Education*, 3, 100-115.

Eisenberg, J., Lee, H.-J., Bruck, F., Brenner, B., Claes, M., Mironski, J., et al. (2013). Can business schools make students culturally competent? Effects of cross-cultural management courses on cultural intelligence. *Academy of Management Learning & Education*, 12, 603-621.

Erez, M., Lisak, A., Harush, R., Glikson, E., Nouri, R., & Shokef, E. (2013). Going global: Developing management students' cultural intelligence and global identity in culturally diverse virtual teams. *Academy of Management Learning & Education*, 12, 303-355.

Fischer, R. (2011). Cross-cultural training effects on cultural essentialism beliefs and cultural intelligence. *International Journal of Intercultural Relations*, 35, 767-775.

Fitzsimmons, S. R., Liao, Y., & Thomas, D. C. (2017). From crossing cultures to straddling them: An empirical examination of outcomes for multicultural employees. *Journal of International Business Studies*, 48, 63-89.

Flavell, J. H. (1979). Metacognition and cognitive monitoring: A new area of cognitive-developmental inquiry. *American Psychologist*, 34, 906-911.

Gabrenya, W. K. Jr., Van Driel, M., Culhane, E., Turner, S., Pathak, J., & Peterson, S. (2011). *Validating the Cultural Intelligence Scale: What does it really measure?* Unpublished manuscript.

Gelfand, M. J., Imai, L., & Fehr, R. (2008). Thinking intelligently about cultural intelligence. In S. Ang & L. Van Dyne (Eds.), *Handbook of cultural intelligence: Theory, measurement, and applications* (pp. 375-387). New York: M. E. Sharpe Inc.

Groves, K. S., & Feyerherm, A. E. (2011). Leader cultural intelligence in context: Testing the moderating effects of team cultural diversity on leader and team performance. *Group and Organization Management*, 36, 535-566.

Hong, Y.-Y., Morris, M. W., Chiu, C.-Y., & Benet-Martinez, V. (2000). Multicultural minds: A dynamic constructivist approach to culture and cognition. *American Psychologist*, 55, 709-720.

Kaplan, A. (1964). *The conduct of inquiry: Methodology for behavioral science.* San Francisco, CA: Chandler Publishing Company.

Klein, K. L., Dansereau, F., & Hall, R. J. (1994). Levels issues in theory development, data collection, and analysis. *Academy of Management Review,* 19(2), 195-229.

Kolb, D. A. (1984). *Experiential learning: Experience as a source of learning and development.* Englewood Cliffs, NJ: Prentice-Hall.

Kozlowski, S. W. J., & Klein, K. J. (2000). A multilevel approach to theory and research in organizations: Contextual, temporal and emergent processes. In K. J. Klein & S. W. J. Kozlowski (Eds.), *Multilevel theory, research, and methods in organizations* (pp. 3-90). San Francisco: Jossey-Bass.

Lance, C. E., Hoffman, B. J., Gentry, W. A., & Baranik, L. E. (2008). Rater source factors represent important subcomponents of the criterion construct space, not rater bias. *Human Resource Management Review,* 18, 223-232.

Law, K. S., Wong, C.-S., & Mobley, W. H. (1998). Toward a taxonomy of multidimensional constructs. *Academy of Management Review,* 23, 741-755.

Leung, K., Ang, S., & Tan, M. L. (2014). Intercultural competence. *Annual Review of Organizational Psychology,* 1, 489-519.

Leung, K.-Y., Lee, S.-L., & Chiu, C.-Y. (2013). Meta-knowledge of culture promotes cultural competence. *Journal of Cross-Cultural Psychology,* 44, 992-1006.

Lievens, F., Harris, M. M., Van Keer, E., & Bisqueret, C. (2003). Predicting cross-cultural train-ing performance: The validity of personality, cognitive ability, and dimensions measured by an assessment center and a behavior description interview. *Journal of Applied Psychology,* 88, 476-488.

Lorenz, M. P., Franke, G. R., Ramsey, J. R., Clampit, J. A., Maalouf, J., Abi Aad, A. A., et al. (2017). The Cultural Intelligence Scale: Level of analysis, aggregations, and misspecifications. *Paper presented at the Annual Meeting of Academy of International Business*, Dubai, UAE.

MacNab, B. R. (2012). An experiential approach to cultural intelligence education. *Journal of Management Education*, 36, 66-94.

MacNab, B. R., & Worthley, R. (2012). Individual characteristics as predictors of cultural intel-ligence development: The relevance of self-efficacy. *International Journal of Intercultural Relations*, 36, 62-71.

Magnusson, P., Schuster, A., & Taras, V. (2014). A process-based explanation of the psychic distance paradox: Evidence from global virtual teams. *Management International Review*, 54, 283-306.

Moon, T. (2010). Organizational cultural intelligence: Dynamic capability perspective. *Group and Organization Management*, 35, 456-493.

Moon, T. (2013). The effects of cultural intelligence on performance in multicultural teams. *Journal of Applied Social Psychology*, 43, 2414-2425.

Mor, S., Morris, M. W., & Joh, J. (2013). Identifying and training adaptive cross-cultural management skills: The crucial role of cultural metacognition. *Academy of Management Learning & Education*, 12, 453-475.

Ott, D. L., & Michailova, S. (2016). Cultural intelligence: A review and new research avenues. *International Journal of Management Reviews*, 20, 99-119.

Podsakoff, P. M., & Organ, D. W. (1986). Self-reports in organizational research: Problems and prospects. *Journal of Management,* 12(4), 531-544.

Rockstuhl, T., Ang, S., Ng, K.-Y., Lievens, F., & Van Dyne, L. (2015). Putting judging situations into situational judgment tests: Evidence from intercultural multimedia SJTs. *Journal of Applied Psychology*, 100, 464-480.

Rockstuhl, T., & Van Dyne, L. (2018). A bi-factor theory of the four-factor model of cultural intelligence: Metaanalysis and theoretical extensions. *Organizational Behavior and Human Decision Processes,* 148, 124-144.

Rossiter, J. R. (2002). The C-OAR-SE procedure for scale development in marketing. *International Journal of Research in Marketing*, 19(4), 305-335.

Rousseau, D. M. (1985). Issues of level in organizational research: Multi-level and cross-level perspectives. In L. L. Cummings & B. Staw (Eds.), *Research in organizational behavior* (Vol. 7, pp. 1-37). Greenwich, CT: JAI Press.

$ahin, F., Gurbuz, S., & Kdksal, O. (2014). Cultural intelligence (CQ) in action: The effects of personality and international assignment on the development of CQ. *International Journal of Intercultural Relations*, 39, 152-163.

Schlaegel, C., Richte, N. F., & Taras, V. (2017). Cultural intelligence and work-related outcomes: A meta-analytic review. In *Academy of Management Proceedings* (Vol. 2017, No. 14152). https:// doi.org/10.5465/ AMBPP.2017.229

Sieck, W. R., Smith, J. L., & Rasmussen, L. J. (2013). Metacognitive strategies for making sense of cross-cultural encounters. *Journal of Cross-Cultural Psychology*, 44, 1007-1023.

Sternberg, R. J. (1985). *Beyond IQ: A triarchic theory of human intelligence*. New York: Cambridge University Press.

Stewart, G. L., Fulmer, I. S., & Barrick, M. R. (2005). An exploration of member roles as multilevel linking mechanism for individual traits and team outcomes. *Personnel Psychology*, 58, 343-365.

Suedfeld, P., Tetlock, P. E., & Streufert, S. (1992). Conceptual/integrative complexity. In C. P. Smith (Ed.), *Motivation and personality: Handbook of thematic content analysis* (pp. 393-400). New York, NY: Cambridge University Press.

Tadmor, C. T., Galinksy, A. D., & Maddux, W. W. (2012). Getting the most out of living abroad: Biculturalism and integrative complexity as key drivers of creative and professional success. *Journal of Personality and Social Psychology*, 103, 520-542.

Tadmor, C. T., & Tetlock, P. E. (2006). Biculturalism: A model of the effects of second-culture exposure on acculturation and integrative complexity. *Journal of Cross-Cultural Psychology,* 37, 173-190.

Thomas, D. C. (2016). *The multicultural mind: Unleashing the hidden force for innovation in your organization.* Oakland, CA: Berrett-Koehler Publishers.

Thomas, D. C., Brannen, M. Y., & Garcia, D. (2010). Bicultural individuals and intercultural effectiveness. *European Journal of Cross-Cultural Competence and Management,* 1, 315-333.

Thomas, D. C., Cuervo-Cazurra, A., & Brannen, M. Y. (2011). From the editors: Explaining theoretical relationships in international business research: Focusing on the arrows, NOT the boxes. *Journal of International Business Studies,* 42, 1073-1078.

Thomas, D. C., Elron, E., Stahl, G., Ekelund, B. Z., Ravlin, E. C., Cerdin, J.-L., et al. (2008). Cultural intelligence: Domain and assessment. *International Journal of Cross Cultural Management,* 8(2), 123-143.

Thomas, D. C., & Inkson, K. (2017). *Cultural intelligence: Surviving and thriving in the global village.* San Francisco, CA: Berrett-Koehler.

Thomas, D. C., Liao, Y., Aycan, Z., Cerdin, J.-L., Pekerti, A. A., Ravlin, E. C., et al. (2015). Cultural intelligence: A theory-based, short form measure. *Journal of International Business Studies,* 46, 1099-1118.

Thomas, D. C., & Peterson, M. F. (2017). *Cross-cultural management: Essential concepts (*4th ed.). Thousand Oaks, CA: Sage.

Thomas, D. C., Stahl, G., Ravlin, E. C., Poelmans, S., Pekerti, A., Maznevski, M., et al. (2012). Development of the cultural intelligence assessment. In W. H. Mobley (Ed.), *Advances in global leadership* (pp. 155-178). Bingley, UK: Emerald Group.

van de Vijver, F., & Leung, K. (1997). *Methods and data analysis for cross-cultural research.* Thousand Oaks, CA: Sage.

Van der Zee, K., & Van Oudenhoven, J. P. (2013). The role of personality as a determinant of intercultural competence. *Journal of Cross-Cultural Psychology,* 44, 928-940.

Van Driel, M., & Gabrenya, W. K., Jr. (2013). Organizational cross-cultural competence: Approaches to measurement. *Journal of Cross-Cultural Psychology,* 44, 874-899.

Ward, C., Fischer, R., Lam, F. S. Z., & Hall, L. (2009). The convergent, discriminant, and incremental validity of scores on a self-report measure of cultural intelligence. *Educational and Psychological Measurement,* 69, 85-105.

Wilson, J., Ward, C., Fetvadjiev, V. H., & Bethel, A. (2017). Measuring cultural competencies: The development and validation of a revised measure of sociocultural adaptation. *Journal of Cross-Cultural Psychology,* 48, 1475-1506.

Wilson, J., Ward, C., & Fischer, R. (2013). Beyond culture learning theory: What can personality tell us about cultural competence. *Journal of Cross-Cultural Psychology,* 44, 900-927.

이 책은 리아오(Yuan Liao)와 토마스(David C. Thomas)가 2020년에 공동으로 집필한 '직업 세계에서의 문화 지능'(Cultural Intelligence in the World of Work)을 우리말로 완역한 것이다. 원래 이 책은 경영 분야에서 문화 지능 연구에 초점을 맞추고 있지만, 이 책에서 논의하는 전반적인 사항은 심리 측정, 상호문화교육과 훈련을 비롯한 여러 학문 분야에 시사점을 줄 수 있기에 번역서의 제목을 '문화 지능'으로 정했다.

일과 직장의 세계화라는 시대적 흐름과 요구를 반영하여 새롭게 등장한 문화 지능 구인은 새로운 문화적 맥락에 적응하는 개인의 능력을 의미한다. 문화 지능은 다양한 문화 간 또는 다문화 상황에 처한 사람들에게 유익한 것으로 알려져 있다. 따라서 문화 지능은 세계화·다문화 시대를 사는 시민들에게 필수적으로 요구되는 능력이다.

사회 지능, 정서 지능과 같은 개념의 인기에 힘입어 문화 지능도 엄청난 인기를 누렸다. 그러나 문화 지능 개념의 도입 이후로 그 구인의 개념화와 측정에 대한 문제가 계속 제기되었다. 이 책은 이러한 문제에 주목하는 가운데 문화 지능이라는 새로운 구인의 등장 배경과 역사, 개념 정의와 접근법, 측정 방법, 문화 지능을 발달시키기 위한 방법, 문화 지능의 발달에 영향을 주는 제반 요인, 미래의 연구 방향 등을 아우르는 매우 포괄적인 내용을 담고 있다. 그래서 이 책은 해외 지사로 직원을 파견해야 하는 기업과 회사로부터 학생이나 전문 인력을 교환하는 대학이나 기관에 이르기까지 문화 간 훈련, 다문화교육, 상호문화교육을 담당하는 사람들에게 문화 지능에 관한 다양한 지식과 정보를 제공한다. 또한, 이 책은 문화 지능을 측정하는 데 관심이 있는 연구자, 문화 지능을 발달시키는 데 전념하는 교육자들에게 최신의 연구 결과를 알려준다.

이 책은 모두 2부에 걸쳐 총 8장으로 구성되어 있으며, 이 책의 내용을 간략하게 소개하면 다음과 같다. 이 책의 1부는 문화 지능의 개념 정의와 측정에 초점을 맞추고 있다. 먼저 1장은 문화 지능이라는 새로운 개념의 등장에 영향을 준 문화 간 역량에 관한 주요 연구 결과를 고찰한다. 2장은 문화 지능의 개념화에 대한 두 가지 접근법의 내용을 요약한다. 3장은 두 가지 개념화에 따른 측정 도구, 즉 문화 지능 척도와 단축형 문화 지능 척도를 소개한다. 4장은 문화 지능이라는 새로운 구인이 안고 있는 두 가지 문제인 개념화와 측정의 문제를 탐색한다.

이 책의 2부는 문화 지능의 현재와 미래를 다룬다. 5장은 문화 지능의 발달에 영향을 주는 요인과 그것에 관한 연구 결과를 탐색한다. 6장은 문화 지능이 개인과 대인관계 수준에서 가져오는 긍정적인 결과를 요약한다. 7장은 매개 변수와 조절 변수로서 문화 지능이 갖는 중요성을 설명한다. 끝으로 8장은 문화 지능의 현재 상태에 대한 저자들의 견해를 요약하고, 미래 연구를 위한 몇 가지 방향을 제시한다.

이 책의 번역은 춘천교대 시민교육역량강화사업단의 연구 프로젝트의 일환으로 수행된 것이다. 다문화 시민성(multicultural citizenship)을 측정하고 함양하는 방법을 탐색하는 과정에서 역자는 이 책에 주목하여 번역을 결심하게 되었다. 이 책을 번역하면서 느낀 점은 독자들이 이 책을 반드시 처음부터 읽을 필요는 없다는 것이다. 이 책은 독자들이 자신의 관심사에 부합하는 장을 따로 골라 읽기만 해도 풍부한 정보를 접할 수 있도록 내용이 구성되어 있기 때문이다. 또한, 저자들은 각 장의 처음과 끝부분에 각 장의 내용을 요약하는 글을 제시하고 있기에 독자들이 논점에서 벗어나지 않게 하는 친절을 베푼다. 특히 문화 지능의 측정 도구에 관한 저자들의 상세한 설명과 비평은 문화 지능을 측정하는 것에 관심이 있는 학자나 연구자에게 매우 유용하다. 두 가지 문화 지능 측정 도구를 활용한 연구 결과를 그림과 표로 제시하고, 상세한 설명을 추가한 것은 이 책만이 가지는 또 다른 강점 중 하나라고 볼 수 있다.

세계화와 다문화를 특징으로 하는 오늘날 우리 사회에서 새로운 문화적 맥락에 효과적으로 적응하는 개인의 능력으로서 문화 지능은 우리 사회의 모든 구성원이 갖추어야 할 필수적인 생활 기술이다. 세계화와 다문화 추세는 많은 영향이 있지만 가장 중요한 것 중 하나는 문화적으로 다른 사람들과 상호작용을 해야 하는 요구 사항이다. 이제 우리는 좋든 싫든 문화적으로 다른 상황에서 그리고 다른 문화권의 사람들과 상호작용을 해야 한다. 이 책은 지금 우리에게 문화 지능이 왜 필요하고 중요한지를 일목요연하게 제시한다. 개인 수준에서 문화 지능은 문화적 판단과 의사 결정, 창의성, 해외 근무 의향, 문화 간 적응, 업무 성과, 글로벌 리더십에 효과적이다. 또한, 대인관계 수준에서 문화 지능은 신뢰와 사회적 수용, 창의적 협업, 지식 전이, 갈등과 협상에 유용하다.

　끝으로, 이 책은 문화 지능에 관한 매우 전문적인 지식을 다루고 있으므로, 사실 독자층이 지나칠 정도로 제한적일 수 있다. 그렇지만, 경제적 이익에 상관없이 이번에도 이 책의 출판에 선뜻 응해 준 도서출판 하우의 관계자 모두에게 깊이 감사드린다. 그리고 내가 오로지 학문에만 전념할 수 있도록 늘 관심과 지원을 아끼지 않은 사랑하는 나의 아내 혜성과 두 자녀 가람과 예슬에게도 고마움을 전하고 싶다. 2023년 7월 여름 방학을 이용하여 단기간에 이 책을 번역했기에 문맥이 다소 매끄럽지 못한 부분이 있을 수 있으며, 그것은 모두 역자의 책임이다. 전문 용어나 통계 용어에 대한 부연 설명이 필요한 곳에는 역주를 통해 독자들이 내용을 이해하기 쉽도록 최선을 다했지만, 그래도 어딘가에 작은 흠결이 있을지도 모른다. 모쪼록 이 책이 우리 사회의 문화 지능을 높이는 데 일조하기를 바란다.

2023년 8월
역자 추병완

찾아보기